LIFE SHIFT

ライフ シフト

The 100-Year Life
Living and Working in an Age of Longevity

100年時代の人生戦略

リンダ・グラットン／アンドリュー・スコット 著
Lynda Gratton　Andrew Scott

池村千秋 訳
Chiaki Ikemura

東洋経済新報社

ナイジェルとダイアンへ

Original Title:
THE 100-YEAR LIFE
By Lynda Gratton and Andrew Scott

Japanese translation rights arranged with Lynda Gratton and Andrew Scott c/o Peters, Fraser & Dunlop Ltd. in association with Pollinger Limited, London through Tuttle-Mori Agency, Inc., Tokyo.

日本語版への序文

幸せな国、日本

日本は、世界でも指折りの幸せな国だ。世界保健機関（ＷＨＯ）の統計によれば、ほかのどの国よりも平均寿命が長い。所得や人口、環境の質など、世界の国のランキングにはさまざまなものがあるが、平均寿命というきわめて重要な基準で日本は世界のトップに立っている。１００歳以上の人（英語で「センテナリアン」と呼ぶ）は、すでに6万１０００人以上。今後、１００歳を超えて生きる人はもっと珍しくなくなる。

国連の推計によれば、２０５０年までに、日本の１００歳以上人口は１００万人を突破する見込みだ。第1章の図1-1で示したように、２００7年に日本で生まれた子どもの半分は、１０7年以上生きることが予想される。いまこの文章を読んでいる50歳未満の日本人は、１００年以上生きる時代、すなわち１００年ライフを過ごすつもりでいたほうがいい。

日本では、長寿化の負の側面が話題にされがちだ。この変化を恩恵ではなく、厄災とみなす論調が目立つ。本書では、長寿化の恩恵に目を向け、どうすれば、個人や家族、企業、社会全体の得る恩恵を最も大きくできるかを中心に論じたい。

長寿化は、社会に一大革命をもたらすと言っても過言でない。あらゆることが影響を受ける。人々の働き方や教育のあり方も変わるし、結婚の時期や相手、子どもをつくるタイミングも変わる。余暇時間の過ごし方も、社会における女性の地位も変わる。20世紀に、日本の社会と経済は大きな変貌を遂げた。長寿化は、21世紀に同様の大きな変化を日本にもたらすだろう。この先、多くの変化が日本人を待っている。

過去のモデルは役に立たない

長寿化の潮流の先頭を歩む日本は、世界に先駆けて新しい現実を突きつけられている国だ。そんな日本の経験をほかの国々も見守っている。長寿化が最も進んでいるということは、裏を返せば、対応するために残された時間が少ないということにほかならない。日本は早急に変化する必要がある。時間は刻一刻減っていく。日本の政府に求められることは多く、そのかなりの部分は早い段階で実行しなくてはならない。

しかし、最も大きく変わることが求められるのは個人だ。あなたが何歳だろうと、いますぐ新しい行動に踏み出し、長寿化時代への適応を始める必要がある。長く生きる人生に向けて準備する責任は、結局のところ私たち一人ひとりの肩にかかっている。問題は、多くのことが変わりつつあるために、過去のロールモデル（生き方のお手本となる人物）があまり役に立たないことだ。あなたの親の世代に有効だったキャリアの道筋や人生の選択が、あなたにも有効だとは限らない。あなたは、親の世代とは異なる選択をすることになる。やがて、あなたの子どもたちも、あなたの世代とは違う決断をするだろう。

人生の道筋に関する常識は、すでに変わりはじめている。日本でも、終身雇用が当たり前ではなくなった。若者たちの生き方も変わりつつある。本書では、読者が長寿化を厄災ではなく恩恵にするために、どのように人生を築くべきかを考える手引きをしたい。

「若い」「老いている」の概念が変わる

長寿化を恩恵にするためには、まず視野を広げるべきだ。高齢者医療や年金といった人生の締めくくりの時期に関わる問題だけを見るべきではない。これらの問題が重要でないと言うつもりはない。実際、日本は高齢者医療や年金の問題で世界の先例をつくりつつある。65歳以上で仕事をもっている人が増えており、日本企業は高齢者の雇用に世界で最も熱心だ。日本の高齢者医療や介護保険制度を参考にしようとしている国も多い。高齢者を助けるテクノロジーやロボットに関しても、日本が世界を牽引している。たとえば、日本で開発されたアザラシ形ロボット「パロ」は、この分野ではいまでも世界で先駆的な存在だ。

しかし、高齢者医療や年金の問題ばかり見ていると、全体像を見失う。長寿化により、老いて衰えて生きる年数が長くなるわけではない。長く生きられるようになった年月の大半を、私たちは健康に生きることになる。若々しく生きる年数が長くなるのである。

いまの80歳は、20年前の80歳より健康だ。いま80歳の人たちの子どもが80歳になるときには、もっと健康な日々を送れる。「老いている」「若い」という概念が大きく変わるのだ。したがって、長寿化に備えるためには、人生の締めくくりの時期への準備をするだけでなく、人生全体を設計し直さなくてはならない。長寿化時代には、人生の新たなステージがいくつも出現し、パートナー同士の関係も様変わりする。そして、新しい生き方が試みられるようになる。

日本では高齢者への支援が比較的手厚いが、長寿化時代に向けて社会が試練に直面していることは間違いない。試練に立ち向かうための土台は整っている。日本は国民の教育水準が高く、卓越した技術力の伝統もある。優れたイノベーションも世界で評価が高い。ただし、そうした強みを生かすためには、職業生活と家庭生活の両面で「よい人生」とはなにかについて考え方を変えることが不可欠だ。

人生に新しいステージが現れる

人が長く生きるようになれば、職業生活に関する考え方も変わらざるをえない。人生が短かった時代は、「教育→仕事→引退」という古い3ステージの生き方で問題なかった。しかし、寿命が延びれば、二番目の「仕事」のステージが長くなる。引退年齢が70〜80歳になり、長い期間働くようになるのである。多くの人は、思っていたより20年も長く働かなくてはならないと想像しただけでぞっとするだろう。不安も湧いてくる。そうした不安に突き動かされて、3ステージの生き方が当たり前だった時代は終わりを迎える。人々は、生涯にもっと多くのステージを経験するようになるのだ。

選択肢を狭めずに幅広い針路を検討する「エクスプローラー（探検者）」のステージを経験する人が出てくるだろう。自由と柔軟性を重んじて小さなビジネスを起こす「インディペンデント・プロデューサー（独立生産者）」のステージを生きる人もいるだろう。さまざまな仕事や活動に同時並行で携わる「ポートフォリオ・ワーカー」のステージを実践する人もいるかもしれない。

このように選択肢が増えれば、人々はもっと自分らしい人生の道筋を描くようになる。同世代の人たちが同時に同じキャリアの選択をおこなうという常識は、過去のものになっていく。同世代が同時期に大学に進み、同時期に就職し、同時期に子どもをつくり、同時期に仕事を退く——隊列を乱さずに一斉行進する集団さながらの画一的な生き方は、時代遅れになるだろう。

社会が人生の新しいステージを受け入れるためには、乗り越えなくてはならない障害がある。国の制度が妨げになる場合もあれば、人々の固定観念が妨げになる場合もある。しかし、過去に機能した思考様式が未来も機能するとは限らない。

たとえば、インディペンデント・プロデューサーについて考えてみよう。日本では優秀な若者の安定志向が強く、公務員や大企業への就職を目指すことが多い。起業家志望者への支援や評価はあまりに乏しい。(注)人がインディペンデント・プロデューサーへの一歩を踏み出すためには、自分が新しいことを始められるという自信をいだいていること、そして、政府の政策により後押しされることが必要だ。ところが、日本は歴史的にそのような環境が整っていない。起業は好ましいキャリアの選択肢と考えられていないのだ。

若い世代が実験に踏み出すのを妨げる要因もある。厳しい雇用状況というプレッシャーにさらされている日本の若者は、学校を出たあとすぐに就職しようとする傾向が強い。学校を卒業したあと、エクスプローラーとして探索の日々を送り、幅広いキャリアの選択肢を検討することは、職業人生の賢明な始め方とは考えられていないのだ。そうした保守的な態度は、人が創造性を発揮する機会を減らし、実験の可能性も狭めかねない。実験することは、長寿化時代にますます重要になるかもしれないのに……。

パートナーの両方が職をもつメリット

働き方が根本から変われば、家庭生活も大きく変わる。長寿化時代の資金設計について本書で紹介するモデルによれば、家庭でパートナーの両方が職をもつことのメリットは明らかだ。二人が同時に働く形態もありうるし、互いのキャリアを支えるために交互に職に就く形態もありうる。いずれにせよ、このように経済的な責任を分かち合えば、長い人生に必要な資金を確保するうえでリスクを大きく減らせる。労働市場が激しい変動に見舞われる時代に、その意義はきわめて大きい。

ところが、日本では職をもつ女性の割合が著しく小さい。日本人女性の70％は、第一子出産と同時に職を辞めている。これでは、男性が一家の稼ぎ手として大きな重圧にさらされざるをえない。女性が家計に貢献する余地も限定される。夫が外で働いて金を稼ぎ、妻が専業主婦を務めるという昔ながらの家族形態は、長寿化時代には明らかに適さない。最新の世界経済フォーラム「ジェンダー・ギャップ報告書」によれば、日本の男女平等度は、調査対象145カ国のうち101位にとどまっている。100年ライフの恩恵を最大限大きくするためには、この状況を解消することが避けて通れない。

就職、引退の常識が変わる

長寿化を恩恵にするためには、古い働き方と生き方に疑問を投げかけ、実験することをいとわず、生涯を通じて「変身」を続ける覚悟をもたなくてはならない。

いま30歳未満の人には、すぐに給料のいい職に就こうとばかり考えないようアドバイスしたい。じっくり時間を取ってさまざまなキャリアの選択肢を検討し、世界について学び、労働市場の未来をよく理解したほうがいい。自分のビジネスを立ち上げようとしている人と知り合えば、キャリアの選択肢について視野が広がるかもしれない。この期間は、未来の夫や妻とのパートナーシップのあり方を考える時期にもすべきだ。古い家族形態にとらわれず、平等性と対等な貢献を重んじた関係を築く必要がある。男性なら、どうやって未来の妻と平等な関係をはぐくめばいいか考えよう。女性なら、家庭に経済的に貢献する方法を考えればいい。

この時期には、人的ネットワークも広げたい。若者たちが多様な経験をする足枷になっているのは、自分と似たような人としか付き合いがないことだ。人生が長くなれば、人生の途中で変身を遂げることが不可欠になる。それを実践するためには、自分について知ることと、自分とは大きく異なるロールモデルと接することが重要だ。いま30歳未満のあなたは、人的ネットワークを広げて、自分とまるで違う人たちとつき合おう。

40～50代の人は、働きはじめたとき、60代で引退するつもりだっただろう。しかし、あなたの職業人生は、少なくともあと25年続く可能性が高い。しかも、これから訪れようとしているのは、スキルの価値が瞬く間に変わる時代だ。そういう時代には、手持ちのスキルでよしとせず、新しいスキルの習得に力を注がなくてはならない。

働く期間が長くなり、人生の途中で変身を遂げる必要性が高まれば、人的ネットワークを広げて自分とはまったく違うタイプのロールモデルを見つけ、新しい生き方の選択肢を知ることが大切になる。家族やパートナーと話し合い、家族同士の関係や役割を見直す必要も出てくるだろう。パートナーの片方が新しいスキルを身につけるためにまとまった時間が必要になれば、二人の役割のバランスも変わるかもしれない。

60歳以上の人は突如、長寿化の恩恵を手にすることになる。新しい機会が開ける半面、若い頃に想像していたより高齢になるまで働き、収入を得続ける必要が出てくる。若者たちのメンターやコーチ、サポーターを務めることがあなたの主たる役割になるかもしれない。さまざまな活動を並行しておこなうポートフォリオ・ワーカーという選択肢も広がりつつある。家族や同僚や地域社会に貢献するために時間を割くのもいいだろう。若い世代のロールモデルになり、生き方の指針を示せる可能性もある。

年金や人口減の問題が和らぐ

昔ながらの標準的な生き方を尊重し、伝統を大切にする日本では、本書の提案を実行に移すことが難しく感じられる場合もあるかもしれない。しかし、長寿化の恩恵に最大限浴するためには、新しいことを試みる開拓者《パイオニア》たちをもっと評価し、そういう人たちにもっと報いる社会にしていく必要がある。誰もが変化して100年ライフに適応すると同時に、伝統的な価値観も大切にするという、バランスをうまく取らなくてはならない。

長寿化の潮流で日本が世界の先頭を走っていることはすでに述べたとおりだが、日本はそれとは別の人口動態上の試練にも直面している。日本は長寿の国であるだけでなく、著しく出生率が低い国でもあるのだ。この二つの要因により、高齢者人口が増える一方で、総人口が減りつつある。一時は約1億3000万人に達した人口は、国連の予測によれば、2060年には約8700万人にまで落ち込むという（65歳以上が人口に占める割合は40％に達する）。この問題もきわめて深刻であり、迅速に対応しなくてはならない。日本政府もすでに、移民の受け入れや出生率向上のための施策を検討しはじめている。出生率の落ち込みと人口の減少は長寿化とは別の問題だが、この問題があるために、100年ライフの恩恵を最大限大きくすることがいっそう重要になる。人々が70代後半や80代になっても活力と生産性を失わず、長く働き続けられれば、年金問題や人口減少の弊害はだいぶ和らぐ。

世界でいち早く長寿化が進んでいる日本は、ほかの国々のお手本になれる。多くの人が100年以上生きる社会をうまく機能させるにはどうすべきかを、世界に教えられる立場にあるのだ。すでに日本の人々は、高齢者の介護や老後の資金計画などの難しい問題に向き合い、対応しはじめている。これからは、活力と生産性を維持して長い人生を送り、人生の途中で変身を遂げることの重要性を実証するという面でも、世界の先頭に立ってほしいと思う。

（注）The Global Entrepreneurship and Development Institute の報告書によると、日本は労働者の教育水準が高く、技術水準も高い。技術の移転も活発で、プロセス・イノベーションやプロダクト・イノベーションの質も高く、資本市場にも厚みがある。日本の弱みは、起業力と機会を認知するスキルが低いことだ。人々は機会をポジティブに捉えることが少なく、リスクも避けがちだ。起業家の知人がいる人は少なく、起業家の道を行くことは好ましいキャリアとは思われていない。

目次

第4章

見えない「資産」——お金に換算できないもの

序章

100年ライフ

私たちはいま途方もない変化のただなかにいるが、それに対して準備ができている人はほとんどいない。その変化は、正しく理解した人には大きな恩恵をもたらす半面、目を背けて準備を怠った人には不幸の種になる。グローバル化の進展とテクノロジーの進化がそうだったように、それは私たちの生き方と働き方を様変わりさせるだろう。その大きな変化とは、長寿化の進行である。

あなたがどういう人物で、どこに住んでいて、現在何歳かに関係なく、長寿化の恩恵に最大限浴するためにどのような選択をすべきかを、いますぐに考えはじめたほうがいい。選択を迫られるのは、個人だけではない。あなたが働いている企業と暮らしている社会も、どのような選択をすべきかを考える必要がある。

私たちの人生は、これまでになく長くなる。私たちは、人生のさまざまな決定の基準にしているロールモデル（生き方のお手本となる人物）より長い人生を送り、社会の習慣や制度が前提にしているより長く生きるようになるのだ。それにともなって、変わることは多い。変化はすでに始まっている。あなたは、その変化に向けて準備し、適切に対処しなくてはならない。本書は、その手助けをするために書いた本だ。

長寿は、今日の世代が享受できる大きな恩恵の一つと言えるかもしれない。平均して、私たちは親の世代より長く、祖父母の世代に比べればさらに長く生きる。私たちの子どもや孫の世代は、もっと長く生きるようになるだろう。いま進んでいる長寿化は、私たちすべてに少なからず影響を及ぼす。平均寿命は大幅に延びる。いま先進国で生まれる子どもは、50％を上回る確率で105歳以上生きる。1世紀以上前に生まれた子どもが105歳まで生きる確率は、1％に満たなかった。こうした変化は、ゆっくりとではあるが、着実に進んできた。過去200年間、平均寿命は10年に2年以上のペースで延びてきたのだ。(1) いま20歳の人は100歳以上、40歳の人は95歳以上、60歳の人は90歳以上生きる確率が半分以上ある。

この本は、SF小説ではない。私たちが180年生きるようになると言うつもりはないし、長生きするための奇抜な食生活を提唱するつもりもない。それでも、非常に多くの人が長い人生を送るようになり、それが個人の生き方に、さらには社会と企業の仕組みに変革を強いるだろう。新しい社会規範とロールモデルが登場することは間違いない。すでに変化に適応しはじめた個人や社会も多い。今後は変化がさらに拡大し、社会全体が長寿化というテーマを認識し、議論するようになる。

長寿化の恩恵に最大限浴するには、どうすればいいのか？――本書の著者二人は、講義や議論の場でさまざまな年齢層のさまざまな人たちにこの問いを投げかけてきた。そもそも多くの人は、長生きできる時代がやって来ることをあまり認識していない。しかし、議論を続けるうちに、いますぐ人生の計画を修正し、行動を起こすべきだと気づく。なかには、長寿化に適応した生き方をすでに無意識に実践している人もいるが、そういう人たちも、自分と同じような考え方をしている人がどれだけいるかわかっていない。

長寿化は、非常に重要なテーマだ。そのわりには、一般向けの出版物で取り上げられることが少ないように見える。この点は不可解と言わざるをえない。なにしろ、この問題は一部の人だけでなく、すべての人に影響を及ぼす。しかも、遠い未来の話でもない。すでに現実化しはじめている。それは小さな問題でもない。長寿化に正しく対応できれば、計り知れない恩恵を得られる。では、どうしてこの問題があまり論じられていないのだろう？

アメリカ建国の父の一人であるベンジャミン・フランクリンの有名な言葉に、「この世で確実なものは、死と税金だけだ」というものがある。[2] いずれも不幸の種というわけだが、長寿化も死と税金の問題と思われているために、不人気なテーマなのだろう。長寿化に関連して話題に上るのは、病気や衰弱、認知症、医療費の増大と社会保障危機といった暗い話ばかりだ。

しかし本書で論じるように、将来を見通してしっかり準備すれば、長寿を厄災ではなく、恩恵にできるかもしれない。長寿化は、私たちに多くの可能性と多くの時間をもたらす。長寿化への対応の核心は、増えた時間をどのように利用し、構成するかという点なのだ。

どのように人生を組み立てるかというのは、本書の主たるテーマの一つだ。20世紀には、人生を三つのステージにわける考え方が定着した。教育のステージ、仕事のステージ、そして引退のステージである。しかし、寿命が延びても引退年齢が変わらなければ、大きな問題が生じる。ほとんどの人は、長い引退生活を送るために十分な資金を確保できないのだ。この問題を解決しようと思えば、働く年数を長くするか、少ない老後資金で妥協するかのどちらかだ。いずれの選択肢も魅力的とは言い難い。これでは、長寿が厄災に思えたとしても無理はない。

オンディーヌの呪い

フランスにこんな寓話がある。妖精のオンディーヌは、いびきをかいて眠りこけている夫のパレモンが不貞をはたらいたことに気づいた。怒り狂ったオンディーヌは、夫に呪いをかけた。

起きている間は生きていられるが、眠ればその瞬間に死ぬ、という呪いだ。パレモンはこれ以降、目が閉じることを恐れて、一瞬の休みもなしに動き続ける羽目になったという。

既存の3ステージの人生のモデルのまま、寿命が長くなれば、私たちを待っているのは「オンディーヌの呪い」だろう。永遠に動き続ける運命を背負わされたパレモンと同じように、私たちはそれこそ永遠に働き続けなくてはならなくなる。どんなに疲れ切っていても、立ち止まれば生きていけないのだから。人生は「不快で残酷で短い」という、17世紀の政治思想家トーマス・ホッブズの言葉は有名だ。これよりひどい人生は一つしかない。不快で残酷で長い人生である。それは厄災以外の何物でもない。休む間もなく働き続け、退屈な日々を過ごし、エネルギーを消耗し、機会を生かせず、そして最後には貧困と後悔の老後が待っているのだ。

しかし、長寿を厄災にしない方法はある。多くの人がいまより長い年数働くようになることは間違いないが、呪われたように仕事に追いまくられ、疲弊させられる未来は避けられる。3ステージの人生の縛りから自由になり、もっと柔軟に、もっと自分らしい生き方を選ぶ道もある。仕事を長期間中断したり、転身を重ねたりしながら、生涯を通じてさまざまなキャリアを経験する——そんなマルチステージの人生を実践すればいい。「オンディーヌの呪い」を避け、長寿を恩恵にする方法はこれしかないと、本書では考える。ただし、このように人生を組み立て直すのは簡単ではない。私たち一人ひとりも大きく変わる必要があるし、企業などの雇用主や、社会と国家も大きく変わる必要がある。

変えるべきなのは、なによりも時間の組み立てだ。なにしろ、長寿化が進めば人生の時間が大きく増える。考えてみよう。1週間は168時間。人生70年なら一生涯は61万3000時間だが、人生100年なら一生涯は87万6000時間になる。この膨大な時間をどのように使うのか？　その時間になにをするのか？　どのような人生のステージや活動をどのような順番で経験するのか？　ウィークデイと週末の区分け、夏や冬の休暇、祝日や休日、そして3ステージの人生のモデルなど、時間の組み立て方と順序は、基本的にその時代の社会の産物だ。長寿社会になれば、それが変わり、新しい時間の概念が生まれるだろう。

100年ライフでなにが変わるか？

長寿化時代に、人生のあり方は根本から変わる。そのプロセスはかなり前から始まっており、そのペースはゆっくりとしたものだが、最終的には社会と経済に革命的な変化がもたらされる。これまでグローバル化とテクノロジーの進化が少しずつ確実に人々の生き方を変えてきたように、長寿化も人々の生き方を大きく変える。100年以上生きる時代、言うなれば100年ライフの恩恵を最大化するためには、多くの変化が必要とされるのだ。私たちの人生がどのように変わるかについて、本書の予測をいくつか紹介しよう。

70代、さらには80代まで働く

著者たちはロンドン・ビジネススクールのMBAプログラムの授業で100年ライフについて話すとき、学生たちに自分の人生のシナリオを考えさせる。学生たちの頭に真っ先に浮かぶのはお金の問題だ。そこでこう尋ねる——「100歳まで生きるとして、勤労時代に毎年所得の約10%を貯蓄し、引退後は最終所得の50%相当の資金で毎年暮らしたいと考える場合、あなたは何歳で引退できるか?」

詳しくは第2章で論じるが、この場合は80代まで働くことが求められる。教室は静まり返る。長寿化の恩恵に最大限浴したければ、70代、ことによると80代まで働かなくてはならない。それが厳然たる事実なのだ。

新しい職種とスキルが登場する

これからの数十年で、労働市場に存在する職種は大きく入れ替わる。古い職種が消滅し、新しい職種が出現するのだ。今日の世界では、100年前に雇用の多くの割合を占めていた農業と家事サービスの職が大きく減り、オフィス労働者の割合が大幅に上昇している。こうした職種の入れ替わりは今後も続く。ほぼすべての職がロボットと人工知能によって代替されるか補完されるからだ。事務・管理業務、セールスとマーケティング、マネジメントなど、あらゆる業務がその影響を受ける。人々の寿命が短く、労働市場の変化が比較的小さかった時代には、20代で知識とスキルを身につけ、その後は知識とスキルへの本格的な再投資をしなくても、キャリアを生き抜けたかもしれない。しかし、労働市場が急速に変化するなかで、70代、80代まで働くようになれば、手持ちの知識に磨きをかけるだけでは最後まで生産性を保てない。時間を取って、学び直しとスキルの再習得に投資する必要がある。

お金の問題がすべてではない

著者二人の専門は、それぞれ経済学と心理学だ。この二つの視点は、互いに相容れないものではない。むしろ、100年ライフが到来することの影響を理解しようと思えば、両方の視点を統合する必要がある。長い人生を幸せで生産的なものにするためには、合理的な選択をおこない、変化を盛り込んだ計画を立てなくてはならない。しかし同時に、未来の人生を形づくる要素としては、個人のアイデンティティと社会的な要因も無視できないのだ。

よい人生を送りたければ、よく考えて計画を立て、金銭的要素と非金銭的要素、経済的要素と心理的要素、理性的要素と感情的要素のバランスを取ることが必要とされる。100年ライフでは、お金の問題に適切に対処することが不可欠だが、お金が最も重要な資源だと誤解してはならない。家族、友人関係、精神の健康、幸福などもきわめて重要な要素とされる。

長寿化をめぐる議論は、お金の問題に偏りすぎている。100年ライフへの備えは、資金計画の強化だけで事足りるものではない。スキル、健康、人間関係といった資源が枯渇すれば、長いキャリアで金銭面の成功を得ることは不可能だ。その一方で、金銭面で健全な生活を送れなければ、お金以外の重要な資源に時間を投資するゆとりをもてない。金銭面と非金銭面のバランスを適切に取ることは、短い人生でも難しい。人生が長くなれば、それはいっそう難しくなるが、バランスを取るための選択肢が広がる面もある。

人生はマルチステージ化する

３ステージの人生とは異なる人生を実験しはじめている人もいるが、ほとんどの人は、いまもその生き方に従って生きている。本書では、未来の人生のシナリオをいくつか示す。70年の人生向けの生き方に代わって、80年、さらには１００年の人生に適応できる生き方を見いだすためだ。３ステージの生き方を１００年ライフで機能させようと思えば、二番目の仕事のステージを長くする以外にない。しかし、それで金銭面の問題は解決するかもしれないが、それ以外の重要な要素はなおざりになる。長い年数働き続けるのは、あまりに過酷だし、あまりに消耗する。そして率直に言って、あまりに退屈だ。

そこで、３ステージの人生に代わって登場するのがマルチステージの人生だ。たとえば、生涯に二つ、もしくは三つのキャリアをもつようになる。まず、金銭面を最も重視して長時間労働をおこない、次は、家庭とのバランスを優先させたり、社会への貢献を軸に生活を組み立てたりする。寿命が延びることの恩恵の一つは、二者択一を強いられなくなることなのだ。

変化が当たり前になる

マルチステージの人生が普通になれば、私たちは人生で多くの移行を経験するようになる。3ステージの人生では、大きな移行は2回だけだ。教育から仕事へ、そして仕事から引退への2回である。しかし、人生のステージが増えれば、移行の機会も増える。問題は、ほとんどの人が生涯で何度も移行を遂げるための能力とスキルをもっていないことだ。マルチステージ化する長い人生の恩恵を最大化するためには、上手に移行を重ねることが避けて通れない。柔軟性をもち、新しい知識を獲得し、新しい思考様式を模索し、新しい視点で世界を見て、力の所在の変化に対応し、ときには古い友人を手放して新しい人的ネットワークを築く必要がある。こうした「変身」のためのスキルをもつためには、場合によってはものの考え方を大きく転換し、未来を真に見通さなくてはならない。

人生の新しいステージが現れる

人生の新しいステージが現れたことは、過去にもあった。20世紀には、ティーンエージャーと引退者というステージが出現した。今後は、さらに多くのステージが生まれる。たとえば、いま18～30歳の人たちの新しいステージが形成されつつある。20世紀、寿命の延びと学校教育の長期化によりティーンエージャーという概念が誕生したように、思春期後の年齢層に新しい動きが生まれている。この年齢層はすでに長寿化時代への適応を開始し、選択肢を狭めず、新しい選択肢を模索するようになっているのだ。具体的には、以前の世代がこれくらいの年齢で人生の道筋を固めていたのとは異なり、それとは別のライフスタイルと選択肢を追求している。

こうした新しいステージの出現は、長寿化の恩恵と言って間違いない。新しいステージは実験の機会を生み出し、一人ひとりが自分の望む人生を築く道を開く。あなたの周囲を見てみてほしい。あなたの親戚や友人のなかにも、新しいステージを実践している人がいるかもしれない。

レクリエーションから、リ・クリエーションへ

人生で多くの移行を経験し、多くのステージを生きる時代には、投資を怠ってはならない。新しい役割に合わせて自分のアイデンティティを変えるための投資、新しいライフスタイルを築くための投資、新しいスキルを身につけるための投資が必要だ。寿命が延びて人生の時間が多くなれば、投資に費やせる時間も増える。これまで、こうした投資は人生の最初のステージ、つまりフルタイムで教育を受ける時期に集中して実施されていた。しかし、人生がマルチステージ化すれば、生涯を通して投資がおこなわれる。従来は余暇時間とみなされていた時間も、そのために用いられるようになる。

余暇時間を使ってスキルや健康や人間関係に投資するというのは、魅力的な話に思えないかもしれない。これまでの典型的な余暇の過ごし方は、ソファで映画を見たり、海でセーリングをしたり、コンピュータゲームをしたりして時間を消費することだった。しかし、寿命が延びて増えた余暇時間は、投資のためにも使うべきだ。人生が短かった頃は、余暇をもっぱらリラックスのために用いるのが理にかなっていたが、人生が長くなれば、余暇は、新しいステージに向けて自分を再創造するための投資の時間にもなる。100年ライフの恩恵の一つは、余暇時間の使い方を見直し、消費とレクリエーション（娯楽）の比重を減らして、投資とリ・クリエーション（再創造）の比重を増やせることなのかもしれない。

「一斉行進」が終わる

3ステージの人生では、教育→仕事→引退という順番にステップをへる以外の選択肢はない。多くの人がこの順番どおりに人生を歩み、同世代の人たちが隊列を乱さずに一斉行進することにより、確実性と予測可能性が生まれていた。人々は、機会と選択肢の多さに戸惑うことがなく、企業や政府は、人々の多様なニーズに直面せずに済んだ。この点を考えれば、多くの組織の人材採用、育成、昇進の方針が3ステージの人生を前提にしていることは意外でない。

マルチステージの人生では、新しい人生の節目と転機が出現し、どのステージをどの順番で経験するかという選択肢が大きく広がる。ステージをへる順番は、3ステージの人生の論理ではもはや決まらない。それは、一人ひとりの嗜好と状況によって決まるのだ。

見落としてはならないのは、一斉行進が終わりになると、年齢とステージがあまり一致しなくなるということだ。いまは、ある人が大学生だと聞けば、だいたい年齢がわかる。ある人が上級管理職だと言われれば、年齢はおおよそ察しがつくし、今日まで歩んできた道のりもほぼ推測できる。マルチステージの人生が当たり前になれば、そうはいかない。「大学生」という情報だけでは、年齢を推測できなくなる。「エイジ（＝年齢）」と「ステージ」がイコールで結びつかなくなるのだ。とくに、新たに出現するステージは、ますます年齢と関係がなくなっていく。

このことは、非常に大きな意味をもつ。今日の社会は、エイジとステージが一致することを暗黙の前提にしている部分が多い。企業の人事制度、マーケティング、法律にも、この前提がしばしば深く根を張っている。そうした制度も変えなくてはならない。

選択肢をもっておくことの価値が増す

人生が長くなり、人々が人生で多くの変化を経験し、多くの選択をおこなうようになれば、選択肢をもっておくことの価値が大きくなる。私たちはなにかを選択するとき、それ以外のなにかをしないと選択することになる。要するに、選択するとは、選択肢（＝オプション）を閉ざすことにほかならない。金融の世界では、オプション（将来の決められた期日に、あらかじめ決められた価格で特定の資産を購入もしくは売却する権利）は価値あるものとされていて、価格がつけられて取引されている。その取引価格は、満期日までの期間の長さとリスクの大きさによって決まる。

人生の選択に関しても、「オプション」には価値がある。人生が長くなれば、変化を経験する機会が増えるので、選択肢をもっておくことがいっそう重要になる。100年ライフを生きる人々が選択肢を見いだし、それを長く残しておこうとすることは必然なのだ。前述の18～30歳向けの新しいステージが生まれる一因は、ここにある。年長世代はこの年頃ですでに人生の道筋を固めていたが、これからの世代は、結婚や子づくり、住宅や自動車の購入をどんどん先送りにしていく。こうして、選択肢を残そうとしているのだ。

もっとも、選択肢をもっておくことは、若者時代だけでなく、人生のあらゆる時期に重要だ。マルチステージの人生を生きる人にとっては、その重要性がとりわけ大きい。選択肢に投資し、選択肢を残すことは、人生計画の欠かせない一部になる。

若々しく生きる

これまでは、寿命が延びるとは、老いて生きる期間が長くなることだと思われてきた。しかし、その常識が変わり、若々しく生きる期間が長くなるだろう。

変化は、三つの形で実現する。第一に、すでに述べたように、18～30歳の層の一部が年長世代とは異なる行動を取り、選択肢を狭めないように、将来の道筋を固定せずに柔軟な生き方を長期間続けるようになる。

第二に、人々は人生で移行を繰り返す結果、生涯を通じて高度な柔軟性を維持するようになる。進化生物学で言う「ネオテニー(幼形成熟)」のようなものだ。これは、動物が幼体の性質を残したまま成体になることを指す言葉である。それと同じように、大人になっても思春期的な特徴を保ち続けて、高度な柔軟性と適応力を維持することにより、一定の行動パターンにはまり込むのを避けるのだ。

第三に、エイジとステージが一致しなくなれば、異なる年齢層の人たちが同一のステージを生きるようになって、世代を越えた交友が多く生まれる。同世代の人たちが一斉行進するように人生のステージを進む時代が終われば、さまざまな年齢層の人たちが混ざり合い、世代間の相互理解が促進され、年長者が若々しさを保ちやすくなるだろう。

家庭と仕事の関係が変わる

長寿化により、子育て後の人生が長くなれば、ジェンダーの不平等が縮小し、私的な人間関係や結婚生活、子育てのあり方が大きく変わるかもしれない。

昔は、家庭では男女の役割分担が徹底されていた。男が仕事をし、女が家事と子育てを引き受けていたのだ。ここ数十年で、それが変わってきた。職をもつ女性が増え、男女両方が収入を得る家庭が特別ではなく、当たり前になったのである。それでも、家庭での男女の役割こそ変わったものの、男性の間で3ステージの人生が主流であることはいまも変わっていない。女性は男性よりマルチステージの人生を送っているケースが多いが、そうした生き方はあくまでも例外的なものと位置づけられている。

平均寿命が延びれば、夫婦の関係も変わる。まず、夫婦の両方に所得があるほうが家計や貯蓄の面で有利なため、夫婦が二人とも職をもつ家庭が増えるだろう。加えて、二人ともマルチステージの人生を実践する場合は、いずれかが新しいステージに移行する際に互いの役割を調整し、人生のさまざまな時点でサポートし合うことが必要だ。家族のあり方は、昔に比べて大幅に多様化する。企業や政府には、その新しい現実に対応するという大きな負担がのしかかる。

この変化は、ジェンダーの平等を後押しする。3ステージの人生は、仕事とキャリアに対する柔軟性を欠いた態度を生む土台になってきた。そうした状況で、これまで働き方とキャリアの柔軟性を求める先頭に立ってきたのは、家族のケアの役割を主に担う女性たちだった。しかし、3ステージの人生が過去のものになれば、男性たちも人生の新しいステージを実践し、柔軟な働き方とキャリアを求めるようになるだろう。

3ステージの人生は、若者と中年と老人の分離を固定してきた。しかし、人生のマルチステージ化、家族のメンバー同士の関係の変化、そして「エイジ＝ステージ」という図式の終焉により、世代の分離が崩れはじめる。

それに輪をかけて目を見張る変化は、四世代同居が当たり前になることだ。平均寿命が延びるほどには女性の出産年齢が延びないので、家族の構造はいまよりずっと複雑になり、世代に関する人々の態度が変わる。

実験が活発になる

未来についてはっきり言えることが一つある。それは、大勢の開拓者《パイオニア》が生まれるということだ。いまは、個人もコミュニティも、企業も政府も、100年ライフに対応するための最善の方法をまだ見いだせていない。ロールモデルもほとんど存在しない。現在100歳まで生きている人自身ですら、ほとんどの人は、自分がそこまで長生きすると予想していなかったのだ。

しかし、いま生きている私たちは、長く生きることを前提に人生の計画を立てなくてはならない。若い人ほど、実験をおこない、新しい生き方を目指す可能性が大きくなる。いま中年の人は、親の世代の生き方を踏襲し、無意識に3ステージの人生を前提に生きてきたかもしれない。しかし、次第に明らかになってきたように、人生が長くなれば3ステージの人生は快適でなくなる。

100年ライフの時代に、どのような生き方が有効で、どのような選択が最善なのか？　誰もがそれを知りたいだろう。本書は、今後どのような時代が訪れるかという手がかりと発見を読者に与えることを目的にしている。しかし、率直に言って、未来について正確なことは誰にもわからない。未来が次第に見えてくる過程では、社会で多くの実験がおこなわれ、多様性が強まるだろう。

人事制度をめぐる戦いが始まる

100年ライフは、人類にとって大きな恩恵だ。長寿化にともない、人生がマルチステージに再編されれば、誰もが多くの選択肢を手にし、これまでよりずっと柔軟な生き方ができるようになる。仕事と娯楽、キャリアと家庭、お金と健康の間の二律背反をめぐり、よりよい選択をする道も開ける。しかし、企業にとって、とりわけ人事部門にとっては、すべてが悪夢でしかない。企業は画一性を好む。単純で予測可能性の高いシステムは、運用しやすいからだ。だから、多くの組織が変化に抵抗したとしても不思議でない。それでも、あらゆる場で実験が始まっており、最終的には、柔軟性と選択肢を求める個人の欲求が、画一性と予測可能性を求める企業の都合を突き崩すだろう。ただし、それまでには長い時間がかかるかもしれない。

今後は、同世代が一斉行進して人生のステージを進む仕組みに深刻な軋みが生じる。高いスキルをもった優秀な人材の獲得が必須課題の企業は、その変化に対応して方針を改めることが得策だと気づきはじめる。しかし、そういう企業ばかりではない。働き手が望むほどの柔軟性を発揮できる企業は、おそらく一握りにとどまる。その結果、個人と企業の間で激しい戦いが始まるだろう。それは、産業革命の時代に労働時間と労働環境をめぐって戦われた戦いに匹敵するものになる。

政府が取り組むべき課題

１００年ライフの到来は、人々の生き方のあらゆる側面に影響を及ぼす。当然、政府にとっては多くの課題が持ち上がる。これまでのところ、政府の関心は、引退後の高齢者をめぐる問題に限定されている。しかし次第に、教育や結婚、労働時間など、さまざまな社会制度についても検討が必要になる。１００年以上生きる時代には、お金の問題に対処することも重要だが、生涯を通じて生き方と働き方をどのように修正するかがそれ以上に大きな意味をもつ。ここに、政府の取り組むべき課題が生まれる。

現状では、政府の諸制度は人生の最終段階への対応に偏っており、３ステージの人生を前提にしすぎている。１００年ライフが現実になれば、高齢者だけでなく、すべての年齢の人たちが影響を受ける。年金支給額を調整したり、引退年齢を変更したりするだけでは、十分に対処できない。人々が自分の人生のさまざまなステージを自由に築けるように、法規制の枠組みを整備することが政府の重要課題になる。

政府にとって最も手ごわい課題は、おそらく健康格差の問題だろう。貧しい人たちも長く生産的な生涯を送れるようにするために、どうすればいいのかという問題だ。長寿化といっても、社会のあらゆる層が等しく平均寿命の上昇を経験しているわけではない。世界各国では、この面でも貧富の格差が拡大している。それに、長寿化の恩恵を最大化するために有効な選択の多くは、高い所得を得ている専門職や技術職の人ほど実践しやすい。100年ライフに適応しようと思えば、さまざまな資源、スキル、柔軟性、自分についての知識、計画、働き手を尊重してくれる雇用主が欠かせないからだ。

望ましい変化と移行を成し遂げられるだけの所得・教育レベルにある人しか長寿化の恩恵に浴せないとすれば、由々しき問題と言わざるをえない。そこで、必要な資源をもたない層を支えることが求められる。政府は、そのための制度づくりにいますぐ取りかかるべきだ。よい人生を長く生きることが一握りの人の特権と化すことは、あってはならない。

あなたの100年ライフをつくる本

長寿化時代の私たちの人生には、経済、金融、人間心理、社会、医学、人口構成が影響を及ぼす。しかし、本書は、なによりもあなたについての本である。あなたが自分の人生をどのように計画するかが最大のテーマだ。あなたは、これまでより多くの選択肢を手にし、多くの変化を経験するようになる。そうなったときに大きな意味をもつのは、あなたがどのような人間なのか、なにを大切に生きているのか、なにを人生の土台にしたいのかという点だ。

イギリスの経済紙フィナンシャル・タイムズの土曜版に、著名人の人物像に迫るコーナーがある。取り上げられた人物は、こう尋ねられる――「20歳のときのあなたがいまのあなたを見たら、どう言うと思いますか?」

本書では、時間を逆さにして、あなたに同様の問いを投げかけたい。20歳の自分がいまの自分をどう見るかではなく、70歳、80歳、100歳になった自分がいまの自分をどう見るかを考えてほしい。いまあなたがくだそうとしている決断は、未来の自分の厳しい評価に耐えられるだろうか?

これは単なる頭の体操ではない。この問いこそ、長寿化という現象の核心を突くものなのだ。人生が短く、人々が人生で多くの移行を経験しなかった頃は、とりたてて深く考えなくても「私は何者か?」という問いの答えはおのずと見えてきた。しかし、人生が長くなり、多くの移行を経験する時代には、人生全体を貫く要素がなにかを意識的に問わなくてはならない。さまざまな変化を重ねつつも、自分の本質であり続ける要素とは、なんなのか?

アイデンティティ、選択、リスク

アイデンティティ、選択、リスクは、長い人生の生き方を考えるうえで中核的な要素になるだろう。人生が長くなれば、経験する変化も多くなる。人生で経験するステージが多くなれば、選択の機会も増える。変化と選択の機会が増えるなら、人生の出発点はそれほど重要でなくなる。そのような時代に生きるあなたは、年長世代とは異なる視点で自分のアイデンティティについて考えなくてはならない。人生が長くなるほど、アイデンティティは人生の出発点で与えられたものではなく、主体的に築きうるものになっていく。これまでの世代は、人生のさまざまな変化を主体的に選択したり、移行を遂げるために必要な能力を積極的にはぐくんだりすることを意識しなくてもよかった。しかし、長い人生を生きる人は、人生で移行を繰り返すことになる。ほかの人たちと一緒に移行を経験するケースもあるだろうが、歳が近い人たちの選択に従うというやり方はたいてい通用しない。まわりのみんなと同じ行動を取るだけでうまくいく時代は終わったのだ。過去の世代には必要なかったことだが、私たちは、自分がどのような人間か、自分の人生をどのように組み立てたいか、自分のアイデンティティと価値観を人生にどのように反映させるかを一人ひとり考えなくてはならない。

この本は、未来が過去の延長線上にないと気づいている人たちに、未来の試練だけでなく可能性について知りたい人たちに、自分の現在と未来の職業人生を好ましいものにしたい人たちに、そして、長寿を厄災ではなく恩恵にできる可能性を最大限高めたいと望む人たちに向けて書いた。本書は、そうした恩恵を現実化するために最初の一歩を踏み出すようあなたを誘う招待状だ。

第1章

長い生涯

長寿という贈り物

身近な幼い子どもを思い浮かべてほしい。8歳の妹でもいいし、10歳の娘でもいい。甥っ子や近所の男の子でもいい。あなたは、子どもらしい情熱と生きるエネルギーに目を見張り、責任や義務に縛られない自由をうらやむに違いない。世界は大きく変わったけれど、子どもたちが昔と同じように人生の素晴らしさを体現していることを知り、ほっとするかもしれない。自分の子ども時代のことも思い出さずにいられないだろう。

2007年生まれの寿命

しかし同時に、いまの子どもたちの生活が自分の頃とはまるで違うことにも気づく。子どもたちは、大人が目をむくようなテクノロジーの数々を当たり前と考え、自然に受け入れているように見える。いまの子どもたちが私たちの世代と違った人生を送るのは、子ども時代だけではない。大人時代も変わる。その一側面を描き出したのが図1-1だ。これは、人口学者たちがいまの子どもたちの平均寿命を推計した結果である。図にあるように、2007年にアメリカやカナダ、イタリア、フランスで生まれた子どもの50%は、少なくとも104歳まで生きる見通しだ。日本の子どもにいたっては、なんと107歳まで生きる確率が50%ある。

おそらく、身近な8歳の子どもを思い浮かべるのは簡単だっただろう。では、今度は別の年齢層の人を思い浮かべてほしい。あなたは、100歳以上の人を何人知っているだろう? 一人も知らないという人もいるかもしれない。あるいは、100歳の誕生日を迎えて誇らしげだったおばあさんを思い出した人もいるかもしれない。これは、100年以上生きる人がきわめて珍しいことの表れと言える。

図1-1の未来予測と過去のデータを比べると、いま8歳の子どもと100歳以上の人の違いがよくわかる。約100年前の1914年に生まれた人が100歳まで生きている確率は1%にすぎない。いま私たちのまわりに100歳以上の人がほとんどいないのは、そのためだ。

図1-1　2007年生まれの子どもの半数が到達する年齢

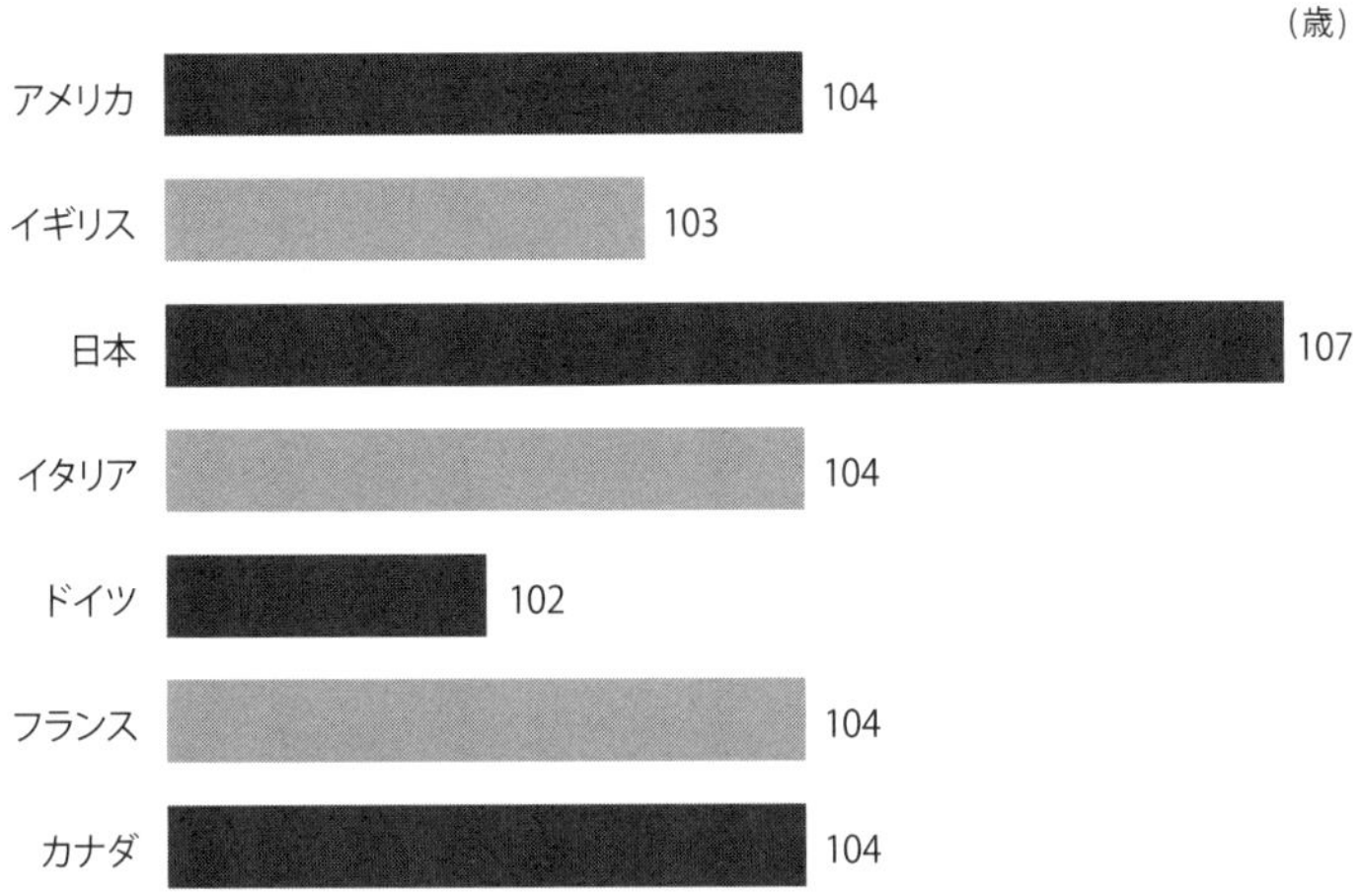

（出典）Human Mortality Database, University of California, Berkeley（USA）and Max Planck Institute for Demographic Research（Germany）. Available at www.mortality.org

100年生きることはきわめて難しかったのである。それに対し、図1―1によれば、2107年の世界では100歳以上の人が珍しくない。というより、100年生きることが当たり前になっている。その頃、いま8歳の子どもの半分がまだ生きているのだ。

平均寿命は今後も延びる

平均寿命の大幅な上昇は、一つの理由では説明できない。それは、短期間の変化の結果でもない。過去200年のほとんどの期間、平均寿命は右肩上がりで延びてきた。1840年以降、データがあるなかで最も長寿の国の平均寿命は、1年に平均3カ月のペースで上昇している。

図1-2　ベストプラクティス平均寿命

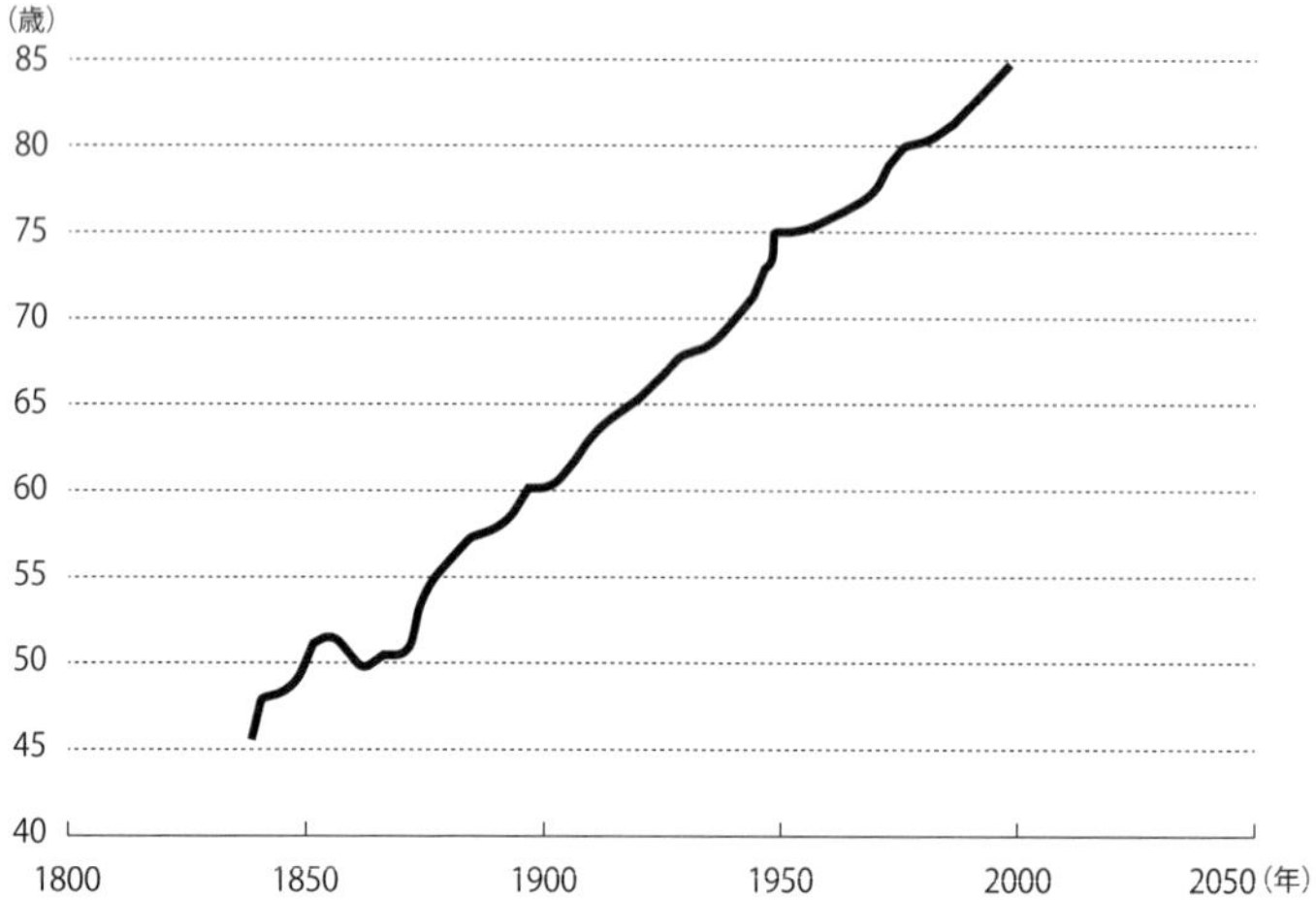

(出典) 以下のデータをもとに算出。Human Mortality Database, University of California, Berkeley (USA) and Max Planck Institute for Demographic Research (Germany). Available at www.mortality.org. 詳しくは以下を参照。Deppen, J. and Vaupel, J., 'Broken Limits to Life Expectancy' *Science* 296 (May 2002).

10年ごとに2～3年ずつ寿命が延びている計算だ。

図1-2は、19世紀半ば以降の平均寿命の推移をまとめたものである。これだけ長い期間、平均寿命が一貫して延び続けてきたことは特筆すべきだ。毎年の世界1位の国の平均寿命(「ベストプラクティス平均寿命」と呼ばれる)を時系列でグラフ化したところ、ほぼ一直線に上昇する線が描かれたのだ。しかも、このペースが減速する気配は見られない。当分の間は、この傾向が続くだろう。日本では、2007年に生まれた子どもの半数が107歳より長く生きると予想されるが、この数字はその後も伸び続けている。2014年に生まれた子どもの場合、その年齢は109歳だ。

100年前の人が100歳まで生きる確率はごくわずかだった。いま8歳の子どもが100歳まで生きる確率はかなり高い。では、その中間の世代はどうなのか？　つまり、あなたはどうなのか？

端的に言えば、若い人ほど長く生きる可能性が高い。10年ごとに平均2～3年のペースで平均寿命が上昇していることを考えると、2007年生まれの50％が到達する年齢が104歳なら、10年前の1997年生まれの人の場合、その年齢は101～102歳という計算になる。さらに10年前の1987年に生まれた人は、98～100歳だ。1977年生まれは95～98歳、1967年生まれは92～96歳、1957年生まれは89～94歳となる。

平均寿命上昇の理由

これまでの平均寿命の上昇は、人生のいくつかの段階でそれぞれ死亡率が改善した結果として実現してきた。最初は、乳幼児死亡率の改善が平均寿命を大幅に押し上げた。いま先進国に生きている人は、子どもの死亡率が高かった時代をほとんど想像できないだろうが、ビクトリア朝時代のイギリスの作家たちは幼い死の悲劇をありありと描いている。チャールズ・ディケンズの『骨董屋』のリトル・ネルは、最後に14歳で死ぬ。シャーロット・ブロンテの『ジェーン・エア』では、主人公のジェーンが学ぶ寄宿学校ローウッド学院でチフスが流行し、親友のヘレンも結核によりジェーンの腕の中で死ぬ。これらの小説に描かれているのは、特別な出来事ではなかった。ディケンズやブロンテは、身近に起きていた出来事を作品に記したのだ。

1920年代以降の平均寿命の改善は、子どもの死亡率が低下した結果という面が大きい。結核、天然痘、ジフテリア、チフスなど、リトル・ネルやヘレンのような子どもたちの命を奪った感染症の多くが抑え込まれたのである。政府が保健分野のイノベーションを後押ししたこと、栄養水準が改善したこと、そして、人々の意識が向上して健康的な生活を送るようになったことが好結果につながった。

次に、中高年の慢性疾患、とくに心臓血管系の病気と癌の対策が進んだことが平均寿命の大幅な上昇をもたらした。20世紀の小説家たちは、幼い死を書くことはなくなったが、みずからがこの時代らしい病気で倒れた。シャーロック・ホームズの生みの親であるアーサー・コナン・ドイルは、1930年に肺炎で死亡した。71歳だった。「ジェームズ・ボンド」シリーズのイアン・フレミングは1964年、心臓発作により56歳で死んだ。

しかし、病気の早期発見、治療と処置の改善、禁煙などの啓蒙活動の強化により、次第に健康水準が向上していった。ノーベル経済学賞受賞者のアンガス・ディートンの言葉を借りれば、こうした疫学上の変化は、多くの人の命を奪う病気の所在が乳幼児の腸や肺から中高年の血管に移った時代に起きたものだ。(1)

この次に平均寿命を大きく上昇させるのは、高齢にまつわる病気の克服だろう。高齢者の平均余命は、すでに大きく改善しはじめている。イングランドの80歳の男性が死亡する確率は、

1950年には14％だったが、いまは8％だ。90歳の男性の場合、その確率は30％から20％に下がっている。

これまで100歳まで生きる人は珍しく、多くの国では特別のお祝いをしてきた。日本では、100歳を迎えた人すべてに銀杯が贈られる。制度が始まった1963年の対象者は153人だったが、2014年に贈られた銀杯は2万9350個を突破した。イギリスの場合は、100歳を超えた人には女王がメッセージカードを贈って祝う。10年前、カード作成担当者は1人だったが、いまは7人がかりで作成している。カードの枚数が1・7倍に増えたためだ。図1-2を見るかぎり、日本の銀杯の生産数とイギリスのカード作成担当者の数は今後も増えていくだろう。日本は2016年以降、予算抑制のために、銀杯を純銀製から銀メッキに変更することになった。

平均寿命の上昇には、健康、栄養、医療、教育、テクノロジー、衛生、所得といった多分野における状況の改善が関係している。どの要因の影響が最も大きいかについて、人口学者の見方は一様でないが、専門家の共通認識に最も近いのはサミュエル・プレストンの研究だろう。プレストンの推計によれば、所得の上昇と栄養状況の改善が平均寿命上昇の要因の約25％を占めているが、大きな要因としては、感染症の媒介生物の駆除、医薬品、予防接種といった公衆衛生関連のイノベーションが挙げられるという。(2) 啓蒙活動が果たした役割も大きかった。たとえば、喫煙と寿命の関係についての啓蒙キャンペーンは大きな効果をもった。

世界のどこで生まれた人も寿命が延びる

図1-1と図1-2のデータはすべて、豊かな先進国のものだ。いま途上国で生まれる子どもが100歳まで生きる確率は、先進国の子どもより低い。しかし、先進国で平均寿命を引き上げた要因が途上国でも平均寿命を押し上げはじめている。先進国では、所得の上昇、栄養状況の改善、医療の向上が子どもの死亡率を低下させた。それと同じことが世界中で起きている。貧しい国は、平均寿命の出発点こそ豊かな国より下だが、おおむね豊かな国と同様の変化を経験しはじめているのだ。

1900年、インドの平均寿命は24歳、アメリカは49歳だった。1960年、アメリカの平均寿命は70歳まで延びたが、インドは41歳にしか延びていなかった。この60年間で両国の差は広がったのだ。しかし、インドの経済成長が加速すると、差は縮まりはじめた。2014年、インドの平均寿命は67歳に達した。国連の予測によれば、今後も10年ごとに約2年のペースで平均寿命が延びていくという。インドはアメリカより低い場所から出発したが、アメリカと同じような形で平均寿命を延ばしているのだ。いま、多くの国で同様のことが起きている。100年ライフは、世界規模に拡大しはじめているのである。豊かな国がその時代を一足先に迎えるだけにすぎない。

人間の寿命に上限はあるのか？

図1-2を見て、今後の平均寿命の延びを想像してみてほしい。これまでは10年に2～3年のペースで平均寿命が上昇してきたが、それが天井にぶつかる日は来るのだろうか？　前述のように、いま先進国に生まれてくる子どもの過半数は、100年以上生きると予想される。この長寿化の流れはまだ続くのか？　将来、寿命が150歳や200歳、さらにはもっと先まで延びる可能性はないのか？

科学論争の大半がそうであるように、この問題についてもさまざまな対立する主張が唱えられている。人間の寿命に上限はあるのか、上限があるとして、それは何歳なのかという点についても、多くの議論がなされている[3]。悲観論者に言わせれば、栄養状況の改善と乳幼児死亡率対策の大きな前進はこれ以上見込めない。むしろ、歩かないライフスタイルや肥満といった繁栄の病により、平均寿命の上昇は足を引っ張られるという。

一方、楽観論者に言わせれば、啓蒙キャンペーンの効果は今後も大きく、それがテクノロジーのイノベーションと組み合わさることにより、平均寿命はまだ上昇し続けるという。確かに、歴史的に見ても、啓蒙キャンペーンとテクノロジーの進歩、病気の早期発見、治療法の向上により、平均寿命上昇の壁は乗り越えられてきた。将来もこのパターンが続くだろうと、楽観論者たちは考えているのだ。楽観論者のなかには、半ば空想の世界のような予測を示す人たちもいる。人間の寿命に生物学的な上限はなく、科学とテクノロジーが進歩すれば、平均寿命は何百年にも達するという。

このような主張をしている一人がレイ・カーツワイルだ。現在は、グーグルのエンジニアリング部門の責任者として人工知能研究チームを率いている人物である。カーツワイルはテリー・グロスマン医師との共著の中で、数百年の寿命を手にするための三つの重要な「懸け橋」を挙げている(4)。

第一の懸け橋は、医学的なアドバイスに従い、好ましい生活習慣を実践し、長く生き続けること。長く生きれば、第二の懸け橋、つまりバイオテクノロジーによる医療革命が実現し、その恩恵に浴せる。そして、そのあとは第三の懸け橋、すなわちナノテクノロジーのイノベーションに進む。人工知能とロボットが老いた体を分子レベルで修復する時代が訪れるというのだ。人間の寿命の上限はいままで考えられてきたよりずっと上だと、老齢学界の楽観論者たちは考えている。

悲観論と楽観論のいずれが正しいかは、私たちの未来に重大な影響を及ぼす。その点、図1-2を見るかぎり、人間の寿命に天井があるとしても、そこまではまだ遠いように思える。もし天井に近づいているなら、前述のベストプラクティス平均寿命の延びが減速しはじめているはずだが、平均寿命の上昇ペースは過去200年間と変わっていない。著者たちの個人的な考えは穏健な楽観主義者に近い。平均寿命は110~120歳くらいまで上昇し続け、その後延びが減速すると予想しているのだ。

もちろん、未来のことは誰にもわからない。しかし、頭に入れておくべきなのは、100年ライフがSFの世界の話でもなければ、乱暴なあてずっぽうでもないということだ。それは、一部の幸運な人だけに待っている未来でもない。いま生まれてくる子どもの多くが100歳を大きく超えるまで生きるという予測には、十分に説得力がある。だからこそ、このテーマがひときわ興味深いのだ。

平均寿命に関する二つの立場

次の話題に移る前に、専門的な問題に一つ触れておきたい。長寿化についての資料をいろいろ読むと、論者によって予測がわかれていることに気づく。未来の平均寿命を予測する方法が複数あることがその一因だ。現在8歳の子どもに話を戻そう。その子が何歳まで生きるかを予測するためには、その子が年齢を重ねる間、どのくらいの死亡リスクにさらされるかを計算に入れなくてはならない。たとえば、いま8歳の子どもが47年後、55歳（ちなみに、本書の二人の著者の平均年齢だ）になったときの平均余命を何年と想定すべきか？　そのときの平均余命は、いまの55歳と同じなのか？　それとも、啓蒙キャンペーンと医療技術のイノベーションが47年間でさらに進み、55歳の人間の平均余命はいまより長くなっているのか？

当然、この問いでどちらの立場を取るかにより、平均寿命の推計は大きく変わる。いまの8歳が55歳になったときも平均余命がいまと変わらないという前提で導き出した平均寿命は、「ピリオド平均寿命」と呼ばれる。一方、いまの8歳が55歳になったときに平均余命が延びているという前提で導き出した平均寿命は、「コーホート平均寿命」と呼ばれる。言うまでもなく、コーホート平均寿命のほうが年数は長い。本書では、図1-1でも図1-2でも、コーホート平均寿命を採用した。啓蒙キャンペーンと医療の進歩が続くことを前提にしたのだ。

このどちらを採用するかはきわめて重要だ。興味深いことに、年金制度の設計など、経済分野で平均寿命の推計をおこなう場合、ピリオド平均寿命を用いるケースが多い。この方法を選べば、長寿化に関連する今後のイノベーションをいっさい無視することになる。しかし、過去の平均寿命の推移から判断すると、これでは未来の平均寿命を大幅に過小評価する結果になるように思える。そこで、本書ではコーホート平均寿命を用いることにした。

健康な期間が延びる

不健康な期間は短くなっている

平均寿命が延びても、人生自体が素晴らしくなければ朗報とは言えない。平均寿命が延びるだけで、健康に生きられる年数が延びなかったらどうなるか？　その場合に待っているのは、政治思想家トーマス・ホッブズが言う「虚弱という疫病」の悪夢だ。確かに、高齢化による医療コストの増大を不安視する識者は多いし、認知症など、高齢にまつわる病気とともに長生きする人生は、明らかに誰も歓迎しない。

しかし、こうした暗い見方は重要な点を見落としている。人々が単に長く生きるだけでなく、健康に長く生きるようになると予測する研究者が増えているのだ。「不健康期間の短縮」が起こりつつあるのである。(5) この「不健康期間」に着目する考え方は、ある人が何歳まで生きて、いつ死ぬかではなく、人生の最終盤の健康面における生活の質に光を当てるものだ。

健康に老いるということ

1980年、スタンフォード大学医学部のジェームズ・フリーズは、平均寿命の上昇を上回るペースで、慢性疾患の発症年齢が上昇するだろうという仮説を唱えた。その予測どおりになれば、高齢に関係した慢性疾患（糖尿病、肝硬変、関節炎など）の発症年齢が遅くなり、不健康期間は死亡前のごく短い年数に短縮される。フリーズは、予防医学と健康増進と啓蒙キャンペーンの有効性を信じているのだ。そのような楽観論の一つの根拠は、彼自身が実施した多くの研究だ。

フリーズはまず、ペンシルベニア大学の卒業生1700人を20年以上追跡調査した。さらに、ランニングの習慣をもつ人たちの調査もおこなった。結論は一目瞭然だった。いつも運動し、たばこを吸わず、体重をコントロールできている人は、概して不健康期間が大幅に短縮されていたのである。この画期的な研究が発表されて以降、フリーズの主張を裏づける研究が次々と登場している。たとえば、多くの国では血栓症をはじめて発症する平均年齢が上昇しており、高齢者の体の自由も高まっているという。

ある人が「不健康」な状態かどうかを判断するうえでは、病気の有無だけでなく、年齢を重ねるなかでどの程度支障なく日常生活を送れるかも考慮する必要がある。そこで、多くの研究が「日常生活動作（ＡＤＬ）」に注目してきた。入浴、排泄、着替え、食事など、日々の生活の質に大きな影響を及ぼす動作のことである。

アメリカで2万人を調べたデータによると、この点で目覚ましい変化が起きているようだ。１９８４〜２００４年の20年間で、85〜89歳のアメリカ人のうち、体が不自由とされている人の割合は、22％から12％に低下した。95歳以上の人の場合も、この割合は52％から31％に減っている。高齢者は昔より健康に生きていて、テクノロジーの進歩と公的支援の充実により、できることも増えたようだ。ほかの多くの研究によっても、65歳以上で体が不自由な人の割合が長期にわたって減り続けており、近年はそのペースがさらに加速していることがわかっている。[6]

ただし、不健康期間が短縮すると主張する研究は多いが、その土台を成すデータに関しては議論もある。[7]また、人が健康に老いられるかどうかは、さまざまな要因に左右される。どこに住んでいて、どのように生きているかというのも、そうした要因の一部だ。

2007年の経済協力開発機構（OECD）の調査によれば、調査対象の12カ国のうち、アメリカなど5カ国では不健康期間が短縮したが、3カ国では不健康期間がむしろ長くなり、2カ国では変化がなく、2カ国では明確な結果が得られていない。(8) 国によって違いがあるのは興味深い。それは、フリーズの主張を裏づけるものだからだ。健康に老いられるかどうかは、公衆衛生、啓蒙キャンペーン、生活習慣の改善によって決まる。不健康期間は、ひとりでに短縮されるわけではないのだ。

健康改善のイノベーション

おそらく、人生が長くなることを考えたとき、あなたがいちばん恐れるのは、人生の最後の日々を認知症とともに生きる羽目になることだろう。不安をいだくのは無理もない。100歳以上の人を知っている人は少なくても、認知症の親戚がいる人は多いからだ。豊かな国では、認知症は老化がもたらす最大のリスクになっている。60歳の人の1％、75歳の人の7％、85歳の人の30％が認知症だ。この現実は、あなたにとってどういう意味をもつのか？　磁気共鳴画像法（MRI）による検査技術の目覚ましい進歩にも後押しされて、このテーマは精力的な研究の対象になっている。認知症治療薬の研究は、とりわけ楽しみな分野の一つだ。向こう20年くらいの間には、この分野で大きな前進があるだろうと、専門家は期待している。

老年学は、風変わりでインチキ臭いイメージをもたれていた時期もあったが、いま急速に主流の科学分野として認められつつある。いくつかの有力な医療機関が活発に研究に取り組んでおり、民間の資金も本格的に流入しはじめている。最も目立っているところでは、グーグルもキャリコ（カリフォルニア・ライフ・カンパニー）という会社を設立した。グーグルの共同創業者であるラリー・ペイジの言葉を借りれば、「健康、幸福、長寿」の研究をする会社だ。設立時の投資は7億ドルに上る。

死や衰えを招く病気の多くは、根底に細胞の老化がある――このような考え方がこの分野の研究の出発点になっている場合が多い。そのため、個別の病気ではなく、老化のプロセスそのものが研究のテーマにされている。具体的には、細胞を長生きさせ、自己修復させようというのだ。

イースト菌やマウスの寿命を大きく延ばすことにはすでに成功しており、人間の寿命も延ばせる可能性が高い。しかし、想像されるとおり、研究の複雑性は高く、人間を使った臨床試験まで進めるのはまだずっと先だ。100年ライフにおいては、さまざまな医療的措置の有効性が確認されるまでにどうしても長い時間がかかる。進歩のペースは遅く、画期的な成果はめったに生まれないのだ。

それでも、忘れてはならない。問題解決のために科学と知と大規模な投資が投入されたときには、大きなことが成し遂げられる場合がある。チャールズ・ディケンズの時代、イノベーションの最大の目的は、子どもの死亡率を下げることだった。イアン・フレミングの時代には、中高年を悩ます病気を克服することが目的だった。そして、いま高齢者の健康を改善することを目指して、イノベーションが進められている。

したがって、寿命に関しては、健康な100年ライフを想定するだけでなく、それ以上長く生きるようになる可能性が高いと思っておいたほうが賢明だろう。

第2章

過去の資金計画

教育・仕事・引退モデルの崩壊

お金の問題は大事だが、長寿化に対処するうえで重要なことはほかにもある——それが本書の主張の一つだ。とはいえ、ほとんどの人はまずお金の問題が気になる。そこで、本書でもお金の問題から始めたい。最初に、寿命の長さと勤労期間の長さに関してさまざまなシナリオを検討し、老後資金をまかなうためにどのくらい貯蓄をする必要があるかを推計する。

本章で取り上げるのは老後の生活資金だけだが、いくつものステージからなる長い人生を生きるなら、引退前の人生とキャリアを支えるための蓄えも必要になる。老後の生活資金の問題は人生の資金計画の一部にすぎないのだ。それでも、老後の生活資金だけを考えても、いくつかの厳しい現実が浮き彫りになる。

大学の講義などで計算結果を示すと、重苦しい沈黙が生まれることが多い。当然ながら、長く生きるようになれば、より多くのお金が必要だ。そうなると、所得から蓄えに回す割合を増やすか、働く年数を増やすしかない。厳然たる事実だが、やはり気が滅入る。平均寿命が長くなればなるほど、貯蓄率を高めるか、より高齢になるまで働くかの一方、もしくは両方が必要とされるのだ。そうなると、長寿という贈り物は一転して厄災の種になる。ほとんどの人は、贈り物を受け取るための対価など支払いたくはない。

ただし、こうした現実は本書の議論の出発点にすぎない。金銭面の厳しい現実に対処するために、私たちはみな古い常識から脱却し、3ステージの人生という固定観念を捨てる必要がある。次章以降で論じるように、そのような発想の転換ができれば、貯蓄を増やしたり長い年数働いたりする必要はあるにしても、金銭面以外の重要な要素に及ぶダメージを減らし、序章で言及した「オンディーヌの呪い」から逃れられる。長寿化を厄災の種ではなく、恩恵に変えられるのだ。

三人の人生、三人のシナリオ

老後の生活資金を確保するために、勤労期間に所得のどれくらいの割合を蓄えに回し、何歳まで働き続ける必要があるのか。これを算出するのは難しい。計算方法は複雑ではないが、非常に多くの要素を考慮しなくてはならない場合もある。いくら稼げるか？　所得はどの程度のペースで伸びていくか？　貯蓄や投資の利回りはどの程度か？　勤労人生を通した所得の状況はどうか？　子どもを何人つくるか？　どのくらいお金があれば、幸せを感じられるか？　子孫にどのくらい遺産を譲り渡したいか？　こうした問いに対する答えによって、必要な貯蓄率と勤労年数が大きく変わる可能性がある。

　この問題は個人の状況と希望によって結論が大きく左右されるので、大半の大手金融機関は個人の資金計画を描くために高度なソフトウェアを用いている。経済学者たちがきわめて多くの要素を考慮して、非常に複雑な人生のシナリオを描くのも、それが理由だ[1]。この問題を論じるときは、細部こそ重要なのだ。

　しかし本書では、一人ひとりの事情は考慮しない。代わりに、三人の架空の人物を登場させる。このそれぞれの人生を見ることにより、１００年ライフの金銭面を検討したい。三人の名前は、ジャック、ジミー、ジェーン。生まれたのは、１９４５年、１９７１年、１９９８年だ。

［三人の登場人物］

ジャック　1945年生まれ

ジミー　1971年生まれ

ジェーン　1998年生まれ

三人は別々の世代に属しているので、長寿化が各世代にもたらす影響の違いを見ることができる。読者のみなさんには、三人のいずれかにおおよそ自分を投影し、その登場人物の人生を通して、これから訪れる変化が自分に及ぼす影響を考えてほしい。

ジャックの世代は、平均寿命が70歳前後。教育と仕事と引退という3ステージの人生が最もうまく機能した世代である。ジャックの人生は、いま起きていることを知るためというより、3ステージの生き方がその後の世代にとって非常に強力なお手本となっている理由を知るうえで非常に重要だ。

現在40代半ばのジミーは、3ステージの人生をお手本にしてきた。この世代の平均寿命は85歳。これまでは3ステージの人生の社会規範に従って生きてきたが、それではうまくいかないことに気づきはじめている。中年に差しかかった現在、世界を見て、どうすれば将来の見通しを改善できるか思案するようになった。ジミーにとっては、長寿化の厄災が恩恵より大きくなりつつあるのだ。以下で見ていくように、長生きの厄災より恩恵を大きくするためには、変化を遂げ、変身し、実験しなくてはならない。

ティーンエージャーのジェーンは、100年以上生きる可能性が高い。この世代は、3ステージの生き方が自分たちの世代に通用しないことを知っていて、新しい人生の道筋を切り開こうとしている。ジェーンの世代は、最も長く生きることが予想され、人生の設計の自由度が最も大きい世代だ。新しい生き方を実践する社会的な開拓者も大勢登場するだろう。

三人の誰かが自分とそっくりだと感じたとしても、あなたの人生はそれよりはるかに複雑だし、あなただけの事情や状況の影響を受ける。資金計画を考えるときは、三人のモデルをあなた用にカスタマイズする必要がある。だから、本章の記述は、あなた個人への適切な財務アドバイスの代わりにはならない。単純化したモデルから導き出された数字を鵜呑みにすべきではないが、それでも、基本的な結論は信用できる。なかには状況が大きく異なる人もいるかもしれないが、本章の指摘は多くの人におおよそ当てはまるだろう。

計算の前提事項

自分は何歳まで働く必要があるのか。所得のどれくらいの割合を貯蓄に回す必要があるのか。ほとんどの人は、その点に興味がある。というより、それをとても知りたがっている。日々くだす決定の多くがそれに大きく左右されるからだ。本章では、ジャック、ジミー、ジェーンの勤労年数と引退年数の関係を検討する。それを読んで、あなたはショックを受けるかもしれない。しかし、その結論を信用できなければ、あなたは進んで行動を起こそうとは思わないだろう。そこで、どのような前提に基づいて、どのように計算したかを詳しく説明しておこう。

本章の三つのモデルでは、議論を複雑にしないために、四つの要素だけをもとに計算をおこなった。その四つの要素とは、

●老後の生活資金をどれくらい確保したいか？
●貯蓄や投資の利回りはどれくらいか？
●勤労時代に所得がどのくらいのペースで伸びるか？
●何歳で引退生活に入りたいか？

これをもとに、引退後に望む生活資金を確保するために、勤労時代にどれだけ蓄えればいいかを算出する。

ジャック、ジミー、ジェーンの人生を極力比較しやすくするために、この四つの要素に関して三人とも同じ数字を用いることにした。そんなことは、現実には考えにくい。生きる時代が違えば、貯蓄や投資の利回りも違うし、所得の伸び率も違う。しかし、長寿化がもたらす変化を明らかにすることが本書の主たる目的だ。ほかにも多くの要素が世代によって変わってくる可能性があるが、そうした点を予測することは複雑を極める。以下の記述では、長寿化の影響を明らかにすることに徹したい。

第一の前提事項は、老後の生活資金をどれくらい確保したいかという点だ。本書では、ジャック、ジミー、ジェーンの三人とも、引退前の最終年間所得の50％の収入を毎年確保することを目指すものとする。この前提の妥当性については第7章で改めて検討するが、差し当たりは、これが控えめな目標であることを頭に入れておいてほしい。実際には、これでは足りな

［前提事項］

1	老後の生活資金	最終所得の 50%
2	長期の投資利益率	年平均 3%
3	所得上昇のペース	年平均 4%
4	何歳で引退したいか	65歳

いと感じる読者が大半だろう。最終所得の50％という基準は、あくまでも少なめの数字である。

第二の前提事項は、長期の投資利益率、つまり長い目で見て貯蓄や投資の利回りがどれくらいかという点だ。これは金融の分野できわめて重要なテーマだが、専門家の見解は大きくわかれており、唯一の正解は存在しない。投資利益率を左右する要素の一つは、個人のリスク許容度だ。リスクの高い投資対象は、リスクの低い投資対象より利回りがいい。投資家にリスクを背負って投資することを決断させるためには、それが必要だからだ。

投資利益率は、以下の三つの要素によって決まる。一つは、リスクフリー投資利益率。リスクをともなわない投資でも得られる利益率のことだ。たいてい、国債利回りをその値とみなす。国債の発行者は政府なので、デフォルト（債務不履行）に陥らないだろうと考えているのだ。二つ目の要素は、リスクプレミアム。リスクをともなう投資をしたときに、上乗せして得られる利益率のことだ。そして三つ目の要素は、リスクフリーの投資対象とリスクをともなう投資対象の比重である。リスクフリー投資利益率とリスクプレミアムの値は時代によって変わるし、投資資金をこの両者にどのように配分するかによって投資利益率は大きく変わってくる。このような状況で、万人が合意するような投資利益率の数字はない。そのため、金融の専門家の間で多くの議論がなされているのだ。

このテーマについて有力な情報源の一つは、エルロイ・ディムソン、ポール・マーシュ、マイク・ストーントンのデータだ[3]。彼らは毎年、世界の国々の投資利益率の推計値を過去100年以上さかのぼって発表している。それによると、アメリカの場合、1900年から2014年にかけてのリスクフリー投資利益率は2％、リスクプレミアムは4・4％だ（数字はインフレ調整済み）。つまり、リスクをともなう株式への投資は、アメリカ国債より4・4％高い利益率を達成できる。投資家が資金を安全資産とリスク資産に半々に割り振れば、年平均でインフレ率に加えて4・2％（＝2×0.5＋6.4×0.5）の投資利益率が期待できることになる。この値は、イギリスの場合は3・5％となっている。同じ期間のアメリカ、イギリス、日本、ドイツ、フランス、オーストラリアの投資利益率を平均すると、インフレ率に加えて2・8％という数字になる。

　この100年あまりの平均値は、今後も維持されるのか？　最近、多くの高名な経済学者によって、投資利益率がきわめて低い状態が続くとの予測が示されている。もしその予測どおりになれば、過去の数字を未来に当てはめるのは楽観的すぎるのかもしれない。しかし、本書のテーマは100年ライフだ。せいぜい向こう10年間くらいしか続きそうもない最新トレンドに準拠するより、過去100年の平均値のほうが信頼できるだろう。なお、ここで挙げた数字は、税金と資産運用会社の手数料を度外視した数字だ。税金と手数料を差し引けば、投資利益率は大幅に下落してしまう。本書では、多くの国の歴史的データを参考に、ジャック、ジミー、ジェーンの投資利益率を、インフレ率に加えて3％（税・手数料引き前）とみなすことにした。3％を大きく上回る利益を上げられる時期もあるだろうし、3％を大きく下回る利益しか上げられない時期もあるだろう。それでも、長い人生全体を均して年平均3％という数字は、十分に現実的なものに思える。

　第三の前提事項は、所得がどのくらいのペースで伸びるかという点だ。一般に、人は年齢を重ねるにつれて所得が増える。物価上昇と連動して、賃金も上昇する場合が多いからだ。それに、生産性が向上したり、昇進して地位が高くなったりすることも期待できる。ただし、一定のペースで所得が上昇し続けることはない。景気後退期には、所得が減る場合すらある。一方、大きな昇進があった年は、所得が大きく上昇するかもしれない。こうした変動も織り込んだうえで、本書では、年平均の所得上昇率を、インフレ率に加えて4％と想定した。[4] 楽観的ではあるが、キャリアで成功を収めている人にとって現実離れした数字ではない。

最後の第四の前提事項は、何歳で引退したいかという点だ。とりあえず、誰もが65歳――一般に引退年齢とされることが多い年齢だ――での引退を望むという仮定から出発する。そのうえで、これより長く働いた場合、長寿化にともなう経済的負担をどの程度和らげられるのかを検討する。

ジャック――3ステージの人生の世代

1945年に生まれたジャックは、1962年に17歳で高校を卒業し、20歳で大学を出た。仕事の世界に入った時期は、今日の先進国の「黄金時代」。エンジニアとして成功を収め、最後には会社の上級幹部にまでなった。すべてが順風満帆だったわけではない。先進国の経済がグローバル化とテクノロジーの進化の影響にさらされたり、景気後退に見舞われたりして、たび たび職を失い、転居もせざるをえなかった。それでも、全体としては順調な職業人生を送ることができた。一方、家庭は伝統的な家族形態そのものだった。もっぱら妻のジルが子どもの世話をし、ジルがパートタイムで働いたときもあったが、一家の主たる稼ぎ手はつねにジャックだった。62歳で引退。2015年、70歳で残念ながら世を去った。[5]

図2-1　ジャックの資金計画

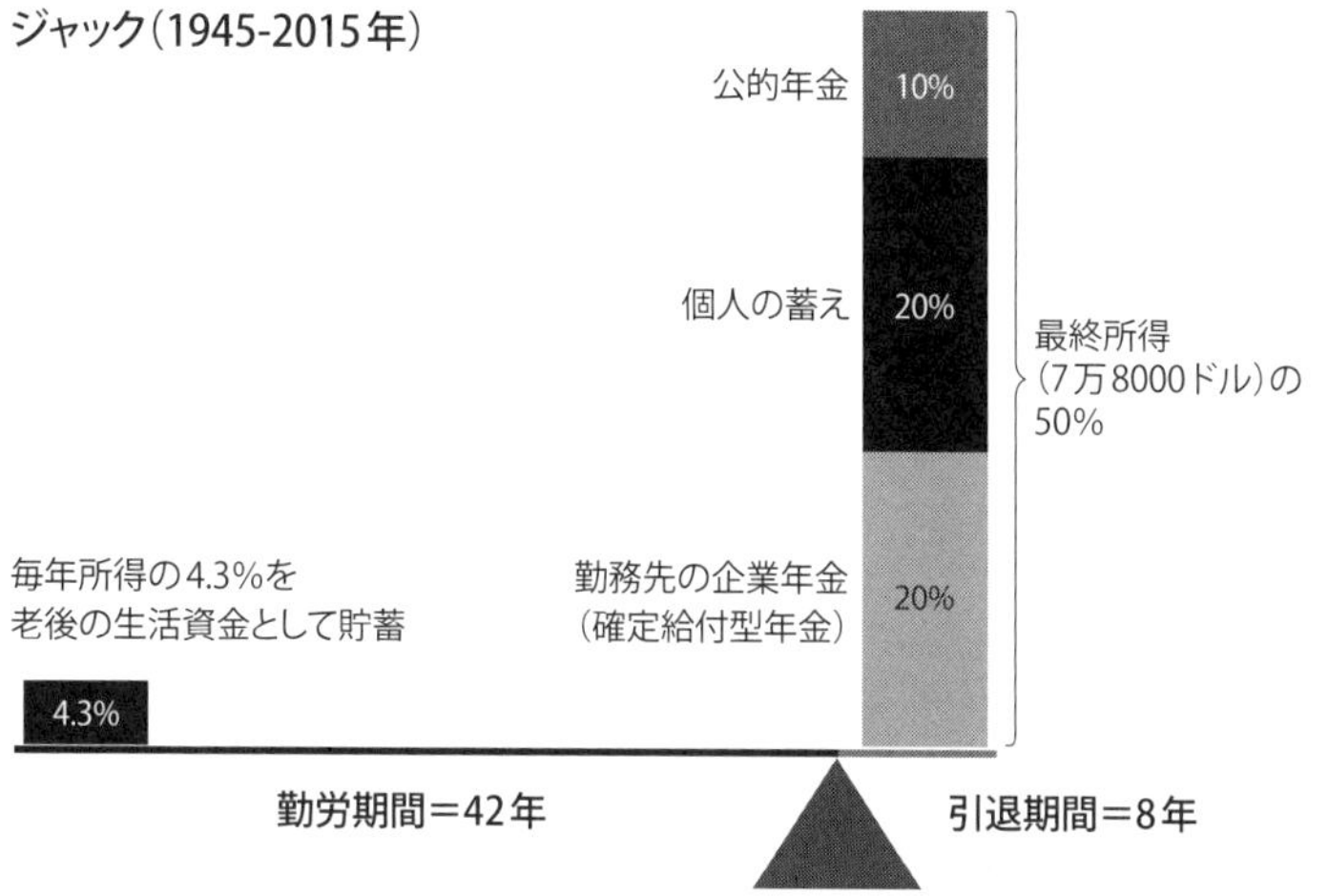

お金の面では、どのような人生だったのか？　ひとことで言えば、非常に良好な人生だった。

ジャックの世代には、老後の生活資金の源が三種類しっかり存在していた。政府の公的年金、勤務先の企業年金、そして個人の蓄えである。働いていた頃のジャックが比較的高所得者だったとしても、その高い最終所得の最大10％相当を公的年金から受給できた。加えて、大半の大企業が企業年金制度を設けていた時代に働けたことも幸運だった。長年にわたり会社勤めを続けたジャックは、最終所得の20％程度の企業年金を受け取れた。そのため、最終所得の50％程度の生活資金を確保するためには、あと20％分の貯蓄をすれば足りた。

ジャックの資金計画にとってもう一つ大きな好材料となったのは、42年の勤労期間に対し、引退期間が8年にとどまったことだ。この場合、勤労期間5年あまりで引退期間1年分の資金を蓄えればいいことになる。ジャックは、政府と企業の支援が充実していたうえに、ゆっくり時間をかけて貯蓄することもできたのだ。

以上の点をまとめたのが図2-1だ。図の左側には、勤労期間に所得のどれくらいの割合を貯蓄に回す必要があるかを示した。ジャックにとって、勤労期間に貯蓄する金額と必要な老後資金の間でバランスを取ることは比較的簡単だった。勤労期間に毎年所得の4・3%を貯蓄すれば、希望するだけの老後資金を確保できたのだ。もちろん、これだけでは十分とは言えない。住宅ローンの返済資金も必要だし、子どもの教育費も蓄えなくてはならないだろう。いざというときの蓄えも欲しいし、想定以上に長生きした場合のための資金も欲しい。しかし、老後の生活資金に限って言えば、所得の4%あまりを蓄えるのは難しいことではなかった。[6]

ジャックの場合、平均寿命が70歳前後にとどまり、政府と企業の支援が手厚かったために、3ステージの生き方がお金の面で非常にうまく機能していた。しかし次に述べるように、ジミーの場合は、こうした支援の源が縮小していく。

消えゆく年金

長寿化に関連して最もよく論じられている経済問題は、とくに先進国で公的年金が財政面で持続困難になりつつあるという問題だ。豊かな国の大半は、基本的に賦課方式と呼ばれる公的年金制度を採用している。これは、毎年の年金給付をその年の税金や保険料でまかなう方式だ。

図2-2　老年従属人口指数

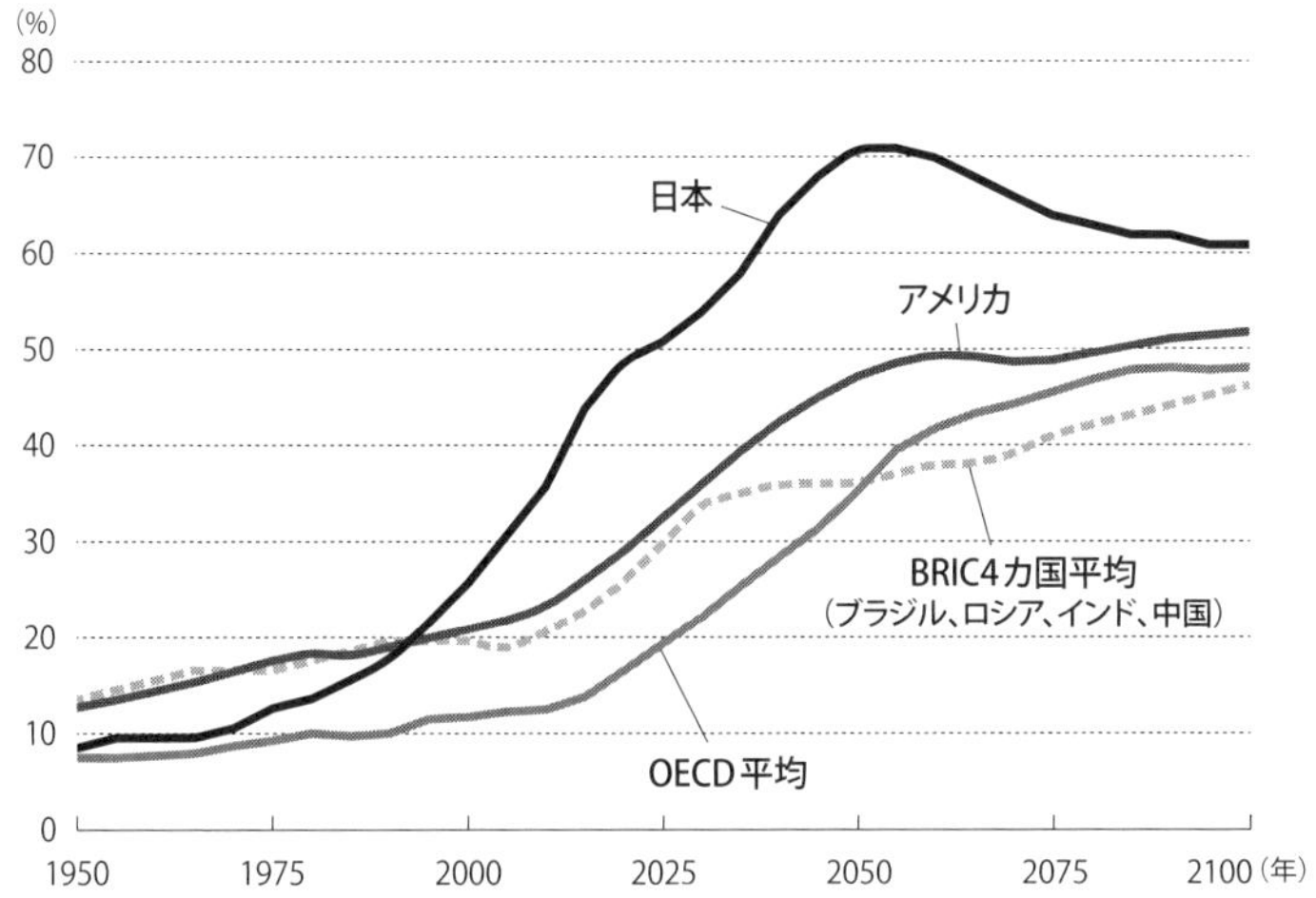

(出典) http://www.oecd.org/edu/ceri/SpotlightAging.pdf

それに対し、積立方式の年金制度では、個人が勤労期間に払い込んだ資金を投資で運用し、納付した保険料と運用成績に応じて引退後に年金の支給を受ける。

賦課方式が直面しているのは、平均寿命が延び、そのうえ出生率も低下しているという問題だ。出生率が下がれば、勤労人口の増加ペースが引退人口の増加ペースを下回る。その先に待っているのは、税収・保険料収入が減り、その一方で年金給付の支出が膨らむという事態だ。年金制度が変更されなければ、財政が立ちゆかなくなり、政府の債務がさらに劇的に増大するだろう。平均寿命が長く、しかも出生率が大きく落ち込んでいる日本などでは、この問題がすでに切実になっている。

図2-2は、先進国でこの問題がいかに深刻かを示したものだ。勤労人口に対する引退

人口の割合（「老年従属人口指数」と呼ばれる）は、多くの先進国で現在の2倍以上に跳ね上がると考えられている。１９６０年、日本はこの数字が10％だった。つまり、年金受給者１人に対して勤労世代が10人いた。これは、賦課方式の年金制度の下では、１人の年金受給者の給付金を勤労世代10人で負担することを意味する。しかし２０５０年、日本の老年従属人口指数は70％に上昇すると予想されている。勤労世代10人で引退世代７人を支えなくてはならないのだ。

現在の賦課方式をこのまま維持できないことは明らかだ。この制度は、実質的にジャックの世代を前提にしている。公的年金の給付額が所得の30～40％相当で、引退世代１人に対して勤労世代10人という割合が維持されているかぎり、勤労世代に所得の約３～４％を負担させれば年金財政を維持できた。しかし、一部の国では年金給付がもっと手厚くなっている。しかも、働き手の数が減り、年金財源を支える人の数が減っている。こうした状況で、賦課方式の年金は、言ってみれば手の込んだネズミ講の様相を呈しはじめた。これまでの世代は、納付した金額に対してあまりに多くの給付を受けてきた。しかし、ネズミ講は、新しく加わるメンバーが増え続けなければ維持できない。この条件は、出生率が下落している先進国では満たせなくなりつつある。その結果、既存の制度の持続可能性が危ぶまれるようになったのである。

当然、世界各国の政府は以前から問題に気づいており、さまざまな対策を講じてきた。改革のペースはえてして遅い。有権者の高齢化が進めば、年金改革への抵抗はさらに強まるだろう。改革目指している改革の細部は国によって異なるが、それでも、進んでいる方向はどの国も基本的に同じだ。具体的には、国民が税金や保険料を納める期間を長くするために引退年齢を延長すること、年金支給期間を短縮すること、年金支給対象を所得や資産の少ない人に限定することである。

OECDの加盟国を見ると、女性の引退年齢を引き上げた国は18カ国、男性の引退年齢を引き上げた国は14カ国に上るが、あくまでも小幅な引き上げにとどまっている。2010年から2050年に予定される引き上げ幅は、平均して男性が2・5年、女性が4年にすぎない。これは、平均寿命の予想上昇幅を下回る。したがって、年金改革は今後もまだ続く、あるいはさらに加速することが避けられない。

とくに高所得者は、老後の生活資金の源としての国の役割は縮小していくものと覚悟しておくべきだ。たとえば、イギリスの富裕層の年金受給者は、2000年に最終所得の35%以上を公的年金から得ていたが、2060年にはこの割合が20%まで下がると予想されている。

企業年金の変革は、遅々として進まない公的年金の改革とは対照的に、急激に進行した。企業年金を維持するには金がかかるし、それは大半の企業が得意なことでもない。しかも、平均寿命が延びて、財務面の負担も重くなってきた。その結果、企業年金制度を設ける企業は激減している。制度を廃止しないまでも、新規加入を受けつけていないケースが多い。

1987年、イギリスで民間企業の企業年金に加入している人は810万人いたが、その数は2011年には290万人まで減ってしまった。(7) アメリカで企業の確定給付型年金を利用できる人の割合は、1983年には全体の62％だったが、2013年には17％に落ち込んだ(8)。しかも、まだ維持されている企業年金制度の多くは、財務面での破綻を避けるために給付水準を引き下げている。

企業年金制度を設ける企業が減り、公的年金の給付が薄くなることの意味は、火を見るより明らかだ。将来は、老後の生活資金を蓄える責任がますます個人の肩にのしかかるのである。ジャックは、老後資金の4割を自分で蓄えれば十分だった。あとは、公的年金と企業年金でまかなえたのだ。しかしジミーやジェーンは、個人で蓄えなくてはならない割合がもっと大きくなる。

ここまでの議論では、先進国の状況と賦課方式の年金制度が直面する問題を論じてきた。しかし、老後資金を確保する責任が個人に移っていく潮流を突き動かしている要因は世界共通だ。第1章で述べたように、新興国でも以前の先進国と同じようなペースで平均寿命が上昇している。現状で新興国の平均寿命が先進国より短いのは、出発点が低いからにすぎないのだ。しかも、新興国でも出生率が下がりはじめている。やはり、先進国より遅れて変化が起きているだけのことだ。所得が上昇し、女性の教育水準が高まれば、新興国でも出生率は下がる。先進国で賦課方式の年金制度を持続不能に追い込んだ要因、すなわち平均寿命の上昇と出生率の低下は、新興国にも押し寄せつつあるのだ。

当然、多くの新興国は、公的年金制度で賦課方式の採用を避けている。政府にとっては賢い選択だ。いまの先進国のように財政が逼迫する危険は抑えられる。おそらく、年金問題を発端に財政危機が起きることはないだろう。しかし、国民は政府を当てにせずに、自力で老後の生活資金を蓄えなくてはならない。賦課方式の年金制度がなければ、財政危機は避けられるかもしれないが、その代償として、多くの国民の老後が公的年金に支えられることもなくなるのだ。

ジミー——3ステージの人生が軋む

ジミーに話題を移そう。1971年生まれで、平均寿命は85歳。(9) 1992年に21歳で大学を卒業し、65歳（2036年）まで働いて引退するつもりでいる。そしてジャックと同様、老後の生活資金として最終所得の50％を毎年確保したいと望んでいるとする。ただし、ジャックとは大きな違いが一つある。企業年金を受給できないのだ。公的年金に関しては、前述のような年金改革が進められるものの、最終所得の10％相当の年金が支給されるものとする。

図2-3は、ジミーが老後資金を確保するためになにが必要かをまとめたものだ。ジャックが65歳で引退するためには毎年所得の4・3％を貯蓄に回せば済んだが、ジミーは17・2％を貯蓄しなくてはならない。必要な老後資金の確保は、ジャックに比べてずっと難しい。

まず、企業年金の恩恵に浴せないので、自力で蓄える割合が2倍に跳ね上がる。加えて、勤労期間が44年に対して、引退期間が20年続く。ジャックの場合、勤労期間と引退期間の比率が

図2-3　ジミーの資金計画

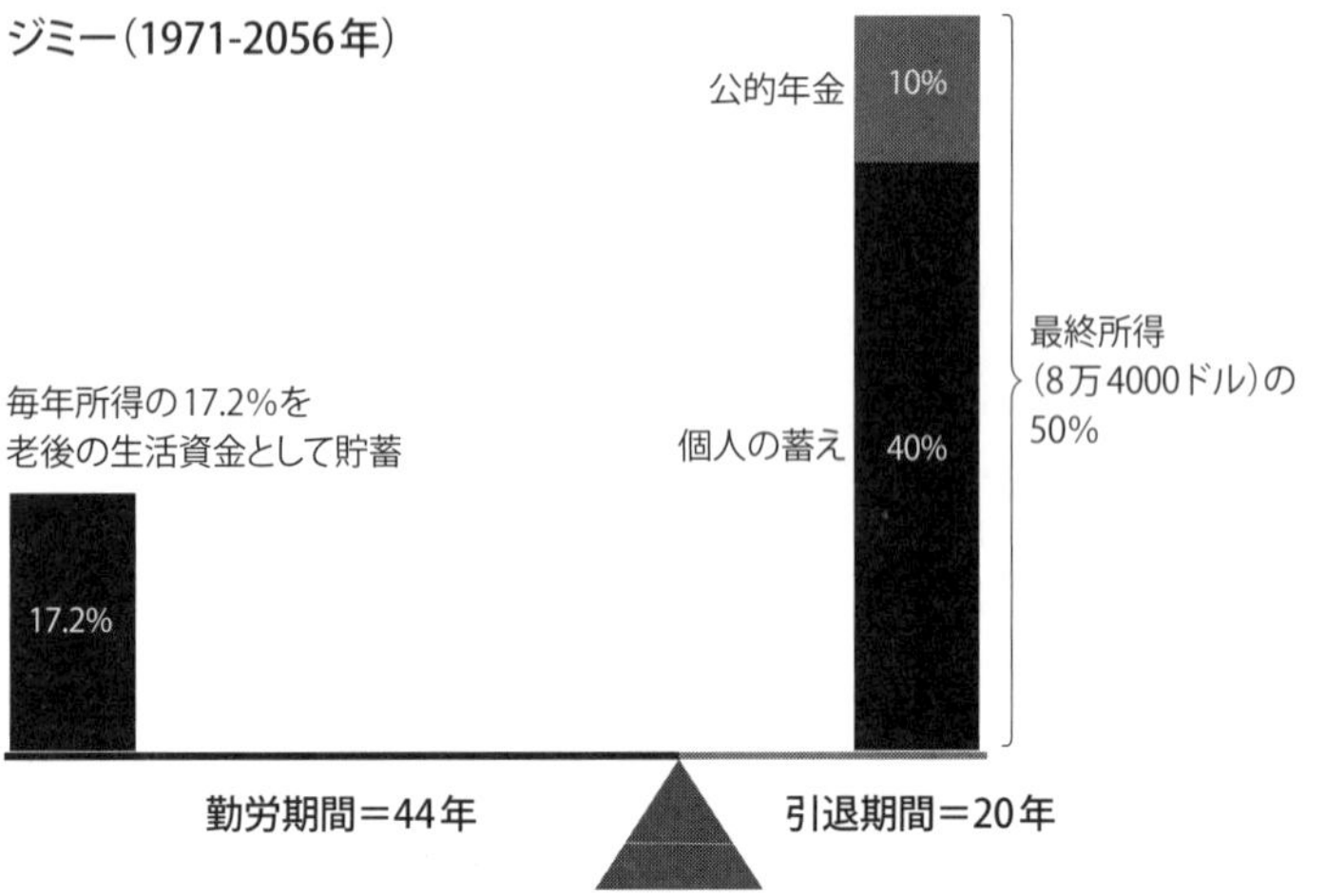

ざっと5対1だったのに対し、ジミーはほぼ2対1だ。その結果として、毎年貯蓄しなくてはならない金額が大きくなるのだ。所得の17・2%を貯蓄するのは簡単でない。それを毎年継続するどころか、1年だけでも達成できる人はほとんどいないだろう。

イギリスのデータがそれを裏づけている。2000~05年、イギリスで最も貯蓄率が高かった50~55歳の層ですら、所得の平均5・5%しか蓄えていなかった。[10] どの国で暮らしている人にとっても、所得の17・2%を貯蓄するというのは非常に重い負担だ。しかも、ここでは老後の生活資金のための蓄えしか考慮していない。実際は、もっと多くの貯蓄が不可欠だ。住宅ローンの返済資金も必要だし、ほかの大きな出費にも備える必要がある。そのうえ、前述のように最終所得の50%という目標自体がかなり控えめだ。要するに、

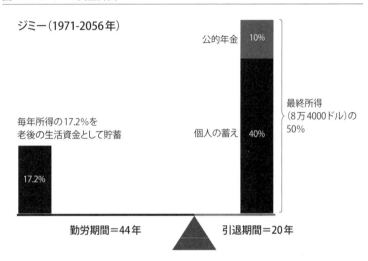

図2-4　引退年齢と貯蓄率の関係（寿命85歳の場合）

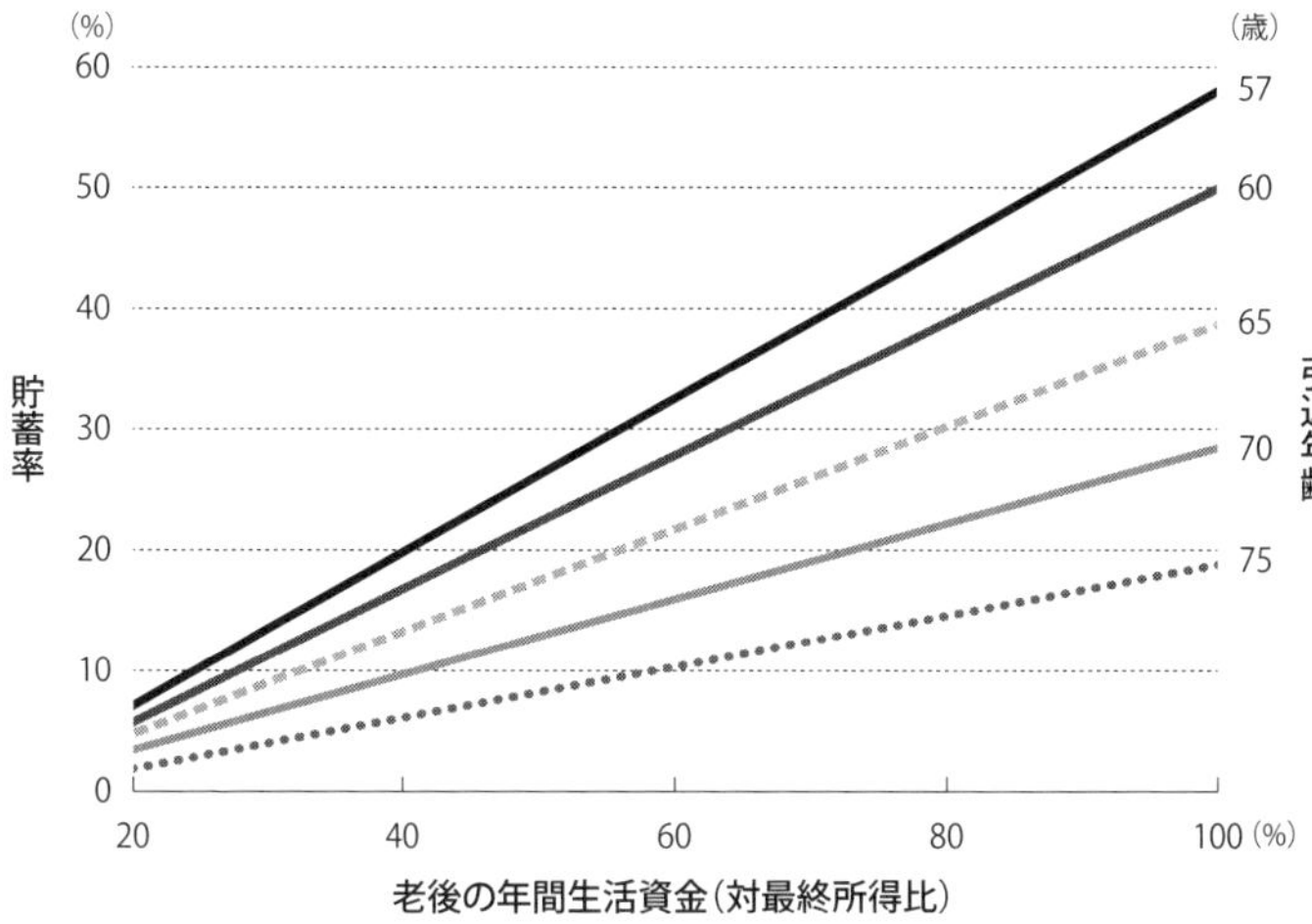

ジミーの資金計画は、どう見ても非常に厳しいものになってしまう。

しかし、勤労期間におこなう貯蓄と引退期間に得る生活資金のバランスを取る方法はほかにもある。65歳で引退せずにその後も働き続け、お金の面での負担を軽減するという選択肢もある。あるいは、老後の生活資金がもっと少なくても構わないと思えば、65歳で（あるいはもっと早く）引退することも可能だ。図2-4に、ジミーが選べる選択肢をまとめた。85歳まで生きることを前提に、引退年齢（57歳、60歳、65歳、70歳、75歳）と、確保したい老後資金の水準（最終所得の20%、40%、60%、80%、１００%）ごとに、勤労期間に要求される貯蓄率を示してある。

たとえば、最終所得の50%の老後資金を確保したいと考え、引退年齢を65歳でなく70歳まで延ばすとすれば、どうなるか？　70歳まで働けば、引

図2-5　64歳以上の労働参加率

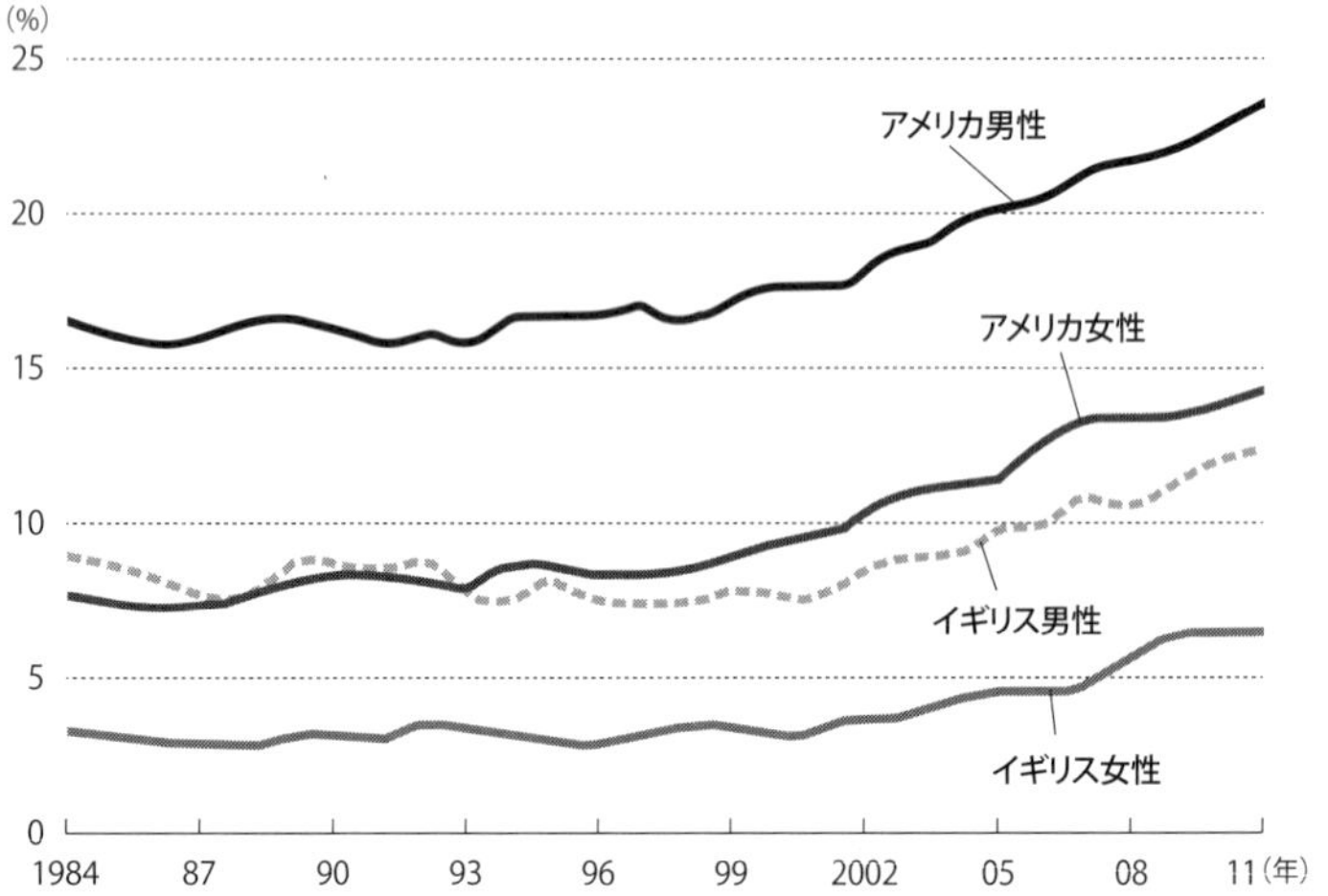

（出典）イギリス国家統計局（http://www.ons.gov.uk/ons/rel/lmac/participation-rates-in-the-uk-labour-market/2014/art-3-older.html）およびアメリカ労働省労働統計局（http://www.bls.gov/emp/ep_table_303.htm）.

退生活を送る年数は20年ではなく15年に減る。この場合、勤労期間におこなう貯蓄は所得の13％くらいで済む（これでも非常に厳しい数字だが）。引退を1年延ばせば、お金を貯められる勤労期間が1年長くなるうえに、お金を使う引退期間が1年短くなるからだ。あるいは、あくまでも65歳で引退するとしても、老後資金を最終所得の30％でよしとすれば、貯蓄率は8％まで下げられる。

しかし、50％がすでに控えめな数字なので、現実には老後の生活資金をさらに減らすのは難しい。そう考えると、図2-4を見れば明らかなように、勤労期間を長くするしかないだろう。老後資金を最終所得の50％、達成可能な貯蓄率を10％（実際のデータを見れば、所得の10％を貯蓄するのも簡単ではない）と仮定すると、ジミーは70代前半まで働かなくてはならない。

すでに、人々は以前より高齢まで働きはじめている。図2-5は、過去30年間のイギリスとアメリカの64歳以上の労働参加率を示したものである。これは、職に就いている人と職を探している人を合わせた割合だ。図にあるとおり、どちらの国でも、男女ともに64歳以上の労働参加率が大きく増えている。アメリカでは、64歳以上の男性の4人に1人近くが職に就いているか、職を探している。この割合は、1984年は6人に1人にとどまっていた。旧来の引退年齢より高齢で職をもつ人の割合はさらに増え、ますます高い年齢の人が職をもつようになるだろう。

興味深いのは、歴史を振り返ると、比較的最近まで引退年齢がもっと高かったという点だ。1984年のイギリスでは、65歳以上の男性の8％しか職をもっていなかったが、約1世紀前の1881年には、この割合が73％に達していた。1880年のアメリカでは、80歳の人の半分近くがなんらかの職をもっていて、65～74歳の80％がなんらかの形で雇用されていた。20世紀にこれらの割合は大幅に下落したが、図2-5のデータによれば、その潮流が逆転しつつあるようだ。

ジェーン――3ステージの人生が壊れる

ジェーンは1998年生まれ。2016年に18歳の誕生日を祝い、100年以上生きる可能

図2-6　ジェーンの資金計画

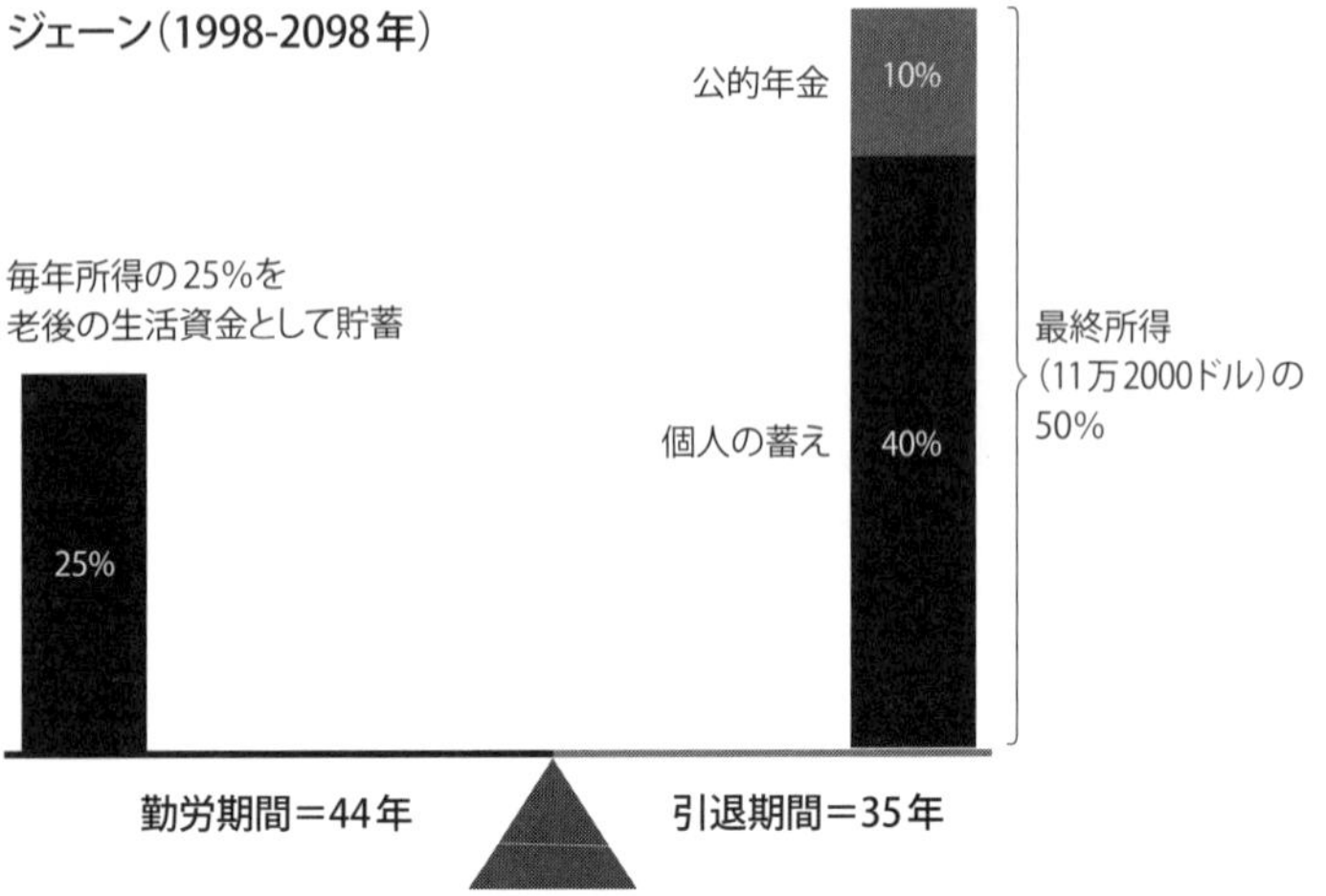

性が高い。[11] ジミーの世代より平均寿命が15年長いので、65歳での引退を前提に3ステージの人生を送るという生き方がお金の面で成り立たないことは、直感的に明らかだ。図2-6に示したように、65歳で引退して、しかも引退後に最終所得の50％の生活資金を確保するには、勤労期間に毎年所得の25％を貯蓄しなくてはならない。

勤労期間を通してこの貯蓄率を維持するのは不可能に近い。今日の大半の人の貯蓄率を大きく上回る数字だからだ。しかも、実際には、老後の生活資金に加えて、住宅ローン返済の資金や子どもの大学の学費などの大きな出費のための蓄えも必要になる。問題はほかにもある。この計算では、ジェーンがジミーと同水準の公的年金を受給できるものと仮定している。しかし前述のように、そうはいかない可能性が高い。もし公的年金をまったく受け取れないとすれば、勤労期間に必要な貯

図2-7　引退年齢と貯蓄率の関係（寿命100歳の場合）

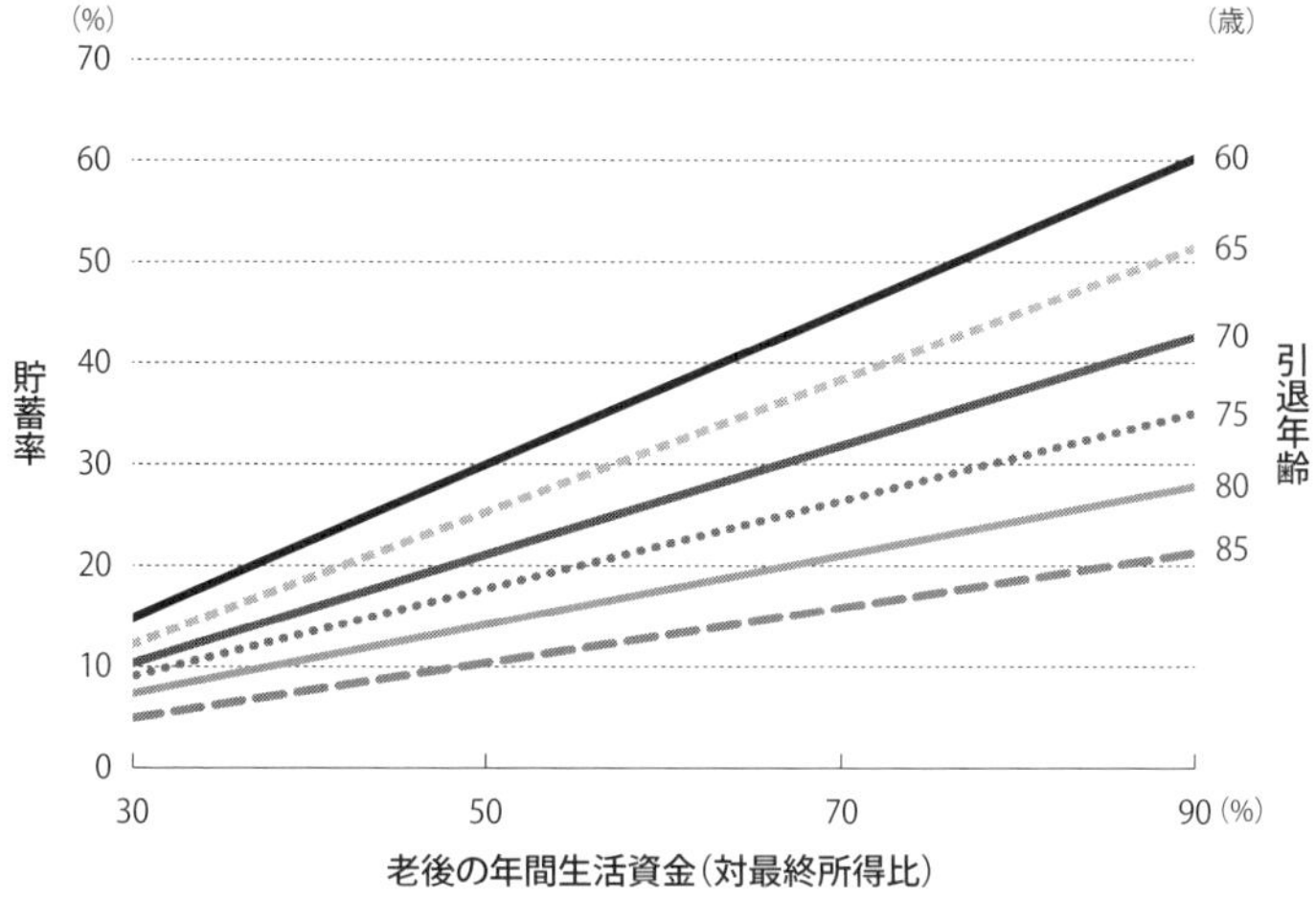

蓄率は31％に跳ね上がる。それに、3ステージの人生が経済的に機能していたジャックの世代は、子どもであるジミーの世代に財産を残せただろうが、ジェーンの親世代であるジミーの世代は、3ステージの人生が経済的に軋みはじめているため、子どもであるジェーンの世代に財産を残せない可能性が高い。要するに、ジェーンの世代の多くにとって、65歳で引退する3ステージの生き方では、100歳を超す人生を経済的に支えられないのだ。

3ステージの人生を送り、35年を超す引退期間を生きるというモデルが機能しない理由は、ほかにもある。35年は、ゴルフコースで過ごすにはあまりに長い。引退者たちを調べた研究によれば、不活発な生活を長期間続けている人は、認知能力が減退したり、人生に対する満足度が低下したりすることがわかっている。

ジミーのように、もっと長い年数働くことにし、もっと長い時間をかけて老後の生活資金を蓄えることは可能だ。ジェーンの選べるさまざまな選択肢を図2-7に示した。たとえば、老後資金を最終所得の30％でよしとすれば、70歳で引退しても、勤労期間を通して所得の10％を蓄え続ければ足りる。しかし、最終所得の30％で暮らすのはかなり大変だ。しかも、ジェーンは、この同じ金額で70歳から100歳まで30年間生活することになる。この場合、ジェーンの収入は引退時の所得の30％のまま増えないが、勤労世代の所得は10～20年後にはだいぶ増えているだろう。その結果、ジェーンの所得水準は若い世代に比べてかなり低くなってしまう。20年前の所得の30％は、20年後にはその時代の平均所得の30％に遠く及ばないはずだ。

そう考えると、やはり少なくとも最終所得の50％の資金は確保したい。勤労期間におこなう貯蓄も、所得の10％前後が現実的だろう。そうなると、80代まで働き続ける必要がある。[12]ジェーンは、ジャックより30年長く生きられるが、20年長く働かなくてはならない。これは恩恵と言えるのか？　それとも、厄災と言うべきなのか？

パートナーシップ

ここまでは、ジャック、ジミー、ジェーンが一人で暮らしているかのようにみなし、家族の存在は考慮してこなかった。容易に想像がつくように、長い人生をお金の面で支えるためには、パートナーが仕事をもっているほうが楽だ。世帯の出費の面で「規模の経済」の効果がはたらくことと、世帯の純所得が増えることが理由である。

出費の面では、二人世帯は単身世帯より経済効率がいい。二人分の食事を用意するには、一人分の費用の2倍もかからないからだ(この点について、経済学者たちは年齢や性別による食料などの消費量の違いを調整して計算をしている)。OECDの計算によれば、同等の生活水準を目指す場合、大人二人の世帯に必要な所得は大人一人の世帯の1・5倍にとどまるという。したがって、大人二人の世帯で二人とも職をもっていれば、一人暮らしの場合よりそれぞれの所得が25%少なくても、同等の生活水準を維持できる計算になる。当然、老後のために必要な一人当たりの貯蓄額も少なくて済む。

パートナーとの関係については別の章で詳しく論じるが、ひとことで言えば、100年ライフが訪れれば、パートナーとの関係がますます重要になる。しかし、長期間にわたって関係を維持することには困難がともなう。それに、二人がともに職をもつことには経済的メリットがあるが、落とし穴もある。高所得者同士の夫婦は、どうしても高い所得水準に合わせたライフスタイルを実践しがちだ。その場合、最終所得の50%相当の生活資金を確保できたとしても、引退後は生活水準を大幅に落とさざるをえなくなる。夫婦が二人とも職をもつことの経済的メリットは、高所得を前提とした消費パターンにはまり込みさえしなければ、老後のための一人当たりの貯蓄額を減らせることなのだと心得ておくべきだ。

3ステージ型仕事人生に別れを

本章の分析によれば、長く生きる時代には、ほとんどの人はこれまでよりもかなり長い年数働かなくてはならなくなる。ほんの数年の話ではない。ジェーンの勤労期間は、ジャックより20年も長い。人生が長くなれば、働く年数を増やさないかぎり、十分な老後資金を確保することがきわめて難しいからだ。賦課方式の公的年金制度が持続困難になり、年金支給額が削減される国では、ひときわ状況が厳しい。ほとんどの人は、おそらくいま覚悟している以上に、もしかするといま望んでいる以上に、あるいはいま可能だと思っている以上に、所得の多くを貯蓄に回し、長い年数働かなくてはならなくなる。

ありがたくない、というより気が滅入る未来図に思えるだろう。長く働くことは魅力的に感じられないし、いかにも消耗を強いられそうに思える。しかし、そう感じるのは、未来を過去の延長で考え、3ステージの生き方に沿って長い勤労生活を送るものと決めつけているからだ。発想を転換して3ステージの人生から脱却すれば、長く働くことがだいぶ魅力的に見えてくる。

発想の転換は簡単でない。人々のキャリア設計と長期の資金計画には、3ステージの人生を前提とする考え方が目を見張るほど深く根を張っていることが多い。マサチューセッツ工科大学（MIT）の経済学者フランコ・モディリアーニは1985年、消費の「ライフサイクル仮説」

（人は期待される生涯所得を念頭に、生涯を通じて同程度の消費水準を維持できるようにそのときどきの消費と貯蓄のレベルを決めるという考え方）でノーベル経済学賞を受賞した。この理論を紹介するとき、どの経済学教科書も3ステージの人生を当然のごとく前提にして説明している。また、「pension（年金）」という言葉も、元は王族のお気に入りの人物への定期的な現金支給のことだったが、いまは3ステージの人生で引退後に定期的に受け取る金という意味になっている。

しかし、3ステージの生き方の耐用年数が切れていることは明らかだ。これまで述べてきたように、長寿化が私たちに突きつける経済的現実を考えると、3ステージの生き方をお金の面で機能させ続けるためには、仕事のステージを非常に長くするしかない。問題は、仕事のステージがあまりに長くなると、生産性や活力など、金銭以外の「資産」におそらく悪影響が及ぶであろうことだ。この点について詳しくは別の章で論じるが、長寿化の時代に3ステージの人生を生きることの難しさは容易に想像できるだろう。

一見すると魅力的な長期の引退生活には、人が欲する刺激と仲間意識が得られない可能性が高いという問題がある。しかし、だらだらと続く引退のステージだけでなく、延々と続く仕事のステージも数々の問題を生むのだ。

今後の雇用環境の変化も、3ステージの生き方を次第に難しくするだろう。次章で述べるように、向こう数十年の間に新しいテクノロジーが登場し、成長する産業と衰退する産業が出てくる。それにともない、新しい職種が生まれ、既存の職種に取って代わる。ジャックは40年あまりの勤労期間を通して、20代前半で受けた技術的教育が60代まで時代遅れにならないように留意するだけでよかった。80代まで働くジェーンにこの方法が通用するとは考えにくい。ジェーンは労働市場の変化に対応するために、人生の途中で時間を割いて新しいスキルの習得に投資し、新しいテクノロジーを受け入れる必要がある。それをおこなうことにより、ジェーンは、3ステージではなくマルチステージの人生を生きるのだ。

ジェーンには、金銭以外の資産に関しても試練が待っている。長い第二ステージを生きる間、健康面はどうなるのか？　パートナーや子どもなど、家族や親戚との関係は維持できるのか？長い第二ステージの間に劣化するのは、知識とスキルだけではない。大切な人たちとの関係も脅かされる恐れがあるのだ。80歳を超すまで休憩もなく、サバティカル（長期間仕事を離れて、学校に通ったり、ボランティア活動などをしたりして過ごす期間）もなく、柔軟な働き方もせずに、ノンストップで働き続けられる人などいるのだろうか？　あなたはそんな人生を送れるだろうか？

ジャックにとってうまく機能していた生き方は、ジミーには困難になり、ジェーンにはまったく実践不可能になるのである。

こうした変化は素晴らしいことだと、著者たちは考えている。本書は、3ステージの人生を前提にした働き方を葬り去り、新しい人生の設計を提案することを目的にしている。それにより、長寿が大きな恩恵となり、人々が活力と創造性と楽しみのある人生を送れるようにしたい。ほとんどの人にとって、長い人生を貫く柱になるのは仕事だろう。そこで次章以降では、まず雇用環境がどのように変わるかを論じ、そのあとジミーとジェーンのための新しい人生のシナリオを検討する。ジミーとジェーンがジャックより生産的で精力的で創造的に生きる機会を多く得るために、どうすればいいかを示したい。

第3章

雇用の未来

機械化・AI後の働き方

ここまで述べてきたように、将来は多くの人が長生きするようになり、長い人生に必要な資金をまかなうために、長い年数働かなくてはならなくなる。働く期間が長くなれば、その途中で雇用環境は大きく変貌する。そこで、長い人生をお金の面で支えられるようなキャリアを選択するためには、雇用環境の変化を正しく理解する必要がある。

しかし、将来の雇用環境の変化を予測しようと思えば、たちまち長寿化時代について回る大きな問題にぶち当たる。第二次世界大戦期にイギリス首相を務めたウィンストン・チャーチルは、その点について賢明な言葉を残している。「未来に目を向けることは、つねに賢いことだ。しかし、目で見えるより先を見ることは難しい」。そう、未来を予測することは難しい。遠い未来であればあるほど、見えにくい。100年ライフでは、未来の不透明性は途方もなく高まる。

過去100年を振り返ると、いま100歳の人たちは、生涯を通して多くのことを経験してきた。二度の世界大戦と、騎兵から核兵器への戦争手段の変化を目の当たりにし、ロシア革命と共産主義の興亡も目撃した。史上最初のグローバリゼーションの終焉と第二のグローバリゼーションの興隆、中国の衰退と台頭、電気、ラジオ、テレビ、量産型乗用車、最初の商業用旅客航空機の登場、人類最初の月面着陸、そしてインターネットの誕生も見届けてきた。家庭生活でも、自動洗濯機と電気掃除機が家にやって来て、屋内トイレが多くの家に普及し、ジッパーとブラジャーも当たり前になった。

これらの変化について少し考えればわかるように、いま生まれた子どもたちが100年の間に経験することを予測するのは不可能だ。だから、長寿化時代には、不確実性に対処することが避けて通れない。長生きする人たちは、変化のペースが減速しないかぎり、過去の世代よりずっと多くの変化を経験する。多くのテクノロジー専門家の予測にあるように変化が加速すれば、人々が生涯に経験する変化はいっそう大きくなる。長寿化時代に60年以上の勤労人生を送れば、その間に、どのような企業で働き、どのような職に就き、どのように仕事をするかが大きく変わる。

未来の雇用環境を具体的に予測しようとするのは馬鹿げているが、過去から学び、さらにはいま起きつつあることの延長線上になにがあるかを考えれば、将来の展望を得ることはできる。長い人生を送る人にとって、未来の雇用環境について展望をもつことはきわめて重要だ。以下では、まず広い視野から将来興隆しそうな産業を検討し、そのあと、いま台頭しつつある「スマート・シティ（賢い都市）」について考え、最後に、雇用とテクノロジーの関係について、そして急速な変化を遂げる労働市場で予想される勝者と敗者について掘り下げて論じたい。

新しい産業とエコシステム

産業の新陳代謝

まず、産業の勢力図がどのように変わるかを考えよう。図3-1は、過去100年間にアメリカの雇用の種類がどのように変わったかを示したものだ。1910年、アメリカの働き手の3人に1人は、農家もしくは農業労働者だった。今日、これらの職に就く人は全体の1%にすぎない。1910年当時は、これに肉体労働者と家事サービス労働者を合わせて、アメリカの働き手の半分を占めていた。2000年の状況はまったく変わっている。雇用の半分をオフィス労働者（専門職、事務職、管理職）が占めるようになったのだ。将来は、情報技術の発展、ロ

図3-1　雇用の内訳（1910-2000年）

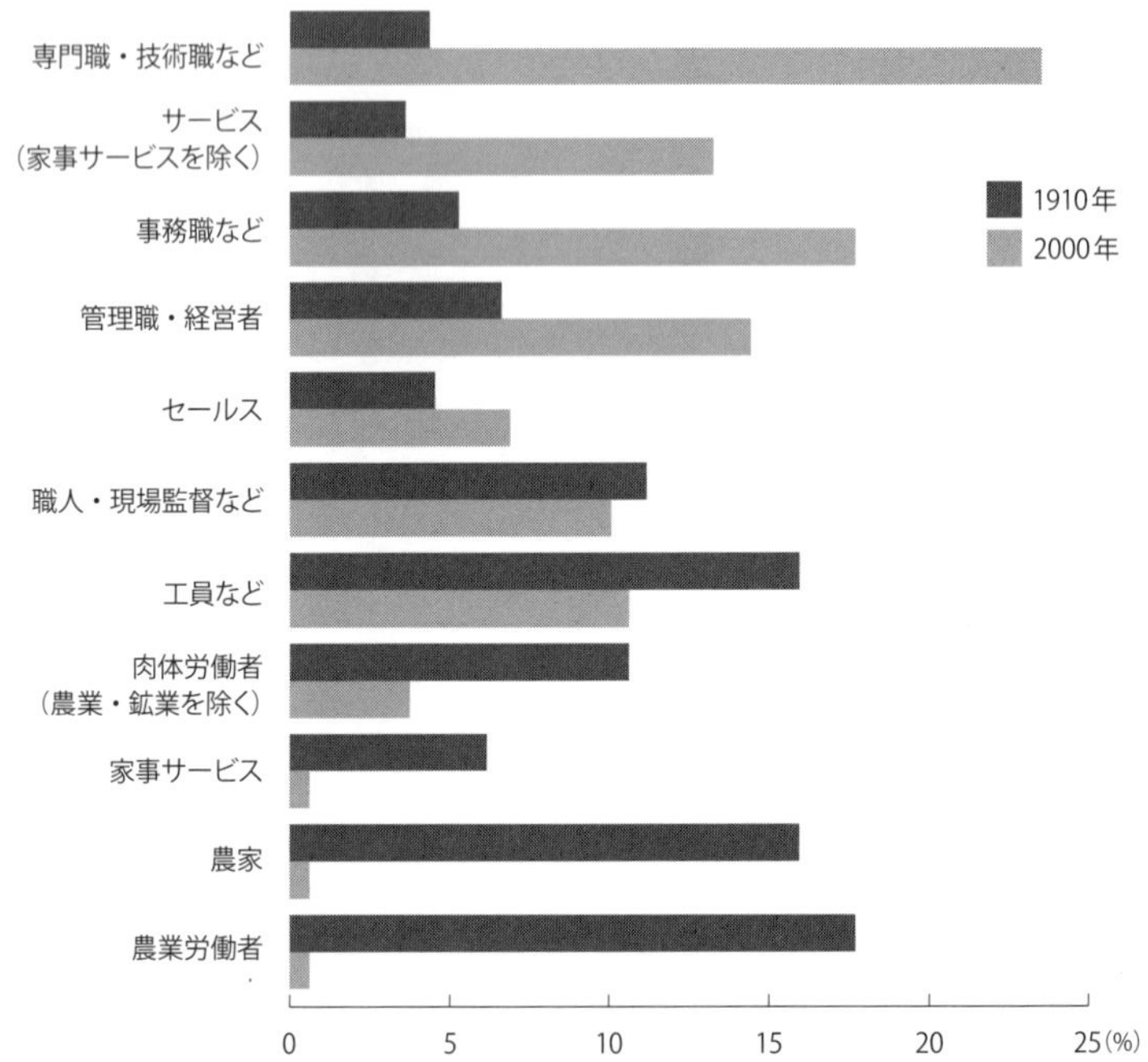

（出典）Wyatt, I. D. and Hecker, D. E. 'Occupational Changes during the 20th Century', *Bureau of Labor Statistics Monthly Labor Review*（March 2006）.

ボット工学と人工知能の急速な進歩、環境問題への懸念の高まり、社会の高齢化といった要因の影響を受けて、雇用を取り巻く状況はさらに大きな変化を遂げるだろう。[1]

時代が変われば、経済の構造は大きく変わる。それを突き動かすのは、需要と供給という経済の基本的な要因だ。それにより、産業が無残に衰退することもある。農業は、1869年にはアメリカのGDPの40％近くを占めていたが、この割合は2013年には1％まで落ち込んだ。その原因は、農業機械や肥料などのテクノロジーの進化にある。それが農業の生産性を飛躍的に向上させ、潜在的な供給量を押し上げた。しかし、人々が豊かになっても、所得の増加に比例して食料需要が増えるわけではなく、結果として供給が需要を上回り、農産物の価格が下落した。そして、それが農業の経済規模を大幅に縮小させ、多くの農業労働者が職を失う事態を招いたのである。

一方、目覚ましい成長を遂げた産業もある。農業とは対照的に、サービス産業が経済に占める割合は、1929年の40%から、2013年には65%に上昇した。その背景には、豊かになった人々が昔より多くのサービスを消費しはじめたという事情がある。その典型がレジャー産業だ。20世紀に人々の余暇時間が増えたことにともない、レジャー産業が大きく成長した。映画館やスポーツクラブ、フィットネスセンターなどが目を見張るほど増えたのだ。しかし、生産性が大きく上昇した農業と異なり、レジャーなどのサービス産業の生産性は概して上昇していない。ヨガ・インストラクターや美容師の生産性を大きく向上させることは現実的に考えて難しい。サービス産業では、需要が伸びても生産性が伸びなかったためにサービスの価格が上昇し、より多くの働き手を吸収していった。こうした、価格の上昇と働き手の増加と生産高の拡大が相まって、GDPに占めるサービス産業の割合が大幅に高まったのである。

このような産業の興亡は、歴史を通じてつねに起きてきた。今後もそれが繰り返されるとすれば、100年以上生きる人たちはこれまでの世代に比べて、生涯に経験する産業の変化や新陳代謝が多くなる。では、将来はどのような変化が起き、どのような産業で多くの雇用が生まれるのだろう？

考慮すべき要素の一つは、人口構成の影響だ。高齢化が経済に及ぼす影響は大きい。増加する高齢者の需要は、産業の興亡と商品やサービスの市場価格に反映されていく。たとえば、長寿と生物工学に関する医学研究が際立った成長産業になり、サービス産業では医療と高齢者向けサービスの比重が大きくなる可能性が高い。

環境と持続可能性を取り巻く問題も、商品やサービスの価格、天然資源の状況、そしてさまざまな産業の規模に大きな影響を及ぼす。今日の社会は、エネルギー供給の大きな転換期に差しかかっている。このままエネルギー不足が続き、エネルギー価格が上昇すれば、エネルギー生産と資源保存の分野で目覚ましいイノベーションが起きるだろう。同じことは食料にも言える。食料生産の分野では、とくに遺伝子工学と健康増進に関して飛躍的なイノベーションが期待されている。水不足の深刻化も水の値段を大きく押し上げ、水道事業の効率化とリサイクルがいっそう大きなビジネス上の価値をもつようになると予想される。

環境の持続可能性と地球温暖化に関する懸念は、炭素税の導入につながる可能性が高い。それが現実になれば、温室効果ガスの排出削減、大気中の温室効果ガスの回収、それに代替テクノロジーの開発が何十億ドル規模の巨大ビジネスに成長する。その結果、富の所在が大きく移動し、新しい産業、新しい企業、新しいテクノロジーが台頭するだろう。

新しいエコシステムの登場

産業の転換が大々的に進めば、私たちは柔軟に新しいスキルを習得し、ことによると住む場所も柔軟に変える必要がある。雇用主である企業の顔ぶれも大きく入れ替わる。エール大学のリチャード・フォスターによれば、１９２０年代、アメリカの代表的な株価指数であるＳ＆Ｐ５００を構成する企業の会社存続年数は、平均67年だった。２０１３年、この年数は15年に短縮している。イギリスでは、１９８４年に主要株価指数ＦＴ１００を構成していた１００社のうち、いまも構成企業にとどまっているのは30社にすぎない。産業の興亡が活発になり、新しい企業が既存の大企業の座を奪うケースが増えているためだ。したがって、１９４５年生まれのジャックの世代は、一つの企業にある程度長く勤め続ける傾向が強かったが、１９９８年生まれのジェーンの世代は、働いている産業や企業が激変に見舞われて、必然的に生涯に何度も職場を変える可能性が高い。

一部の論者によれば、人々が勤める企業のあり方も目を見張るほど変わるという。20世紀にオフィスで働く人が大幅に増えた背景には、現代的な大企業の台頭があった。そうした大企業は、規模のメリットを生かせる組織構造を武器に、経済にしっかり居場所を確立した。しかし、大企業は大組織全盛の時代ならではの過去の遺物だと指摘する人たちもいる。やがて、小回りの利く敏捷な小企業が登場し、図体の大きい恐竜のような大企業は膝を屈するというのだ。確かに、そうなりそうな兆候もある。テクノロジーの進歩により、組織を介さなくても働き手たちが直接連携しやすくなったし、小規模な企業には、大企業が発揮しづらい柔軟性がある。それに、3Dプリンターなど、新しいテクノロジーの開発がさらに進めば、いま大企業が享受している規模のメリットの多くは失われると言われる。

しかし、いまのところ、こうしたシナリオはまだ現実化していない。むしろ、食品・日用品大手のユニリーバや飲料大手のペプシコなどの大企業は、事業の規模を拡大させ、多くの資源を動員する力をもち、世界の隅々にまで商品を売っている。この状況は今後も変わらないだろう。それに、グーグルや製薬大手のロシュのような大企業は、巨額の研究予算と充実した研究施設を誇り、世界中から優秀な人材を集めて次世代のテクノロジーや医薬品の開発に取り組んでいる。

それでも、大企業が消えはしないにせよ、大企業の構造が変わることは間違いない。具体的には、大企業の周囲に多くの中小企業や新興企業が集まる形態が増えるだろう。いわゆるビジネスのエコシステム（生態系）が形成されるのだ。成長はしばしば、少数精鋭の人材を擁する小規模企業で構成されるエコシステムで実現する。とりわけ興味深い成果がそこで生まれる場合もあるかもしれない。エレクトロニクスのサムスンや半導体のARMなどの企業はすでに、きわめて重層的な連携関係で結びついたエコシステムを築いていて、それを通じて何百社もの企業と連携して最先端のテクノロジーや高度なサービスを実現している[2]。製薬産業では、小規模な専門企業が重要な基礎研究をおこなう場合が多い。なかには、たった一種類の分子に専門特化している企業まである。テクノロジーが進化して、製薬研究への参入障壁が低くなったために、そのような小規模な専門企業の数が増え、競争力も強まってきたのだ。今後は、こうしたエコシステムがますます花開き、いっそう多くの利益を生むようになる。エコシステムを構成する小企業の設立者は、未来の大企業を築くという野心をいだいている場合もあれば、社会の問題を解決したいという情熱に突き動かされている場合もあるだろう。

ビジネスのエコシステムの台頭は、雇用の機会を多様化させる。多数の雇用を創出し、マネジメント職を提供できるのは今後も主として大企業だが、そのほかに、中小の新興企業で専門性の高い職や柔軟な働き方が生まれるのだ。

100年以上続くジェーンの人生では、こうしたエコシステムの柔軟性を生かして、人生の一時期に組織に雇われずに働く選択肢も現実味をもってくる。スキルを買いたい企業と働き手をつなぐテクノロジーは、ますますグローバル化し、安価になり、洗練されつつある。そうした仲介の仕組みはすでに増えはじめており、それが最近話題の「ギグ・エコノミー」や「シェアリング・エコノミー」の到来をもたらしている。テクノロジーの進化により情報のコストが下がった結果、買い手と売り手が互いを見つけやすくなり、独立した情報源から相手の信頼性と品質を判断しやすくもなったのだ。

フルタイムやパートタイムで雇われて働くのではなく、次々と多くの顧客の依頼を受けて働くことで生計を立てる——そういう働き方をする人が増えるのがギグ・エコノミーだ。すでに、アップワークなどのクラウドソーシング・サイトで自分のスキルを売ったり、問題解決策募集サイトのイノセンティブやカッグルなどで報酬を得たりする道が生まれている。将来は、こうしたウェブサービスの役割がさらに大きくなるだろう。大企業は小規模なグループや個人にアイデアやイノベーションを頼り、小規模なグループは互いの力を借りて事業の規模を拡大させ、広い市場に進出するようになるからだ。企業は報奨金を支払って個人やチームの協力を得てもいいいし、プロジェクトごとに個人やチームと提携してもいい。あるいは、スキルをもった個人やチームを「買う」こともできる。たとえば、タクシー配車サービスのUber（ウーバー）は、カーネギー・メロン大学のロボット工学研究者を大勢引き抜いた。

ギグ・エコノミーと同様、ビジネスとしてのシェアリング・エコノミーも、個人がお金を稼ぐ方法の柔軟性を高める。最も有名なところでは、民泊斡旋サービスのAirbnb（エアビーアンドビー）を通じて自宅の空き部屋を貸せば、個人が収入を得られる。

エコシステムは、収入源をもたらすだけでなく、仕事と私生活をブレンドする生き方も後押しできる。情熱をいだける職に就き、専門特化した小規模なチームで柔軟な働き方をする人は、仕事と私生活の境界線が曖昧になるのだ。興味深いのは、工業化以前の社会では主に家庭が生産活動の場になっていて、仕事と私生活がブレンドされていたということだ。その後、工場が出現し、さらにオフィスが出現したことにより、必然的に仕事と余暇が明確に分離されるようになった。しかし将来は、新しいビジネスのエコシステムの中で働く機会が広がって、その境界線が崩れ、「ワーク」と「ライフ」が再統合されるだろう。

柔軟性に富んだ「スマート・シティ」が台頭する

変わるのは、どういう企業で働くかという点だけではない。働く場所も変わる。いま私たちは、人類史上最も特筆すべき大移住を目撃している。それは、農村から都市への人口移動である。２０１０年、世界全体の都市生活者の数は36億人だった。２０５０年には、それが63億人になると見られている。これは、毎週１３０万人が都市に移り住む計算だ。都市で暮らすこと、とりわけいわば「スマート・シティ（賢い都市）」に住むことを望む人が増えているのだ。この点は今後もおそらく変わらない。

なぜ、これほど多くの人が都市に住みたがるのか？　インターネットが登場した当時、この新しいテクノロジーにより物理的な距離が重要性を失い、私たちは自分の好きな場所で暮らせるようになると言われていた。しかし実際には、確かに「遠さ」の弊害は問題でなくなったかもしれないが、「近さ」の価値はむしろ高まっている。いま世界規模で起きている都市への大移住は、新興国における農業から工業へ、農村から都市への移動がすべてではない。先進国でも都市への人口流入が起きている。これは、質の高いアイデアと高度なスキルの持ち主のそばに身を置くことの重要性が高まっていることの表れだ。

実際、アメリカではデトロイトのような一部の工業都市が衰退する一方で、サンフランシスコやシアトル、ボストンなどのスマート・シティは経済的に繁栄し、人口も増えている。これらの都市には、質の高いアイデアと高度なスキルをもち、自分と同様の高スキル層の多い町に住みたいと考える人たちが集まってくる。そのような土地でこそイノベーションが急速に進むことを知っていて、ほかの聡明な人たちのそばで暮らし、互いに刺激し、支援し合いたいと考えるからだ。

こうした人材の集積地（クラスター）は、最初は地元の大学の卒業生グループによって形成されはじめる場合が多い。高いスキルをもった人材が集まれば、企業はおのずとその町に引き寄せられる。そうすると、多くの雇用と高い賃金に誘われて、さらに多くの高スキルの人材がやって来る。集積地はそれこそ磁石のように、優秀な人材を呼び寄せるのだ。[3]集積地の規模が大きくなればなるほど、その町で働くことの価値が高くなる。経済学で言う「ぶ厚い市場」の効果である。

集積効果が発揮されている実例としては、ロンドンも挙げることができる。２０１４年の時点で、ロンドンの高スキル層の人口は１４０万人だった。２０１９年には、これが１８０万人に上昇すると予想されている。[4]イギリスの首都であるロンドンに多くの企業や政府機関が拠点を置き、その結果として弁護士や金融関係の専門職を大勢引きつけるのは、最近に始まった現象ではない。この集積効果は昔から強く作用してきた。しかし、最近のロンドンは、多くの大企業が拠点を置くだけでなく、デザインの中心地として世界中から創造的な人材を引き寄せてもいる。聡明な人材と質の高いアイデアの集積効果が生まれるのは、ＩＴ産業だけではないのだ。アイデアが生み出す経済的な価値がもっと大きくなれば、さらに多くの集積地が出現するだろう。互いのアイデアを利用し、互いに支援し合い、新興企業が活躍できるエコシステムを築こうとする人たちが集まれば、そこに集積地が形成される。

高度な創造性を備えた集積地の核を成すのは、多くの場合、世界レベルの大学だ。シリコンバレーには、スタンフォード大学、カリフォルニア大学バークレー校、カリフォルニア工科大学があるし、ボストンには、マサチューセッツ工科大学（ＭＩＴ）とハーバード大学がある。ロンドンの創造性の集積地は、ロイヤル・カレッジ・オブ・アート（ＲＣＡ）とセントラル・セントマーチンズ（ＣＳＭ）という世界屈指の二つのデザイン専門大学と密接な関係にある。

集積地の規模が拡大すれば、充実した人材市場に引き寄せられて多くの企業が集まってくる。ロンドンのキングスクロスにあるセントラル・セントマーチンズのすぐそばには、グーグルが広さ約10万平方メートルのロンドン・オフィスを設けた。最終的には、ここで４５００人以上が働くようになるという。

高スキルの人材が集まるスマート・シティは、きわめて大きな雇用創出能力を発揮する場合もある。カリフォルニア大学バークレー校の経済学者エンリコ・モレッティの著書によれば、町に高スキルの雇用が一つ生まれれば、さらに五つの雇用が生み出されるという(5)。その五つの雇用のなかには、弁護士や会計士、コンサルタントなどの高学歴・高賃金の職も含まれるし、庭師や職人、バリスタ、ヨガ・インストラクターなどの非高学歴・低賃金の職も含まれる。この1対5という比率を考えると、スマート・シティの雇用創出能力は、旧来の製造業の拠点都市を上回る。

スマート・シティの重要性は、経済的要因だけでなく、社会的要因によっても増幅されている。この数十年、社会学者の言う「同類婚」が際立って増えている。自分と教育・所得レベルが近い人を結婚相手に選ぶ傾向が強まっているのだ。この現象も都市の成長を後押ししている。どういうことか？　高いスキルの持ち主同士の夫婦がそれぞれやり甲斐のある職を見つけることは、夫婦の片方だけがそのような職を見つけるよりずっと難しい[6]。夫が外で働き、妻が主婦として家庭にとどまる伝統的家族の場合は、小さな町のほうが暮らしやすかったかもしれない。しかし、小さな町では、夫婦の両方が自分に最適な職を見つけることは難しい。その点では、雇用の機会が多い大都市のほうが魅力的だ。

大都市は、まだ結婚していない人にとっても魅力が大きい。あなたが結婚相手を探しているとしよう。あなたは高いスキルの持ち主で、自分と同等の教育・所得レベルの相手と結婚することを望んでいる。そういう相手と小さな町で巡り会えるだろうか？　可能性はなくはないが、おそらく難しいだろう。そこで、同類婚を望む高スキルの人材は大都市に向かう可能性が高い。結婚相手探しでも「ぶ厚い市場」は強みを発揮するのだ。こんなことを言うと、ロマンチックなムードはぶち壊しかもしれないが……。

スマート・シティは、柔軟な働き方が実践される最前線にもなるだろう。テクノロジーのイノベーションのおかげで、人々は仕事をする場所と時間を柔軟に選べるようになる（その結果、在宅勤務やバーチャル勤務が増える）[7]。それに、求職者と企業や、同じ関心をもつ人同士が出会いやすくなり（労働市場への参入がしやすくなる）、コミュニケーションもより手軽に、安価になる（バーチャルなチームやグローバルなチームを組んで仕事をすることが容易になる）。そして、多くの人が協力して問題を解決する余地も大きくなる（同じようなスキルや考え方の持ち主を集めて、大規模なコミュニティを築ける可能性が高まる）。

「オフィス」という概念がばかばかしいくらい古臭く、あまりに無駄だと考えられるようになる可能性もある。以前、ユニリーバの幹部たちが温室効果ガスの排出源を調べたところ、会社への通勤が莫大な量の温室効果ガスを生み出していることがわかった。この問題も一因になって、自宅で仕事をしたり、勤務先の会社が地区ごとに設ける小規模な仕事場や、誰もが利用できる地域のコミュニティセンターに出勤したりするケースが増えるだろう。ホログラム（立体映像）やバーチャル会議などのテクノロジーの低価格化も、この潮流に拍車をかける。企業のマネジャーたちがバーチャル・チームのマネジメント技術を磨き、在宅勤務への理解を深めるにつれて、こうした働き方が当たり前になっていく。ただし、在宅バーチャル勤務を拡大するにあたっては、前述した地理的な「近さ」の重要性とのバランスがつねに問われることになる。

雇用なき未来がやって来る？

人類の歴史は、テクノロジーの進歩の歴史だった。1899年、アメリカ特許商標庁のチャールズ・デュエル長官は、「発明されうるものは、すべて発明され尽くした」と述べたが、人類の知が進歩し続けていることは間違いない。もし、すべての世代が前世代と同等に賢く、しかも前世代の蓄えた知をすべて継承するなら、その知識のさまざまな側面を掘り下げ、互いに組み合わせ、新しい発見を導き出すことにより、テクノロジーが進歩し続ける。私たちは先人の偉大な業績の積み重ねに助けられて、新しい発見に到達する。アイザック・ニュートンの見事な表現を借りれば、私たちは巨人の肩の上に乗って世界を見ているのだ。

新しいテクノロジーが登場すれば、古い職種が消滅し、たいていは新しい仕事や役割が生まれる。今日の人々は、失われつつある雇用のことはよく見えているが、当然ながら、まだ生まれていない雇用は見えていない。産業革命時のイギリスで機械を打ち壊したラッダイト運動に始まり、リンドン・ジョンソン大統領の「テクノロジー、オートメーション、経済進歩委員会」にいたるまで、オートメーションが雇用なき未来をもたらすのではないかという懸念は再三にわたり指摘されてきた。今日も世界中で同様の不安が高まっている。[8] ロボット工学と人工知能の分野で目を見張るイノベーションが実現しようとしていることを考えると、[9] ジェーンは60年を超す勤労期間を通して働き口を確保し続けられるのだろうか？

このテーマについては多くの議論がなされており、有益な結論を導き出している論者もいる。シリコンバレーの起業家マーティン・フォードはこう述べている。[10]「創造的破壊の『破壊』の影響を受けるのがもっぱら小売りや製造といった伝統的な労働集約型の産業で、『創造』の側面によって生まれる新しい企業や産業はあまり人を雇わない――この点が雇用全般に対する脅威だ」。MITのエリック・ブリニョルフソンとアンドリュー・マカフィーはこう指摘した。[11]「コンピュータやその他のデジタル技術の進歩が人間の知的能力に及ぼす影響は……蒸気機関とそれに続く発明の数々が人間の筋力に及ぼした影響と同じだ」

チェス盤の後半へ

1965年、半導体大手インテルの共同創業者ゴードン・ムーアは、コンピュータの処理能力がざっと2年間に2倍のペースで上昇していくという予測を示した。この「ムーアの法則」は、これまでのところ現実を非常に正確に言い当ててきた。「セカンド・マシン・エイジ（第二の機械時代）」の到来を予測する論者に言わせれば、そうしたテクノロジーの指数関数的な進歩により、いま私たちは「チェス盤の後半」に差しかかっているという。この言葉は、インドの古い伝承に由来する。こんな物語だ。

既存の娯楽にすべて飽きた王様は国民に呼びかけ、新しい娯楽を募った。寄せられたなかに、チェスの原形になるゲームがあった。このゲームを気に入った王様は発明者に対して、なんでも望みの褒美を与えようと言った。すると、発明者は米を所望した。チェス盤の1マス目に米粒を1粒、2マス目に2粒、3マス目に4粒、4マス目に8粒……という具合に置いていき、盤上に置かれた米粒をすべて褒美にもらいたいというのだ。コンピュータの処理能力が2年で2倍に増えるように、米粒の数は、マスが一つ進むごとに2倍に増える。王様は願いを聞き入れたが、まだチェス盤の前半、30マス目に届かないうちに、国家の米の蓄えが尽きてしまったという。

王様が発明者の要望に応えるためには、エベレストより大きな山になるほどの米粒が必要だった。最初のマスで1粒だった米は、チェス盤の後半に差しかかる33マス目では43億粒になり、最後の64マス目に到達するときには、累計1850京粒近くに達する。ムーアの法則との類似性は明らかだ。誰にとってもパソコンのメモリーは640Kバイトあれば十分だと、マイクロソフト共同創業者のビル・ゲイツが言ったのは、1981年のこと。それから30年以上経過し、現在のコンピュータの処理能力はそれよりはるかに大きくなっている。そればかりか、今後2年間に見込まれるコンピュータ処理能力の増加分だけで、現状の処理能力そのものを軽く上回る。チェス盤の比喩で言えば、32マス目から36マス目に進む間に増えるコンピュータ処理能力は、32マス目時点での処理能力の4倍に達する。わかりやすく言えば、ムーアの法則が今後も続くとすると（この点について詳しくは後述する）、向こう8年間で増えるコンピュータ処理能力は、いま無人運転自動車に組み込まれているコンピュータ処理能力の4倍に上るのだ。

雇用が「空洞化」する

では、テクノロジーが目を見張る速度で進歩し続けることは、雇用にどのような影響を及ぼすのか？　ロボットと人工知能をめぐる議論は、どうしてもSF映画のような内容になりがちだ。昨今の議論はたちまち『ターミネーター』のように機械が人間に反乱を起こす世界に入り込むか、そうでなければ、『ブレードランナー』のように「意識とはなにか？」という哲学的議論に発展するケースが多いように思える。しかし、このテーマを論じるときは、地に足をつけ、テクノロジーがすでに雇用に及ぼしている影響を見ることから出発すべきだ。そうすると、なぜ多くの論者が雇用なき未来を予測するのかがよくわかる。

図3-2は、低スキル、中スキル、高スキルの職種ごとに雇用数の増減率の推移をまとめたものだ。これはアメリカのデータだが、ほかの先進国の状況も基本的には変わらない。図を見れば明らかなように、1979年以降、低スキルの職と高スキルの職は増えているが、中スキルの職は減っている。スキルのレベルで見ると、労働市場の中央に大きな穴が空いているのだ。中程度の雇用が空洞化しているのである。

この現象が起きた理由を理解するためには、さまざまな職を二種類の基準に従って分類するのが有益だ。MITの経済学者デーヴィッド・オーターらは、主として頭を使う仕事か体を使

図3-2　雇用数の増減率

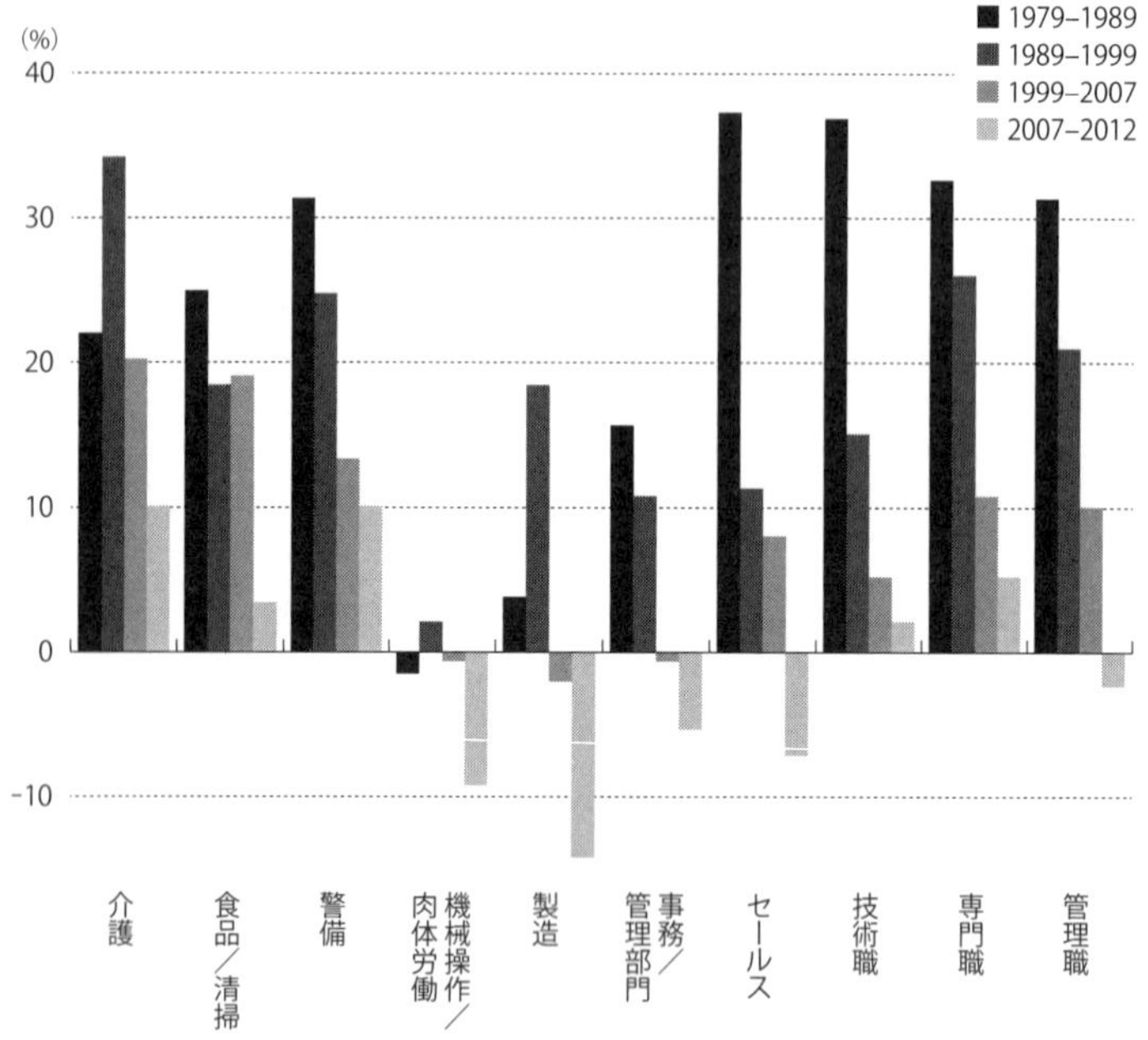

（出典）Autor D., 'Why Are There Still So Many Jobs? The History and Future of Workplace Automation', *Journal of Economic Perspectives* 29(3) (Summer 2015): 3-30.

う仕事か、そして、定型的な仕事か非定型的な仕事かを基準に、さまざまな職種を分類した。[12] 定型的（＝ルーチン）とは、かならずしも簡単とか退屈という意味ではなく、仕事のやり方を緻密にマニュアル化できるという意味だ。たとえば、頭を使う定型的な職には銀行の窓口係、体を使う定型的な職には工場の組み立てラインの仕分け係がある。

テクノロジーによる代替がすでに大きく進んでいるのは、定型的な職だ。細かくマニュアル化できる業務は、仕事のやり方をプログラムに書いてコンピュータやロボットに担わせやすいのである。アマゾンの大半の倉庫では、ロボットがひっきりなしに商品を梱包担当者のもとに運び、同時に商品のデータを中央システムに送り続ける。そのプロセスは、人間が介入したり、意思決定したりしなくても機能するようになっている。これは、機械学習とセンサーのイノベーションが急速に進んだことで可能になった。中程度の雇用の空洞化が進んでいるのは、多くの中スキルの職が――主に頭を使う仕事にせよ、体を使う仕事にせよ――アマゾンの倉庫の商品取り出し係のように定型的な業務だからだ。この種の業務では、テクノロジーによって人間を代替でき、コストも人間の労働者の賃金より安く抑えられるのだ。

しかしこれは、テクノロジーが雇用の未来に及ぼす影響の一部にすぎない。このテーマについて理解するためには、これとは別の側面も見る必要がある。テクノロジーは、中スキルの労働者を「代替」するだけでなく、高スキルの労働者を「補完」してきた。ソフトウェアやコンピュータは、高教育・高技能の働き手を補完する役割を果たせる。その結果、テクノロジーは、中スキルの働き手の職を奪う一方で、高スキルの働き手の生産性を高め、所得を引き上げてきた。また、所得が上昇した高スキル層のニーズに後押しされて、サービス産業で需要が高まり、この種の産業で働く低スキルの労働者の雇用も増えた。以上のような要因が相まって、労働市場で中程度の雇用の空洞化が進んでいるのだ。

ここまでの議論は、あくまでもチェス盤の前半の話だ。いま、私たちはチェス盤の後半、つまり、コンピュータの処理能力が劇的に向上する時代を迎えつつある。この時代には、労働市場の中央にぽっかり空いた空洞がさらに拡大し続けると懸念されている。これまでのところ、テクノロジーによって代替されているのは単純な定型的な職だけだ。コンピュータの処理能力の限界により、雇用の消失はある程度以上広がらずに済んでいる。自動車の運転は定型的業務だが、作業内容が膨大で複雑なため、テクノロジーに代替されてこなかった。

しかし、コンピュータの処理能力を低コストで飛躍的に向上させることが可能になったため、新たなイノベーションが実現し、いまでは自動運転車が生まれつつある。これが実用化されれば、物流産業で多くの雇用が脅かされるだろう。病気の診断に必要とされる専門知識とパターン認識スキルも、これまではコンピュータの能力を超えていた。しかし、チェス盤の後半に移行すれば、状況は変わってくる。よく知られているように、IBMのスーパーコンピュータ「ワトソン」は癌の診断を始めている。

コンピュータの処理能力が高まれば高まるほど、雇用の空洞化は加速する。高スキルの労働者も、テクノロジーに補完されるのではなく、代替されはじめるのだ。その兆しはすでに現れている。長期的に増加傾向にあった高スキル労働者への需要が、2000年を境に減少に転じているのだ。[13] 大きな反響を呼んだオックスフォード大学のカール・フレイとマイケル・オズボーンの研究によれば、テクノロジーの進歩にともない、向こう10~20年程度の間にアメリカの雇用の47%が消失する恐れがあるという。6000万人が職を失う計算だ。[14]

仕事の未来はどうなるのか？

未来を予測することは簡単でないが、長寿化時代を生きる人は、早い段階から将来のキャリアについて考えておかなくてはならない。そうした人たちに、どのようなアドバイスを送れるのか？　仕事の未来は、どのようなものになるのか？

人間にしかできないこと

テクノロジーの面から言えば、仕事の未来に関して真に重要な問いは、ロボットと人工知能による代替がどこまで進むかだ。現時点では、ある種のスキルと能力は人間固有のものであり、ロボットや人工知能による複製ないし代替が（いまのところは）できないという見方が一般的だ。前出のデーヴィッド・オーターらは、人間固有の能力を二種類挙げている。一つは、複雑な問題解決に関わる能力だ。ここでは、専門知識、帰納的推論の能力、コミュニケーションスキルが必要とされる。

アップルのiPhoneはその象徴だ。スマートフォンのiPhoneやタブレット型端末のiPadは、主に台湾の鴻海《ホンハイ》精密工業の子会社が中国の深圳に設けている工場で製造されているが、製造コストが販売価格に占める割合は5～7％程度にすぎない。アップルが販売価格の30～60％相当を得ている。深圳の工場で鴻海の従業員が生み出している経済的価値は一人当たり2000ドル相当なのに対し、アップルの従業員は一人当たり64万ドル以上の経済的価値を生み出している。経済的価値を生むのは、製造ではなく、イノベーションなのである。

一方、もう一種類の人間固有の能力は、対人関係と状況適応の能力だ。こちらは、主に体を使う仕事で必要とされる場合が多い。

複雑な問題解決能力が人間固有の能力だと言われる核心には、「ポランニーのパラドックス」がある。物理化学者で哲学者でもあるマイケル・ポランニーは、「人は言葉で表現できる以上のことを知っている」と主張した。この指摘のとおり、人間がもっている知識のかなりの割合は暗黙のものだ。そして、そうした知識はマニュアル化できず、ロボットや人工知能によって複製できない。[15] 一方、対人関係と状況適応の能力が人間固有の能力とされるのは、「モラヴェックのパラドックス」と関係がある。これは、「コンピュータに、知能テストや（ボードゲームの）チェッカーで成人レベルのパフォーマンスを発揮させることは比較的容易だが、知覚と運動のスキルで1歳児並みのパフォーマンスを発揮させるのは困難、もしくは不可能である」という考え方だ。[16] ロボットは複雑な分析なら簡単にできるが、コーヒーカップを持ち上げたり、階段を上ったりすることには苦労するのだ。

しかし、これらの分野でも人間の優位は長く続かないと主張する専門家もいる。確かに、クラウド・ロボティクスやディープラーニングが急速に進歩すれば、人間が機械に対してもっている優位は失われかねない。クラウド・ロボティクスは、ロボットがクラウドネットワークを通じてほかのロボットの学習成果にアクセスできるようにするテクノロジーだ。この技術が発展すれば、指数関数的なペースでの学習が実現するかもしれない。間違いなく、その速度は人間の学習速度をはるかに上回るだろう。一方、ディープラーニングは、人間が経験からの連想を通じて帰納的推論をおこなうプロセスを模倣しようというものだ。ここでも、クラウドを通じてほかのロボットの学習成果を利用できるようになる可能性がある。

ロボットが人手不足を救う

経済学的な観点からは、テクノロジーが人間の雇用を奪うかという議論だけでなく、テクノロジーが労働力を供給できるかという議論も重要だ。先進国ではとくに、人口動態上の要因により労働力の供給が逼迫することが予想される。その要因とは、人口減少とベビーブーム世代の引退である。多くの先進国では、高齢化と出生率の低下により人口が減り、働き手世代の人口も縮小している。それがどこよりも顕著なのが日本だ。最大約1億3000万人に達していた日本の人口は、2060年には8700万人まで減るという予測もある。しかも、このうち65歳以上の人口が40%を占めるという。

人口減少と並行して進行しているのが、きわめて人口の多い世代、すなわちベビーブーム世代の引退だ。本書で論じているように、この世代の多くは引退の時期を遅らせるだろうが、それでも大規模な人手不足が生じることは避けられない。イギリスの公共政策研究所（IPPR）によると、イギリスで人手不足を生む最大の要因は、新しい雇用の創出（雇用の増加）ではなく、人々の労働市場からの退出（労働力の補充）だという。具体的には、ベビーブーム世代が引退すれば、低スキルの職を中心に何百万人もの人手不足が生じるとのことだ。低スキルの職だけではない。高スキルの職でも、向こう10年にわたって、雇用増加による労働力需要よりも労働力補充のための労働力需要が大きくなると見られている。この傾向は、高度のスキルが要求される新しいテクノロジーの分野でとくに極立っている。

したがって、ロボットに雇用が奪われることを心配するより、ロボットが労働力人口の縮小を補い、経済生産と生産性と生活水準を保ってくれることを歓迎すべきだろう。

テクノロジーの普及には時間がかかる

最先端のテクノロジーは急速に進歩するだろうが、それが実際に普及するまでには多くの時間を要するとの見方もある。たとえば、自動運転車が日常生活の一部になるまでには、数々の法規制を乗り越えなくてはならない。いずれは、自動運転車が当たり前になる可能性が高い。ジェーンの生涯の間に、その日が訪れることはほぼ確実だ。しかし、それまでには長い時間がかかるだろう。

テクノロジー専門家のなかには、提唱されてから半世紀が経過して、ムーアの法則が物理的限界に近づいているという見方もある。つまり今後は、いままでのような速さではコンピュータの処理能力が向上しなくなるというのだ。簡単に言えば、ムーアの法則は、トランジスタの大きさが絶えず縮小され、半導体チップに載せられるトランジスタの数が増え続けることにより実現してきた。しかし、トランジスタの小型化が物理的限界に到達しつつあると、一部の専門家は指摘する。さらに、経済的限界の到来を指摘する論者もいる。原子サイズのトランジスタをつくるためには高度なナノテクノロジー技術が必要だが、このような工場を操業するには莫大なコストがかかるのだ。

ムーアの法則が終わりを迎えるという悲観論は、これまで何度もはずれてきた。業界も、上述のような問題を回避する方法を見いだすために努力している。それに、たとえムーアの法則に終止符が打たれても、ほかの形での指数関数的成長の余地が残されているかもしれない。たとえば、ソフトウェアは、ハードウェアがムーアの法則により得た恩恵を十分に生かし切っていない。あと数十年分の進歩の余地は残っている。

テクノロジーが新しい雇用を生む

テクノロジーの進歩が人間の労働力を代替し、大量失業を生むと、しばしば声高に主張される。しかし、経済学者たちが言うように、歴史を振り返ると、話はそう単純でない。歴史的に見て、テクノロジーの進歩は生産性を向上させ、生活水準を引き上げ、人々の消費活動の拡大を後押ししてきた。その結果、経済全体の雇用は減っていない。機械は工場労働者の職を奪ったが、数々の新しい職も生み出した。機械を導入すれば、それを製造し、操作し、整備する人間が必要になる。こうした補完的業務が新たな雇用を創出するのだ。

　このような見方に対しては、昔はそうだったかもしれないが、将来はそうはいかないという反対論がある。今回は、新しいテクノロジーによって補完される職の雇用は比較的少ないというのだ。たとえば、フェイスブックは２０１４年２月、スマートフォン向けメッセージアプリの企業ワッツアップを１６０億ドルで買収すると発表し、世界を驚かせた。買収金額は、14万人の従業員を擁するソニーの株式時価総額にほぼ匹敵したが、ワッツアップの従業員数は55人にすぎなかった。こうした数字は、テクノロジーの進歩が雇用に及ぼす打撃を強烈に印象づけるが、所得格差への影響も無視できない。雇用の数に関して言えば、ワッツアップの従業員数が非常に少ないことは事実だが、同社のサービスは広大なビジネスのエコシステムによって支えられており、そこでも雇用は生まれている。たとえば、ワッツアップのサービスが価値をもつためにはインターネットが不可欠で、インターネットがつくり出している雇用は莫大な数に上る。むしろ本当に憂慮すべきなのは、インターネット関連産業の「勝者総取り」的な性格だ。ごく一握りの人が巨額の富を手にする一方で、この産業で働く大多数の人はわずかな所得しか得られていないのだ。

　経済学的に見ると、ほかにもテクノロジーの進歩が雇用の創出を後押しする面がある。ロボットや人工知能を導入する工場やオフィスは一般に生産性が高まるので、コストが下がる。コストが下がれば、市場で競争力を高めたい企業は値下げをおこなう。製品やサービスの価格が安くなると、需要が高まる。その結果、需要の増加に応えるために従業員の数が増やされる、という理屈だ。当然、同量の製品やサービスを生み出すのに必要な働き手の数は少なくなるが、生産量が増えれば、雇用は減らずに済む可能性があるのだ。それに加えて、職に就いている人たちは、生産性の向上により所得が増えれば、その金をほかの産業の製品やサービスの消費に回すだろう。

テクノロジーのイノベーションが新しい製品やサービスの開発につながれば、それが新しい雇用を生む可能性もある。今後数十年の間に、現在はまだ想像もできないけれど、人々の暮らしに不可欠になり、経済的にも成功を収める新製品が続々と生まれるに違いない。空飛ぶ車が生まれるはずだったのに、手にしたのは（ツイッターの）１４０文字だったと、投資家のピーター・ティールは嘆いてみせた。しかし、テクノロジーとはそういうものだ。ツイッターがサービスを始めるまで、それがどれほど大きな経済的価値を生み、人々がどれほど多くの時間をそれに費やすことになるか、誰も予測できなかったのだ。

テクノロジーは雇用に好影響を及ぼすのか、悪影響を及ぼすのかというのは、私たちの将来を大きく左右する重要な問題だ。ここまでの議論をまとめると、テクノロジーの観点からは、次のような見方になる。イノベーションの速度が目を見張るほど加速しており、機械は人間には太刀打ちできないような知能をもつようになる。その結果、人間の労働者は機械に取って代わられ、いくら教育に投資しても、安定したキャリアと満足いく所得を手にできない時代になるという。それに対し、経済学の観点から見ると、状況はもっと明るい。テクノロジーは雇用を奪うだけでなく、それによって補完される雇用も新たに生むし、経済生産を増やして雇用を増加させる効果もあるというのだ。それに、まだ予見されていない新しい製品やサービスが登場し、新しい産業が台頭して、それが経済成長を牽引することも期待される。

ジェーンへの助言

いまティーンエージャーのジェーンは、100年を超す人生を生きる可能性が高い。それがどのような人生になるかについては、別の章でいくつかのシナリオを示すが、雇用の未来に関する本章の議論から、ジェーンはなにを学ぶべきか？　前述のように、テクノロジーの進歩がどのくらいの速さで実現するのか、そして、それにより雇用が増えるのか減るのかという点は、論者によって見方がわかれている。それでも、ほぼすべての論者が一致している点がある。それは、いまテクノロジーが労働市場を激しく揺さぶっており、激変は今後も続くだろうという点だ。

テクノロジーの専門家は、社会で高賃金の雇用の数を維持することが難しくなると主張する。経済学者は、多くの敗者が生まれる一方で多くの勝者も生まれると指摘しつつ、テクノロジーの恩恵はすべての人に等しく及ばない可能性があることを強調する。両者の意見が一致するのは、低スキル・低賃金の人たちを守るために政府が社会保障を充実させる必要があるということ、そして、これまで大勢の人たちの生活を支えてきた職種の多くが消滅するということだ。

では、ジェーンにはどのような助言を送れるのか？　テクノロジーの進歩によって消滅しない職に就きたいなら、次の二つのカテゴリーから職を探すべきだ。一つは、人間が「絶対優位」をもっている仕事、もう一つは、人間が「比較優位」をもっている仕事である。前者は、人間がロボットや人工知能より優れた課題処理能力をもっている仕事のことだ。前述のポランニーのパラドックスとモラヴェックのパラドックスを思い返せば、創造性、共感、問題解決、そしてドアを開けるなどの多くの身体的作業に関しては、いまのところは人間が明らかに絶対優位をもっている。向こう数十年、中程度の雇用の空洞化が進むなかでも、これらの能力を要する職は残る。ただし、その優位がいつまで続くかは、誰にもはっきりしたことは言えない。テクノロジー専門家のなかには、いずれロボットと人工知能がこれらの分野でも人間を凌駕する日が来ると予測する人たちもいる。しかし、それでも人間が比較優位をもつ分野は残る。未来の高所得の職は、そこに存在する。

テクノロジーが人間のスキルを補完する分野もある。人間と機械が協働することで生産性が高まる活動は、今後増えていくだろう。チェスの世界では、それがすでに現実になっている。アマチュアのプレーヤーが中程度の機械を利用してプレーすると、人間のグランドマスターにも勝てるし、スーパーコンピュータにも勝てるのだ。このような協働関係は、急速に拡大していく。いま多くの人が職場にスマートフォンをもっていくように、将来は、一人ひとりが自分ならではの能力を強化するために選び、プログラムした機械を職場にもっていく時代が来るのかもしれない。

本章では、向こう数十年間に、労働市場のあり方を大きく左右しそうな変化をいくつか紹介してきた。しかし、章の冒頭近くで触れたチャーチルの言葉を思い出してほしい。ジェーンのキャリアの終盤には、本章の予測はほとんど役に立たないだろう。問題は、なにが起きるかわからなければ、なにかに対して備えることは難しいということだ。ジャックと異なり、長い期間働くジェーンは、生涯を通じてより多くの変化を経験し、より多くの不確実性に直面する。そこでジェーンに必要になるのは、もっと柔軟性をもって、将来に方向転換と再投資をおこなう覚悟をもっておくことだ。アメリカの小説家ポール・オースターはこう述べている。「あらゆる事態に備えていないということは、まったく備えがないのと同じだ」

第4章

見えない「資産」

お金に換算できないもの

前章まで述べてきたように、寿命が延びれば、働く期間が長くなり、貯蓄の重要性も高まる。長い人生の間には、産業や雇用のあり方も大きく変わる。ひとことで言えば、100年ライフがもたらすのはこういう未来だ。しかし、お金と仕事の面だけを見ていては、人間の本質を無視することになる。長寿がもたらす恩恵は、基本的にはもっと目に見えないものだ。本章では、そうしたお金に換算できない要素、つまり無形の資産に光を当てる。

無形の資産は、私たちの人生のあらゆる側面できわめて大きな役割を果たしている。お金は確かに重要だが、ほとんどの人はそれ自体を目的にしていない。私たちがお金を稼ぐのは、それと交換にさまざまなものが得られるからだ。私たちはたいてい、やさしい家族、素晴らしい友人、高度なスキルと知識、肉体的・精神的な健康に恵まれた人生を「よい人生」と考える。これらはすべて無形の資産だ。長く生産的な人生を築くために、有形の金銭的資産と同じくらい、無形の資産も重要だということは、誰もが納得できるだろう。

もっとも、無形の資産と有形の資産を完全に切り離せるわけではない。むしろ、有形の資産は無形の資産の形成を強く後押しし、無形の資産は有形の資産の形成を強く後押しする。強力なスキルと知識という無形の資産がなければ、キャリアを成功させ、お金を稼ぐ力は、非常に限られたものになる。やさしくて知識豊富な友人のネットワークをもっていることも、人生の途中で生き方と働き方を変えたり、キャリアの選択肢を広げたりするうえでは不可欠だ。それに、病気だったり、家庭生活が不幸せだったりすれば、そのストレスにより、仕事の場での生産性、共感能力、創造性も大きく損なわれる。

無形の資産は、それ自体として価値があることに加えて、有形の金銭的資産の形成を助けるという点で、長く生産的な人生を送るためにカギを握る要素なのだ。よい人生を生きたければ、有形と無形の両方の資産を充実させ、両者のバランスを取り、相乗効果を生み出す必要がある。

人生の「資産」を管理する

あなたはおそらく、友人関係や知識や健康を「資産」と考えたことはないだろう。「資産」というのは、ほとんどの人が日常生活で使う言葉ではない。しかし、これらの要素を資産と位置づける発想は、100年ライフを生きるうえで欠かせないものだ。資産とは、ある程度の期間にわたり恩恵を生み出せるもののこと。言い換えれば、資産はある程度の期間存続するものである。そこで、長い人生を生きる人にとっては、資産管理が大きな課題になる。

資産はしばらく存続する可能性がある半面、たいていなんらかの形で価値が下落していく。使用したり、放置したりすれば、価値が減少するのだ。したがって、資産には、慎重なメンテナンスと投資をする必要がある。このように考えれば、友人関係や知識や健康を資産の一種と位置づけるべき理由が理解できるだろう。友情や知識は一夜で消失はしないが、十分な投資を怠り、友だちと連絡を取らず、知識をリフレッシュしなければ、いずれは価値が下がり、ついには消失してしまう。

無形資産を計測できるか？

無形の資産は、マイホームや現金や銀行預金のような有形の資産とは大きく異なる点がある。

目に見える有形の資産は、概して定義したり測定したりするのが難しくないので、値段をつけて譲渡しやすい。自分の資産を把握し、監視することも容易だ。銀行口座の残高は簡単に確認できるし、マイホームの価値はインターネットで調べればだいたいわかる。将来受け取れる年金の金額も細かく調べることが可能だ。それに対し、無形の資産は物理的な実体を欠くため、価値を測定したり、売買したりすることが難しい。

それでも、無形の資産のなかには、価値の測定が比較的容易なものもある。健康や活力のレベルは、そこそこ明確に測定できる。健康診断を受診すれば、前回以降、健康が改善したのか、悪化したのかを知ることができる。ある種のスキルと知識も、比較的測定しやすい。テストの成績や認定証の類いは、知識を測り、証明するためにある(ただし、このような方法で測れるのは、主として言葉で表現できる知識だ。暗黙知はどうしても測定が難しい)。

では、友情やその他の人間関係はどうか? ほとんどの人は、最も大切な人間関係の状態をある程度把握しているが、それを数字で表現するのは難しい。それでも、ネットワーク分析により、ある人の人的ネットワークの規模、多様性、強さを明らかにし、それが向上しているか悪化しているかを把握する試みが多くなっている。[1] 歩いた距離や友人との会話時間など、日々のさまざまな行動を計測するオーグメンテッド・テクノロジーの急速な進歩は、無形の資産をもっと正確に計測することを可能にするだろう。

このように、無形の資産のなかには、直接的に数値計測できるものもあれば、別の指標で間接的に計測できるものもある。その一方で、増えているか減っているかという漠然とした評価しかできないものもあれば、まったく計測しようのないものもある。計測結果は、教育レベルのように他人と客観的に比較できる場合もあるし、幸福度のように比較できない場合もある。計測が困難で、しばしば主観的な性格をもつ無形の資産は、値段をつけて売買することがつねに難しい。それがまったく不可能なケースもある。

市場で売買できない資産

さらに、政治哲学者のマイケル・サンデルが言うように、無形の資産のなかには、もっと重い価値があり、それゆえに値段をつけて売買できないものもある。あるいは、その資産の性質と形成過程ゆえに、売り買いできないケースも多い。たとえば、80歳のときに一生の友人を「購入」することはできない（友人を「創作」することもできない）。というより、友情とは、何歳であっても金で買えるものではないのだ。

市場で売買できない無形の資産は、計画や投資がひときわ難しい。この点は、有形の資産への投資と対照的だ。有形の資産への投資は、決定のやり直しが利く（撤回可能性）。購入した家は売却することができるし、株式に投資したあとでそれを売り、その金を引退後の生活資金に回すこともできる。また、有形の資産は値段をつけて売買しやすいので、代わりを見つけることが比較的容易だ（代替可能性）。家を売ってほかの家を買ったり、お金を株式から現金に換えたりすることは、それほど難しくない。

しかし、無形の資産は、撤回可能性も代替可能性もない。外国に移り住むとき、それまでの友だちを売って、移住先で新しい友だちを買うことは不可能だ。自分のスキルの価値が落ちてきたとしても、そのスキルを売り、別のスキルを買うわけにはいかない。そのため、無形の資産への投資は慎重におこなう必要がある。そして、あるとき突然、資産が価値を失うことにも警戒しなくてはならない。自然災害でマイホームの価値がゼロになるように、なんらかの外的な要因により、無形の資産の価値がなくなる場合もあるからだ。

無形の資産の価値とは

値段をつけにくく、売買するのが難しいからといって、無形の資産に価値がないわけではない。[2] 有形の資産との比較で無形の資産にどのくらいの価値があるかというのは、文学や宗教で繰り返し扱われてきたテーマだ。[3] 心理学の分野では、生き甲斐のある幸福な人生を送るための条件について研究がなされてきた。

とくに興味深いのは、ハーバード大学の「グラント研究」だ。1938〜40年にハーバード大学の学部生だった268人の男性を75年間追跡調査した研究である。この研究によれば、有形の資産が重要なことは間違いない。金銭的資産が乏しかったり、ほかの人より少なかったりすれば、不満が生まれる。しかし、人生に満足している人に共通する際立った要素の一つは、生涯を通して深くて強力な人間関係を築いていることだった。[4]

この研究を初期に主導した研究者のジョージ・ヴァイラントによれば、幸福を支える柱は二つある。一つは愛、もう一つは、愛をないがしろにせずに済む生き方だ。稼ぐ金が増えれば、幸福の度合いは高まるかもしれない。しかし、幸福かそうでないかをわけるのは、あくまでも愛なのだ。

経済学の分野で注目されている考え方に、「イースタリンのパラドックス」がある。これは、豊かな人ほど幸福な傾向はあるものの、国の平均所得と国民の平均的な幸福度の間に直接の関係は見られない、という現象のことだ。国が経済的に豊かになっても、それに比例して幸福度が高まるわけではないのだ。ということは、所得以外の要因が人々の幸福感を左右していることになる。[5]

お金が重要でないわけではない。無形の資産をお金で直接買うことはできないにしても、無形の資産に投資するためには、お金があり、経済的安定を実感している必要がある。健康維持のためにスポーツジムに入会したり、家族で休暇を楽しんだり、愛する人たちと余暇を過ごすゆとりを感じたりするには、お金をもっているほうがいい。また、お金が無形の資産を支えるだけでなく、無形の資産が金銭的資産づくりを支える面もある。この相互関係は非常に重要だ。

100年ライフに備えるためには、二種類の資産のバランスを取ることが欠かせない。

さまざまな無形の資産

無形の資産を以上のように定義すれば、これに分類できる可能性のある要素はきわめて多い。たとえば、美貌が重要な資産であることを裏づける研究もある。労働経済学者のダニエル・ハマーメッシュの研究によれば、容姿に恵まれた人は月並みな容姿の人に比べて、就職できるまでに要する期間が短く、昇進するのが速く、給料も3～4％高いという。(6) 背の高い人ほど、給料が高い傾向もある。(7) 性別や人種が所得に及ぼす影響を明らかにした研究も多い。

先に挙げた定義に従えば、これらの要素もすべて無形の資産に分類できる。長期にわたり恩恵を生み続け、物理的に取り出して値段をつけ、売買することができない資産だからだ。同じことは、ほかの多くの個人的資質にも当てはまる。一般知能、健康に影響を及ぼす遺伝的要素、生育環境（教育レベルの高い裕福な家庭で育ったことなど）、基礎的な人格特性（前向きな性格、神経質でない性格、社交的な性格など）といったものだ。このように、無形の資産に分類できる余地があるものはきわめて多い。人の運命は、多くの遺伝的・先天的な要素の影響を受ける。

しかし本書では、無形の資産に関して、生まれつきの要素は除外して論じることにした。本人の選択によって影響を及ぼせる要素に焦点を絞りたい。たとえば、私たちはどうあがいても、もっと美しい外見になったり、もっと知能が高くなったりはできない。もっと教育レベルの高い家庭に生まれたかった、もっと前向きな性格になりたいなどと思っても、どうにもならない。

もちろん、美容整形で容姿を変えたり、行動療法で社交性を高めたりはできるが、自分では変えられない部分が大きいので、これらの生まれつきの要素は所与のものとみなす。

こうした要素を除いても、無形の資産には非常に多くのものが含まれる。長寿化との関係を基準に、これらを三つのカテゴリーに分類してみた。

1 一つ目は**生産性資産**。人が仕事で生産性を高めて成功し、所得を増やすのに役立つ要素のことだ。スキルと知識が主たる構成要素であることは言うまでもないが、ほかにもさまざまな要素が含まれる。

2 二つ目は**活力資産**。大ざっぱに言うと、肉体的・精神的な健康と幸福のことだ。健康、友人関係、パートナーやその他の家族との良好な関係などが該当する。長期追跡調査によれば、活力資産を潤沢に蓄えていることは、よい人生の重要な要素の一つだ。

3 最後は**変身資産**。100年ライフを生きる人たちは、その過程で大きな変化を経験し、多くの変身を遂げることになる。そのために必要な資産が変身資産だ。自分についてよく知っていること、多様性に富んだ人的ネットワークをもっていること、新しい経験に対して開かれた姿勢をもっていることなどが含まれる。このタイプの資産は、旧来の3ステージの人生ではあまり必要とされなかったが、マルチステージの人生では非常に重要になる。

1 生産性資産

生産性資産は、仕事の生産性を高め、所得とキャリアの見通しを向上させるのに役立つ資産だ。もちろん、無形の資産の多くは、間接的に仕事の能力に影響を及ぼす。病気だったり、人間関係で悩んでいたりすれば、仕事にも確実に悪影響が生じる。しかしここでは、生産性の向上に直結する要素に絞って論じたい。ただし、これらの資産の価値が生産性との関係だけにあると言うつもりはない。このカテゴリーに分類される要素は、幸福感全般を高めるうえでも非常に重要だ。

スキルと知識

最もわかりやすい生産性資産は、長年かけて身につけたスキルと知識だ。知識を蓄えるには、相当な時間をつぎ込まなくてはならない。教育を受けたり、特定分野の仕事で実践を通じて学んだり、コーチやメンター、同僚の話を聞いたりする必要がある。労働市場の状況が変わり、新しいスキルの習得が求められるペースが加速していることを考えると、この種の資産の価値は大きい。そこで、どのように投資をおこない、どの分野のスキルと知識を身につけるべきかが重要になる。

学習と教育の投資効果

長く生産的な人生を送るためには、スキルと知識に投資することが不可欠だ。学習と教育は大きな金銭的恩恵をもたらす。アメリカの22歳の大卒者は平均で年に3万ドルの所得を得ているが、非大卒者は平均1万8000ドルにすぎない。所得の格差は、その後の人生でさらに広がる。格差が最も大きくなるのは、40代半ば。大卒者の年間所得が平均8万ドル近くなのに対し、高卒者は3万ドル程度だ。ここから考えると、教育の投資利益率は、インフレ率に加えて15%ということになる。[8] この投資利益率が今後も続くなら、長寿化により増えた時間の一部は教育に投資されるだろう。20世紀の間に、アメリカ人の平均就学年数は、7年から14年に延びた。この年数は、さらに延び続けても不思議でない。

テクノロジーのイノベーションは、労働市場に大きな影響を及ぼす。ハーバード大学の経済学者クローディア・ゴールディンとローレンス・カッツによれば、教育とテクノロジーは抜きつ抜かれつの競争を続けてきた。[9] テクノロジーが進歩して、それを使いこなせる高スキル労働者への需要が増加するペースに、教育によって高スキル労働者が供給されるペースが追いつかなければ、高度なスキルの持ち主に支払われる賃金は上昇する。一方、スキルをもたない低学歴層の賃金は下がり、所得格差が広がる。しかし、このように教育の投資利益率が高くなれば、大学に進む人の割合が上昇する。その結果、いまではアメリカの労働者人口の約25～30％が大卒の学歴をもつようになった。この割合はいまも増え続けている。

大卒者が珍しくなくなっている状況で、テクノロジーの進歩がさらに続けば、長くなった人生の一部の時間を使って大学院に進もうと考える人が出てくるのは自然なことだ。大学院を修了するには、一般的にその分野の専門知識を身につけている必要がある。したがって、修士や博士の学位をもっていれば、高度な学びに時間と労力をつぎ込み、詳細な知識を備えているとアピールできる。それが労働市場での差別化要因になりうるのだ。テクノロジーの進歩により、中程度の雇用の空洞化がいっそう進めば、高スキル労働者を目指して、大学院を修了することで差別化を図ろうとする人がますます増えるだろう。

しかし、投資顧問業者の顧客への告知の文言を借りれば、「過去の結果が未来の結果をつねに保証する」わけではない。未来が過去の延長線上にあるとは限らないのだ。将来どこかで大きな転換点が訪れて、教育の投資利益率が落ち込み、高学歴化の進行が止まる可能性もある。少なくとも、スキルと知識の獲得に関する「なに」と「いつ」と「どのように」が大きく様変わりすることは間違いない。

100年ライフが当たり前になれば、人生の早い時期に一度にまとめて知識を身につける時代は終わるかもしれない。テクノロジーが目を見張る進歩を遂げると予想される以上、キャリアの初期に身につけた専門技能を頼りに長い勤労人生を生き抜けるとは考えにくい。古いスキルを土台にした仕事に飽きたり、テクノロジーの進歩によりスキルが時代遅れになったりする結果、生涯を通して新しいスキルと専門技能を獲得し続けることが一般的になるだろう。人生を100年とすれば、私たちは一生の間に87万3000時間の時間をもっていることになる。なんらかの専門技能を習得するには1万時間が必要だとよく言われるが、これだけ多くの時間をもっていれば、生涯に複数の専門技能を学ぶことは不可能ではないし、途方もない難題でもない。

どのような知識が価値をもつのか?

学ぶことは人生の重要な要素であり、その価値は所得の源になることだけではない。南アフリカの黒人指導者である故ネルソン・マンデラは、「教育は世界を変える最も強力な武器」だと喝破した。ここでマンデラの念頭にあったのは、GDPや所得のことではない。マンデラに従えば、学習の対象として選ぶべきは、自分が情熱を燃やせて、興味をもてるものごとであるのが賢明だ。しかし、大半の人にとって、所得の問題は無視できない。100年ライフでは、所得を確保することの重要性がいっそう大きくなる。情熱と関心をもつことができ、しかも十分な所得が得られそうな分野を見つけることは可能なのか?

抽象論のレベルでは、この問いに答えることは難しくない。目を向けるべきなのは、経済的な価値を生み出せて（言い換えれば、有益なものとしての需要があり）、しかも希少性があるスキルや知識だ。大学院教育を受ける人が増える背景には、希少性への期待がある。また、ライバルより優位に立つために、スキルや知識は模倣困難なものでなくてはならない[10]。そしてもう一つ、機械によって代替されにくい必要もある。テクノロジーの進歩により、この最後の条件を満たすことがとりわけ難しくなりつつある。どのスキルや知識が機械に代替されにくいかという点は、学習と教育に関する選択をするうえで最も難しい要素だ。

いま最も注目を集めているのは、機械学習と人工知能の進歩だ。これらの分野で大きな進歩が実現したときにも価値を失わないのは、どのようなスキルや知識なのか？　そうしたスキルや知識は、どのように身につければいいのか？　一般論としては、テクノロジーがさらに進歩した時代に、教育と学習と研修がキャリアを後押しする方法は三つある。一つは、新しいアイデアと創造性をはぐくむのを助けること。もう一つは、人間ならではのスキルと共感能力を発揮できるようにすること。最後の一つは、思考の柔軟性と敏捷性など、あらゆる分野で通用する重要な汎用スキルをはぐくむことだ。順番に見ていこう。

第一に、将来的には、イノベーション能力と創造性の価値が大きくなり、アイデアの創造を後押しする教育の重要性が高まる。19世紀は産業革命の時代で、物的資本が経済の原動力だった。20世紀は、教育と人的資本が大きな価値をもった時代だった。そして21世紀には、他人が複製したり購入したりできるようなアイデアとイノベーションを創出することを通じて、経済的な価値が生み出される時代になる。その傾向は、著者たちが教えているロンドン・ビジネススクールでもすでに表れている。学生の間でも企業の間でも、アイデアとイノベーション、創造性、起業家精神が重視されはじめているのだ。

なにを、どのように学ぶか?

第二に、こうした潮流を受けて、人間ならではのスキルと人間による判断の重要性が増す。なかには、これらのスキルも人工知能が担うようになると主張する人たちもいる。実際、前述したように、IBMのスーパーコンピュータ「ワトソン」は、詳細な癌診断ができる。しかし、これはむしろ、診断に人工知能の力を借りられるようになり、医療従事者に求められるスキルの中身が変わると見たほうがいい。情報を取り出すスキルではなく、高度な直感的判断、対人関係、チームのモチベーションの向上、そして意思決定に関わるスキルが重要になるのだ。同様のことは、教育の分野でも起きる。デジタルテクノロジーを用いた教育が紙の教科書と教室の授業に取って代わったとき、教師に強く求められるのは、共感、モチベーション、励ましなどの繊細な対人関係のスキルだ。

第三に、長く生産的な人生を送るためには、思考の柔軟性と敏捷性など、どの分野でも役に立つ汎用スキルがいっそう必要とされるようになる。その結果、汎用スキルへのニーズと専門技能へのニーズの間で緊張関係が生じる。もちろん、専門性を高めることは必要不可欠だし、とくに重要性が増している分野の専門技能を身につけられれば、そのスキルの経済的価値は大きい。問題は、一つの分野の専門技能を習得するだけでは、おそらく長い勤労人生を通して生産性を維持できないということだ。しかも、新しいテクノロジーが登場するペースの速さを考えれば、どのような専門技能もいずれ時代遅れになる可能性が高い。そこで、勤労人生の途中で専門分野を変更しなくてはならないケースが増えるだろう。

それにともない、学校教育は次第に、あらゆることの土台になる分析能力や思考の原則を築く場になっていく。そうした土台を築ければ、柔軟性とイノベーション精神を発揮し、いくつもの分野で活躍できる。キャリアで成功を収め、緻密な思考を続ける能力をアピールするためには、深い専門知識を身につける必要があるが、長い勤労人生を生き抜くためには、おそらくそれだけでは十分でない。勤労人生の途中で職を変えたり、業種を移ったりするケースが増えれば、評価が高く、どこでも通用するスキルや知識をもつことの重要性がいっそう高まる。

このような状況の下、教育のあり方をめぐって論争が続いている。一部の論者に言わせれば、人間ならではのスキルと共感能力、意思決定能力、そして創造性とイノベーションの重要性が高まる時代には、新しい状況に合わせたリベラルアーツ（教養）教育がきわめて大きな経済的価値を生む可能性があるという。それに対して、テクノロジーと科学の重要性が高まる時代にキャリアを成功させるカギを握るのは、科学、テクノロジー、工学、数学の教育だと主張する論者もいる。これらの分野のスキルや知識こそ、経済的価値の大きい生産性資産だというのだ。

もちろん、長寿化時代には、二者択一の考え方をする必要はない。両方のタイプのスキルや知識を習得することも可能だろう。

経験学習

変わるのは、どんなスキルや知識を学ぶかだけではない。学び方も大きく変わる。とくに、「経験学習」の比重が大きくなるだろう。教科書と教室での学習にとどまらず、実際の活動を通じておこなう学習のことだ。

経験学習の価値が高まるのは、一つには、インターネットとオンライン学習が発展して、単純な知識なら誰でも簡単に獲得できるようになるからだ。知識の量ではライバルと差がつかず、その知識を使ってどういう体験をしたかで差がつく時代になるのだ。その背景には、前章で論じたポランニーのパラドックスとモラヴェックのパラドックス、そしてマニュアル化できない暗黙知の重要性の高まりがある。暗黙知は、身につけるのは簡単でないが、きわめて大きな経済的価値をもつ。それは知恵と洞察と直感の土台であり、実践と繰り返しと観察を通じてはじめて獲得できるものだからだ。

雇用主も、机上の知識だけでなく、実際の問題解決能力をもっている人物を欲しがるようになる可能性が高い。大学や大学院で経験学習の導入が進むことは間違いないが、教育機関以外の場での実践も増えるだろう。次章以降では、人生にさまざまな新しいステージが出現し、それらの時期に経験学習を通じてスキルや知識を習得するという人生のシナリオを意識的に描いてみた。ただし、多くの利点をもつ経験学習だが、学習到達度を認証することは、従来の教育機関での学習に比べてずっと難しい。この点についても後述する。

仲間

スキルと知識は、個人的性格がきわめて強いもののように思えるだろう。実際、教育機関の卒業証書は個人の能力を証明するものだし、あらゆる教育機関は剽窃《ひょうせつ》とカンニングを厳しく処罰している。しかし、どのように知識を習得し、どのくらい生産性を発揮できるかは、ほかの人の影響を受けて決まる面が大きい。生産性を高めるためには、チームとしての取り組みが必要とされるのだ。

大きな経済的価値を生む複雑な課題を実行するプロセスではたいてい、ほかの人たちとの相互依存関係が不可欠だ。そこで、きわめて高い生産性の持ち主は、ほかのきわめて高い生産性の持ち主と一緒に働きたがる。ハーバード大学の経済学者マイケル・クレマーが述べているように、ジャズミュージシャンのチャーリー・パーカーがディジー・ガレスピーと演奏し、ダニー・オズモンドがマリー・オズモンドと歌ったのは、そのためだ(11)。

まわりの人の重要性

まわりの人の重要性は、ハーバード・ビジネススクールのボリス・グロイスバーグの興味深い研究がくっきり浮き彫りにしている。[12] ある人が自分だけで生み出す価値と、周囲の人間と一緒に生み出す価値のどちらが大きいかを明らかにするために、ウォール街の投資銀行で働く1000人以上の花形アナリストを調べた。アナリストの生産性がすべて、その人物が個人で蓄えている知識によって決まるなら、その人がほかの投資銀行に移籍しても成績は変わらないはずだ。それに対し、アナリストの成績が周囲の人たちの力にも助けられているなら、移籍したあとは成績が下がると予想できる。調査の結果、正しいのは後者の仮説だとわかった。アナリストたちは知識をそっくり別の会社にもっていけず、移籍直後に個人の成績が落ち込む傾向が見られたのだ。彼らの成績は、長期にわたり回復しない場合が多かった。

どうして、知識とスキルを新しい会社にもっていけないのか？　このことから、どのような教訓を導き出せるのか？　個人の知識が生産性と成果に転換される過程は、会社がもっている資源や組織文化など、その会社に特有の要素の影響を強く受ける。そして、グロイスバーグの研究が明らかにしたように、ある人のスキルをどのくらい成果に転換できるかは、会社によって大きく異なる。だから、自分の知識を最大限生かしたければ、どの会社で働くかを慎重に選んだほうがいい。自分のもっている知識やスキルに合った職場を選ぶことが重要だ。

グロイスバーグの研究から見えてきたことがもう一つある。それは、投資銀行のアナリストの成績が同僚ネットワークに大きく後押しされているということだ。その効果は、チームのメンバーが信頼し合い、互いの評判を大切にしているとき、ことのほか大きい。それを裏づけるように、アナリストが移籍しても成績が落ちなかったり、むしろ上昇したりしたケースはほぼ例外なく、チームのメンバーと一緒に移籍していた。しかし、会社を移った花形アナリストの多くは、チームのメンバーと切り離された結果、「スター」どころか「流れ星」のようになり、新しい職場でたちまち輝きを失う。

このような人脈や人間関係は、生産性資産の重要な要素だ。これを「職業上の社会関係資本」と呼びたい[13]。強力な人間関係を築いている人は、ほかの人の知識を容易に取り込み、自身の生産性を向上させ、イノベーションを促進できる。高い信頼性と評判をもつ人たちと緊密な協力関係を築くことにより、自分が個人で蓄えているよりずっと広い知識と見方を得られるのだ。そのような人間関係は、他人と協働して働くための豊かな土壌を生み、さまざまな見方を組み合わせる機会をつくり出す。イノベーションを成し遂げるうえでは、多様な視点を組み合わせることがとりわけ重要だと言われている[14]。

なかでも重要なのは、小規模な仕事仲間のネットワーク、それも相互の信頼で結ばれた強力なネットワークらしい。そのようなネットワークのメンバーは、互いに似たようなスキルと専門知識をもっていることが多く、職業上の成長を支え合うことができる。著者（グラットン）

は以前の著書で、こうしたネットワークを「ポッセ」と呼んだ。同じ志をもつ仲間のことである。この強力な職業上のネットワークのメンバーは、信頼し合い、互いのコーチや支援者になり、人脈を紹介し合い、貴重な助言を送り合う。[15]

では、ポッセはどうやって築けばいいのか？ 社会関係資本の多くがそうであるように、それは一朝一夕では築けない。自分と同様のスキルと知識をもつ人たちとの関係を深めるために多くの時間を費やし、その人たちと直接対面して会話する時間も割かなくてはならない。高度な専門知識がはぐくまれ、共有されるためには、そのような時間が必要なのだ。[16]

評判

コカ・コーラやアップルのような大企業のリーダーたちがよく理解しているように、企業の価値のかなりの部分を占めるのは、けっして工場や店舗などの物的資本、つまり目に見える有形の資産ではない。企業の価値の多くは、ブランドや知的財産権など、目に見えない無形の資産が占めている。たとえば、アップルというブランドの価値は、推計1000億ドルを大きく上回るとみられている。アップルが商品を設計、生産、販売するためには、もちろん研究所や工場や店舗が欠かせないが、ブランドも無形の資産の一部を構成しているのだ。

この点では、個人も同じだ。中世のヨーロッパやアジアの職人たちが売っていた品物の価値の一部は、その人物のブランドによって生み出されていた。社会学者のリチャード・セネットはこう述べている。「中世の職人たちにとって、宗教上の義務以外で最も重要な課題は、職人としての高い名声を確立することだった。これは、さまざまな土地を渡り歩く金細工師などにとって、とくに重要だった。流しの職人は、仕事を得ようとする土地の多くでよそ者だからだ」[17]。長い時間をかけて築かれる職人の評判は、商品の品質を裏書きするものだった。顧客は、評判のいい職人に依頼すれば、期待どおりの品質の商品ができあがると当てにできた。

ブランドと評判の重要性は、現代も変わらない。誰でも、定評のあるブランドをもつ企業や高い評判を得ている個人と関わりたい。顧客としては、評判のいい企業と取引すれば、取引相手を細かく監視したり、調査したりする手間が省ける。評判を見れば、どの程度の仕事を期待できるか判断できるからだ。同じように、評判の高い個人も、さまざまな環境で高い能力を発揮すると信じてもらえる。

生産性資産を築くうえで、高い評判を確立することの重要性は計り知れない。せっかく価値あるスキルや知識をもっていても、好ましい評判をもっていなければ、それを生産的に活用できないからだ。それに、職業上の社会関係資本も、評判の影響を強く受ける場合がある。評判がよくない人は、質の高い仕事仲間のネットワークを築けない可能性が高い。

評判は無形の資産なので、投資をおこない、時間を費やさなければ獲得できない。それは長期にわたり価値をもたらし、売買の対象になりえず、ときとして瞬く間に毀損されることもある。これまで協力的な態度や信頼に足る行動を続けてきた人は評判がよく、逆に、利己的に行動したり、他人をだましたりしてきた人は、評判が悪い。言うまでもなく、ある人の評判を決めるのはまわりの人たちだ。

評判はどう形成されるか

人々は、どのように他人の評判を形づくるのか？ 評判は、所属によって決まる面もある。出身校や勤務先企業の評判が高ければ、その人が高い能力や信頼性の持ち主だというシグナルになり、特段の悪材料がないかぎり信頼してもらえる。中世の職人もそうだった。権威ある同業者組合に属していれば、地縁のない流しの職人でも信頼された。一流のコミュニティや企業に属していることが評判の面で頼もしいシグナルになるのは、いまも昔も変わらないのだ。ただし、最初のうちは所属集団の効果が大きいが、次第に本人の行動に対する評価が評判を左右するようになる。意図や行動原則を表明することで人々に期待をもたせることはできるが、評判を確かなものにするのは、基本的には実際の行動なのだ。

では、まわりの人たちは、あなたのどこを見ているのか？ コミュニティのメンバー全員に注意を払うことは難しい。それは、規模の小さなコミュニティでも変わらない。そこで、たいていは、一部の情報にだけ目を向ける。その際、人は自分の経験から直接情報を得る場合もあるが、他人の評価という間接情報で判断する場合も多い。つまり、あなたのまわりの人たちがテレビ局やラジオ局のように情報の拡散機能をもち、つねに大勢の人に向けてシグナルを発しているのだ。しかも、そのシグナルは拡散するにつれて増幅していく。(18)

評判の形成と拡散の過程で周囲の人間関係が大きな役割を果たすということは、裏を返せば、みずからの評判を自分ではコントロールできないことを意味する。評判は、コミュニティがその人に対していだく判断、評価、認識の枠内で形成される。その結果、評判は重要な無形の資産であると同時に、非常に複雑な性格をもっている。それは、みずからのこれまでの行動の産物であり、みずからの生産性に大きな影響を及ぼすものでありながら、自分で完全にコントロールすることはできないのだ。

いくつもの企業や業界を移り、スキルを変えながら長く働く時代に、キャリア全体を貫く要素の一つが評判だ。転職したり、ほかの業界に移ったりするとき、評判のよさはとりわけ大きな意味をもつ。企業が自社のブランドの評判を利用して新しい市場に乗り出すように、個人が守備範囲を広げる際も、評判は有益な資産の一つとなる。新しい分野に移るときに役立つのは、汎用的なスキル・知識と良好な評判の組み合わせだ。公正さと誠実さ、実行力、柔軟性、そして信頼性に関する高い評判は、さまざまな役割や職で価値がある。

今後は、評判に影響を及ぼす要素がさらに増えるだろう。3ステージの人生では、専門的なスキル・知識と実績によって評判が決まる面が大きかった。しかし、キャリアを通して多くのステージと多くの移行を経験する時代には、評判を左右する情報の量が必然的にもっと多くなる。加えて、ソーシャルメディアにより、個人の印象や価値に関する情報が拡散されやすくなり、誰かの行動をチェックすることも簡単になる。したがって、職業上の行動だけでなく、幅広い領域で自分のブランドと評判を管理しなくてはならなくなる。

情報が丸裸になれば、当然ながら私たちの言動は厳しい監視にさらされる。好ましい評判が拡散するだけでなく、反社会的行動も広く知れ渡り、悪評を生みかねない。コミュニティが緊密に結びつくほど、人々は好ましい評判を維持・強化するために、慎重にイメージづくりに努めるようになるだろう。人生が長くなれば、評判の影響を受ける年数も長くなる。長い人生の間には、評判が築かれるだけでなく、評判が失われる危険もある。ソーシャルメディアはときに、容赦なく、そして派手に人の評判を破壊する。へたをすると、そのダメージが先々まで残る場合もある。[19]

2 活力資産

肉体的・精神的健康と心理的幸福感は、重要な無形の資産だ。よい人生の構成要素を尋ねられると、健康、友人、愛を挙げる人が多い。このような要素を「活力資産」と呼ぶことにする。

私たちに幸福感と充実感をもたせ、やる気をかき立て、前向きな気持ちにさせるものだからだ。

健康——脳は鍛えられる

近年、多くの国で健康への関心が高まっている。健康に関心をもつことは、100年ライフではとくに重要だ。長寿化時代といっても、誰もが当たり前に長生きできるわけではない。寿命を延ばす要因としては、栄養状況の改善、医療テクノロジーの進歩、医療にお金を回すための経済力の向上なども挙げられるが、健康に関する知識の普及とライフスタイルの改善が果たす役割も大きい。模範的とされるヘルシーなライフスタイルを実践することは、長寿化の恩恵に最大限浴するための礎石だ。

長寿化時代には、健康の価値がいっそう大きくなる。50歳のときに病気で働けなくなることのダメージは、寿命70歳の時代より、寿命100歳の時代のほうがずっと大きい。100年以上にわたりマルチステージの人生を生きるためには、健康を維持することがきわめて重要だ。不健康の代償は、経済的な面でもそれ以外の面でも甚大なものになりかねない。

私たちは健全なお金の使い方と貯め方を実践すべきなのと同じように、健全な生活習慣を実践する必要がある。無形の資産への投資の一環として、適切な食生活を維持し、運動を習慣づけるべきだ。また、医学が進歩すれば、好ましいとされる生活習慣も変わる。最新の医学情報に基づいて行動や習慣を修正するために時間を投資することも忘れてはならない。

幸福な人生に関しておそらく最も重要な科学的発見は、明晰で健康な脳を保つ必要があるという点だろう。ここでも、各自の行動と習慣が大きな意味をもつ。さまざまな研究によると、加齢により脳の機能が低下するペースは、約3分の1が遺伝的要因で決まるが、残りは生活習慣で決まる。具体的には、日々の行動、コミュニティとの関わり方、人間関係の強さ、肉体的健康、食事などが関係してくる[20]。

これは比較的新しい発見だ。最近までは、年齢を重ねるにつれて、脳の機能は衰える一方だというのが常識だった。加齢にともない、脳は小さく、軽くなる。50歳を過ぎると脳の萎縮が始まり、80歳を超えるとそれが一挙に加速するらしい。そのため、お年寄りが物忘れをしたり、頭の回転が悪くなったように見えたりすることは、避けようがないと考えられていた。

しかし、科学界の考え方は変わりつつある。筋肉を鍛えるように、脳を繰り返し使用して訓練を積めば、機能を高めたり、ダメージからの回復を後押ししたりできるというのだ。逆に、使わなければ、脳は次第に衰えていく。

脳に好ましい影響を及ぼす方法についての研究は始まったばかりだが、納得のいくアドバイスがすでにいくつか挙げられている。まず、脳の機能低下を避けるために、体を動かすべきだとされる。理由ははっきりわかっていないが（脳に多くの酸素が届くからなのか、成長ホルモンが刺激されるからなのか）、いくつかの研究によれば大きな効果があるようだ。ほかには、低脂肪食、野菜と果物と油分の多い魚、オメガ3脂肪酸とビタミンB_{12}、そして知能トレーニングと頭脳エクササイズなどの有効性が指摘されている。すべて効果がありそうに見えるし、それを裏づける研究もあるが、どのくらいの効果があるかはまだ明らかになっていない。

バランスの取れた生活

活力の対極にある概念はストレスだ。いま世界中で仕事上のストレスが高まっており、それにともない、心臓発作に始まり、全般的な身体の不自由にいたるまで、さまざまな健康問題が生じている。世界保健機関（WHO）の調査によれば、「非常に過酷に」もしくは「厳しい緊張のなかで」働いていると答えたイギリスの労働者の割合は、1980年代以降増え続けている。ストレスが深刻なダメージを生む場合もある。仕事上のストレスは、心臓病のリスクを20%上昇させるなど、さまざまな心身の健康の問題に関係しているとされる。これは、もちろんイギリスだけの話ではない。2009年に世界75カ国の1000社を対象におこなわれた調査によると、職場でストレスが高まっていると感じている人は、働き手の60%以上に達する。[21]

こうした点を考えると、活力資産を構築・維持するためには、ストレスの発端になる要因をうまく管理する必要がある。著者（グラットン）は以前、ハンス=ヨアヒム・ウォルフラムと共同で、複雑な知識労働に従事する200人以上の人を調べたことがある。[22] それにより見えてきたのは、職場と家庭を完全に切り離すことはできない、ということだ。ほとんどの人は、両者の間で「感情の伝播」を経験していた。それがストレスの度合いと活力のレベルに好影響を及ぼす場合もあれば、悪影響を及ぼす場合もある。

朝、家族の支えを感じてリラックスして出勤し、その前向きな感情を職場に持ち込めば、好ましい伝播効果が生まれる。そして、職場で充実した活動をおこない、新しいスキルを身につけ、興味深い人的ネットワークを築いて、その前向きな感情や財産をもって家に帰れば、ここにも好ましい伝播効果が発生する。

しかし、職場と家庭の間の感情の伝播は、マイナスの影響を生むこともある。家で疲れていたり、(子どもが不幸せだとか、パートナーが欲する支援や励ましを与えていないといった理由で)罪悪感をいだいていたりするとしよう。そのような疲労感や罪悪感をもって仕事に臨めば、マイナスの感情がたちまち仕事に伝播し、その日の活動と課題に対していだく感情に影響が及ぶ。感情面の資源と活力が不足していれば、創造性とイノベーションの足が引っ張られ、それがゆくゆくはさらにストレスを増幅させ、活力を蝕む。

このテーマについては、第9章で家族関係の変容とそれが感情面の活力に及ぼす影響を論じる際に詳しく検討する。そこでは、家庭でマイナス(疲労感と罪悪感)ではなく、プラス(支え合いとくつろぎ)の体験をし、職場でマイナス(苛立ちと退屈)ではなく、プラス(生産性、新しいスキル、興味深い人的ネットワーク)を体験するための方法を考えたい。煎じ詰めれば、それは、仕事についてどのような選択と決断をし、家庭内の役割をパートナーとどのように分担し、自分の時間をどのように配分するかにかかっている。

自己再生の友人関係

同じような考え方をもつ仕事上の仲間で構成される「ポッセ」は、職業上の社会関係資本を築き、生産性を維持する助けになる。しかし、精神の健康と幸福感を維持し、活力資産の形成に役立つのは、前向きな親しい友人たちのネットワークだ。それは、深く結びついた友人同士の間で成立し、長い時間をかけて形づくられる。著者（グラットン）は著書『ワーク・シフト』で、このような友人関係を「自己再生のコミュニティ」と呼んだ(23)。私たちに支えと安らぎを、言ってみれば「自己再生」をもたらすうえで大きな役割を果たすものだからだ。

前述のハーバード大学の長期追跡調査や、高齢になっても活力を保っている人たちのコミュニティについての調査でしばしば確認されているように、ほかの人たちとの結びつきが強い人は、孤立している人に比べて、活力があり、エネルギッシュで、前向きな傾向が見られる(24)。

この種の人的ネットワークは、職業上の社会関係資本の土台を成す人的ネットワークとはやや性格が異なる。自己再生の友人関係はたいてい、長い年数をかけて築かれる。幼い子ども時代や、仕事の世界に入ったばかりの頃（いずれも人間関係の形成に関して柔軟な時期だ）にまでさかのぼるケースも珍しくない。そして多くの場合は、いくつもの糸を撚《よ》り合わせたような多面的な性格をもっている。互いのことを、職場など特定の一つの場面だけでなく、いくつもの場面で知っているケースが多いのだ。そのため、共有している関心事もおのずと多い。この点は、友情を長続きさせ、深いものにするうえで大きな意味をもつ。そうした人間関係は、必然的に感情が詰まったものになる。私たちはこの種の友人との関係に感情の投資をしていて、もしその関係が壊れたり変質したりすれば、動揺し、ときには落ち込む。それくらい感情的要素が大きいからこそ、自己再生の友人関係は、私たちの活力を強力に支えられるのだ。

このタイプの人間関係は、幸福と活力をはぐくむうえで中心的な役割を果たす。そして、それは職業生活を成功させる土台になり、多くの場合は、その人の人生とアイデンティティの物語を紡ぐ要素にもなる。

100年ライフでは、感情のこもった強い友情を維持することはいっそう難しくなる。しかし同時に、そうした友人関係の価値はますます大きくなる。関係の維持が難しくなるのは、長い人生の過程で多くの転機をへれば、アイデンティティの意識が変わり、友人との絆が弱まったり、ことによると断ち切れたりするからだ。一方、その価値が増すのは、それが生涯を通じたアイデンティティの土台を成し続ける場合があるからだ。

ジャックの無形の資産

私たちが生涯を通して直面する大きな課題は、有形の資産と無形の資産をそれぞれ適切な水準まで高めることだけではない。両者のバランスを取ることも非常に難しい。人生が長くなると、有形の資産と無形の資産の相互作用はいっそう複雑になる。3ステージの人生が最適な生き方でなくなる根本的な理由は、この点にある。前章では、ジャックとジミー、ジェーンの有形の資産についてモデルを示し、長寿化が資金計画にどのような影響を及ぼすかを論じた。以下では、無形の資産（生産性資産と活力資産）について検討する。

無形の資産の状況を把握することは、有形の金銭的資産に比べてずっと難しい。正確な測定と価値評価をしにくいからだ。株式アナリストは、株価をもとに企業のブランドや評判といった無形の資産の価値を推定するが、個人の場合はそう簡単にはいかない。経済学の手法により、ある人が実際におこなう選択から、その人がさまざまな活動にどの程度の価値を認めているかを推し量ることはできるが、無形の資産の金銭的価値を判定するのは難しいし、そもそもあまり意味がないだろう。

それでも、特定の時点での価値を数字で示すことはできないとしても、時間の経過とともに、無形の資産が減ったのか増えたのかという問いに答えることはできる。そうした質的なアプローチにより、ジャックの無形の資産の状況を見ていこう。

ジャックの生涯を通して、有形の資産と無形の資産がどのように増減するかを試みにモデル化することから始めたい。図4−1は、人生の三つのステージごとにジャックの資産の増減を示したものだ。投資すれば資産は増えるが、投資や手入れを怠り、金銭的資産の場合はそれを使えば、資産は減る。あくまでも単純に図式化したものではあるが、資産の増減は次のようになるだろう。

まず、初期に生産性資産に投資する。大学に入学し、スキルと知識を築きはじめるのだ。その結果、この教育のステージでジャックの生産性資産が増加する。大学時代には、スキルと知識に大きな投資をおこなうのと並行して、同じ専門分野の人たちとの友情もはぐくむ。それが生涯を通した仕事仲間のネットワークに発展していく可能性がある。

ジャックは優秀な学業成績を残し、評判も確立する。そして学生生活を楽しみ、自己再生の友人関係を形成し、将来の妻となる女性とも知り合う。このように、勉強に打ち込む一方で、友だちづき合いも楽しむなど、若者らしいバランスの取れた日々を過ごすのだ。社交の一環としてスポーツにも取り組み、健康も増進する。しかし、学費ローンと家賃の支払いにより、有形の資産は縮小せざるをえない。

大学を卒業すると、地元のメーカーに入社する。メークウェル社と呼ぶことにしよう。これは、ジャックの生産性資産に関して非常に大きな意味をもつ。職場で親切な仕事仲間のコミュニ

図4-1　ジャックの「資産」の増減

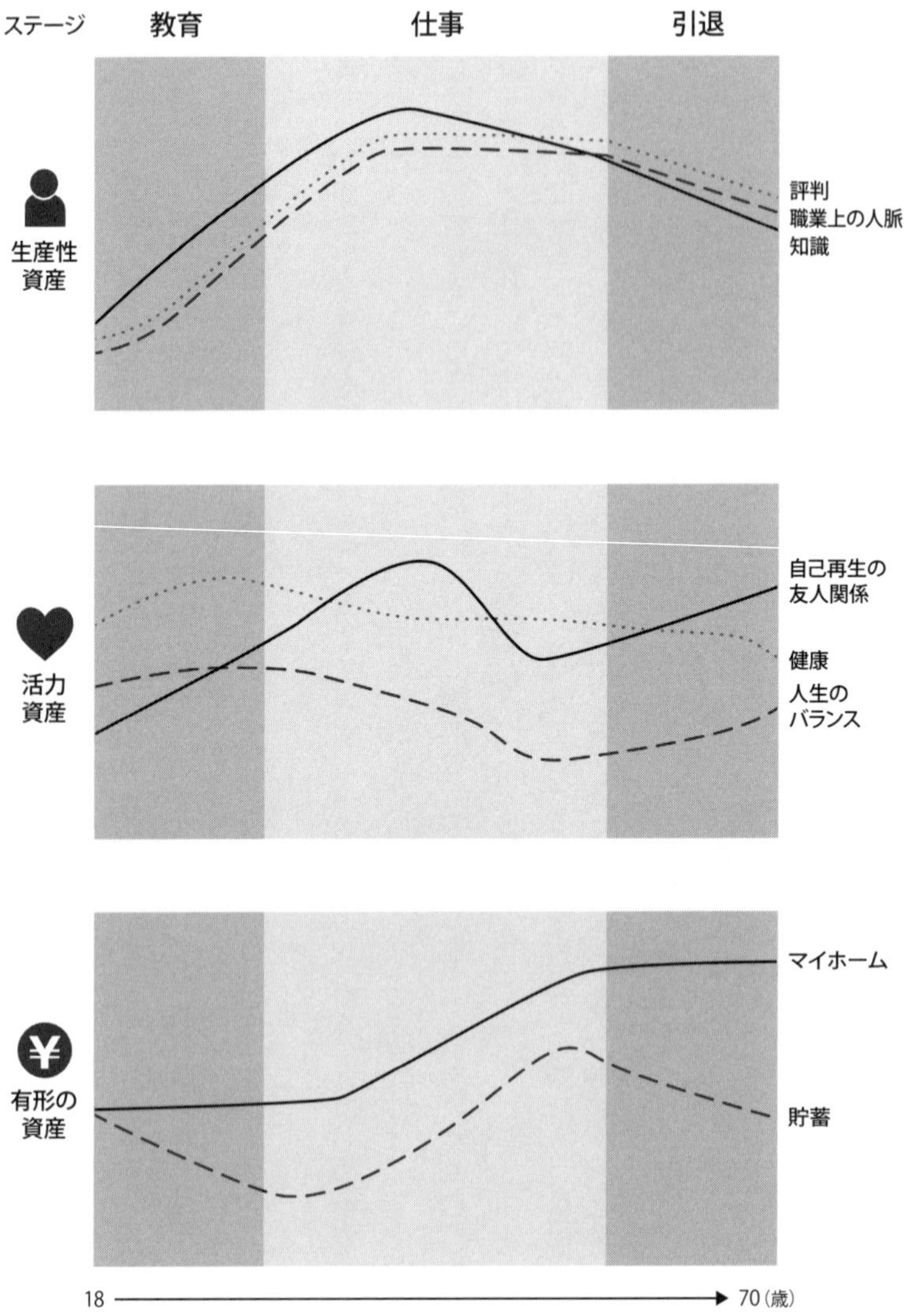

ティに加わり、同僚たちからメンタリングやコーチングを受けるのだ。ただし、同僚たちの助けにより仕事をうまく実行できるようにはなるが、実務を通じた学習を別にすれば、価値のある新しいスキルや知識にはあまり投資をしない。この時期、ジャックは結婚して家庭を築き、多額のローンを組んでマイホームを買う。社交の範囲は狭まり、つき合うのは近所の人と子どもの友だちの親くらいだ。バランスの取れた人生を送ることは難しくなってくる。

昇進を目指して仕事に打ち込み、一家の生計を立てるためにお金を稼ごうとする結果、家族や友だちと過ごす時間は減らざるをえない。職場と家庭の感情的なエネルギーの流れはマイナスになる。まだ子どもが小さいのに、過酷な仕事を終えて帰宅するときはいつも疲れ切っている。こうしてジャックは消耗していく。同世代の多くの人にとって、この時期は、長時間労働に追われながら家庭を築く慌ただしい日々になるのだ。

40代半ば、メークウェル社を退社し、同業のコンストラクト社に移って大きく出世を果たす。専門分野のスペシャリストとしてではなく、上級幹部として広い分野のマネジメントを担うようになるのだ。地位が高くなった結果、仕事仲間のコミュニティを築くことがそれまでより難しくなる。蓄えていたスキルと知識の価値も縮小しはじめる。大学を卒業して以降、本格的な投資をしていないためだ。新しいスキルを学ぶことも、新しい知識を身につけることもしてこらず、職業上の社会関係資本を充実させるために時間を費やしてこなかったため、新しい考え方に触れさせてくれる人的ネットワークも十分にない。

このように生産性資産はすり減り続けるが、キャリアの初期に築いた小規模な仕事仲間のネットワークに助けられる。それに、最初に習得した専門知識が長持ちし、それが仕事でまったく通用しなくなる前に引退の日を迎えられる。一方、有形の資産に関しては、引退までに住宅ローンを完済し、本人の望む水準の老後資金も蓄えられる。

引退後は、勤労期間に蓄えた金銭的資産を取り崩しながら生活する一方で、再び肉体的・精神的健康に投資しはじめる。長く遠ざかっていた趣味も再開し、家族や友人と過ごす時間も増やせる。ジャックの世代の多くの人たちにとって、引退生活は満足感を味わえる幸せな日々だ。

3ステージの人生で失われるバランス

以上のジャックの人生を見ると、いくつかのことがはっきり見えてくる。全体として見れば、この3ステージの人生が機能していることは明らかだ。時期によって重視する要素が変わるため、すべての時期に有形の資産と無形の資産のバランスが取れているわけではないが、生涯を通してのバランスは取れている。

しかし、それがすべて本人の努力の賜物というわけでは断じてない。ジャックは主として、有形の資産を築くことに力を入れる。とくに、第二のステージである勤労期間にはその傾向が強い。いわゆる「伝統的な」家族形態であるジャックの家庭では、この期間に無形の資産の構築・維持を担うのは妻のジルだ。子どもの世話や、地域コミュニティや友人とのつき合いは、妻が一手に引き受ける。夫婦の行動と意欲が一体になることで、家族全体の人生のバランスが取れているのだ。ジャックが幸せな引退生活を迎えられるのは、勤労期間に妻が無形の資産の構築・維持に専念してくれるからにほかならない。そうでなければ、ジャックの人生は全体としてきわめてバランスを欠いていただろう。

昔はこのような家族形態が一つの社会規範だったかもしれないが、この数十年、結婚と夫婦のあり方は様変わりしてきた。伝統的な夫婦関係が消滅し、代わりにさまざまなライフスタイルを選べる時代が訪れようとしていると指摘する人たちもいる。この変化を生んだ一つの要因は、社会正義が受け入れられ、平等が拡大して、女性たちがそれまでより多くの選択肢を要求しはじめたことだ。それに対し、ジャックとジルの人生は、夫婦全体としては有形の資産と無形の資産のバランスが取れていたかもしれないが、それぞれはバランスを欠いている時期が多かった。

夫婦の両方がキャリアを追求し、職をもち、所得を得る家庭が増えることも、家族のあり方の変化に拍車をかけるだろう。前述のように、状況によっては、家庭で大人二人が職をもつほうが老後の生活資金を貯蓄しやすいという利点がある。ただし、お察しのとおり、その場合は無形の資産をどのように維持するかという問題が生じる。

ジャックの3ステージの人生は、バランスを欠いている面がもう一つある。それは、第二のステージである勤労期間に無形の資産への投資があまりに少ないことだ。図4―1を見れば明らかなように、投資は早い段階に集中している。教育期間と勤労期間の序盤に生産性資産に多くの投資をして勤労人生を乗り切るのが、ジャックの人生なのだ。しかも、金銭的資産を増やすことが偏重される結果、勤労期間に活力資産はほぼ無視される。

このようにバランスを欠いた3ステージの人生は、ジャックの場合はうまく機能するかもしれないが、人生が長くなれば最適の生き方とは言えなくなる。過酷な勤労期間が長く続くと、活力資産が磨滅しすぎ、生産性資産の価値も次第に低下していく。活力資産が磨滅すると、前述の「オンディーヌの呪い」さながらの状況に陥る恐れがある。疲弊しきって、金のことばかり考えるゾンビのようになりかねないのだ。寿命が延びて引退期間が長くなることは明るい材料に思えるかもしれないが、勤労期間に十分なお金を蓄えていなければ、引退期間の生活を支えられない。それに、長い引退人生にうまく対応できない人は、退屈な日々を送る羽目になる。

3 変身資産

3ステージの生き方により100年ライフで有形の資産と無形の資産のバランスを取ること

が難しいとすれば、必然的にマルチステージの生き方が広がるだろう。それは、どのような人生なのか？　詳細はともかく、おおよその方向性についていくつか予測できることはある。

まず、最初の教育期間が長くなる可能性が高い。無形の資産の獲得と蓄積に時間を割くことにより、長い勤労期間に待っている激変に備えるためだ。それに、教育に長い年数を費やせば、テクノロジーの陳腐化に対処するうえで重要な専門性を高められる。

もう一つ予想されるのは、勤労期間が細切れ化することだ。知識の蓄えが底を突き、健康とモチベーションが枯渇し、友人や家族との結びつきが断ち切れるのを避けるために、大半の人はキャリアをいくつかの段階に分割することを望むだろう（それぞれの段階が異なる性格と目的をもつ）。テクノロジーの変化が加速し、産業の興亡のペースが速まる時代には、ジャックの世代より頻繁にリフレッシュし、スキルを学び直す期間を設ける必要性が高まるのだ。

有形の資産と無形の資産のバランスを取るためにマルチステージの人生を生きる必要が出てくるとすれば、私たちは新しいタイプの資産を築かなくてはならなくなる。それは「変身資産」とでも呼ぶべきものだ。人生の途中で変化と新しいステージへの移行を成功させる意思と能力のことである。

私たちは、人生でどのような移行を経験するようになるのか？　外的要因により否応なく変わらざるをえない場合もあるだろう。テクノロジーが進歩してスキルが古くなったり、勤務先の企業が倒産したりといったケースだ。一方、自発的に変わろうとする場合もある。仕事を辞めてフルタイムで教育を受けたり、さまざまな可能性を試すエクスプローラーのステージを切り上げて、企業で過酷な職に就いたりするケースがそうだ。いずれにせよ、変化はときに難しく、大きな不安をともなう。当然、難しい変化ほど、私たちは準備ができていない。変身資産は、そうした変化のプロセスを助けるためのものだ。移行につきものの不確実性への対処能力を高める要素と言い換えてもいい。

部族社会では、人生で移行を遂げる際に通過儀礼をへるケースがある。このテーマを専門にしている人類学者たちによれば、子どもから大人への移行は、とくに重視される場合が多い。人類学者が使う用語に、「リミナリティ」という言葉がある。以前の立場を失い、しかしまだ新しい立場に移行していないという、宙ぶらりんな段階の曖昧さや不確かさを表現する言葉だ。[25]

現代社会にもリミナリティの段階がある。人々のキャリアの移行過程を20年間観察してきたハーミニア・イバーラによれば、移行途中の人が「どっちつかず」の状態に身を置くケースがしばしばあるという。[26]そのような状態は居心地が悪い。古いアイデンティティは消えはじめているのに、新しいアイデンティティがまだ確立されていないからだ。過去の安定は失われ、未来の成功も見えていない。

変身資産は、移行の不確実性とコストを減らし、成功の確率を高めるために役立つ。ジャックはこの種の資産をほとんど必要とせず、あまり蓄えてもいなかった。1960年代に働きはじめたとき、想定していたのは、いわば一本道のキャリアだった。実際、二つの会社でキャリアのほとんどの期間を過ごし、新しいスキルをあまり要求されない快適な職に就いてきた。この世代の大半の人にとって、雇用主と働き手の間の「心理的契約」はわかりやすいものだった。企業はフルタイムの雇用と賃金を提供し、働き手は勤勉に、理想的には引退まで同じ会社で働く――そんな「契約」である。[27] このモデルの下では、年長者の成熟が価値あるものとされ、尊重されていた。

多くの移行期を経験する

すべてが変わりはじめたのは1980年代後半、ジャックが40代半ばの頃だ。[28] 雇用問題の研究者たちが指摘するように、この時期に雇用の流動性が大幅に高まったのだ。企業は終身雇用を約束せず、働き手も柔軟な働き方を望むようになった。雇用主と働き手の間の「契約」は、関係的契約から取引的契約に変わり、成果ベースの短期的なものになりはじめた。同じ頃、外的環境も厳しさを増すようになる。グローバル化の影響により多くの雇用が失われ、ジャックの世代の多くが変わることを余儀なくされた。

不意を打たれたジャックは、まったく準備ができていなかった。職を失い、あわてて次の職を探す羽目になった。それでも、お金の面では強靭で、窮地を切り抜けるのに十分な財産を蓄えていた。安定した人生を予期し、変身資産をほとんどもっていなかったジャックは、変化を強いられたとき、不安にさいなまれたことだろう。それでも、スキルや役割やアイデンティティを大きく変えることまでは要求されず、やがて不安は鎮まった。

それに対し、雇用の流動性が当たり前になりつつある時代に育ったのがジミーだ。大人になる過程で、雇用の流動化がもたらす影響について耳にする機会が次第に増えていった[29]。それまで雇用主と働き手の間の「契約」は組織中心だったが、それに代わり、個人とその仕事が中心を成す新しい「契約」が出現した。そして、組織は、個人が自己の目標を追求する場ないし手段と位置づけられるようになった。ジミーが30代になる頃には、働き方についての本が大量に出版されるようになっていた。

ジミーがジャックより多くの変化と移行を経験するとすれば、ジェーンが経験する変化と移行は、それに輪をかけて多い。ジミーとジェーンの人生については、次章でさまざまなシナリオを示すが、この二人の世代がジャックの世代より多くのステージと多くの移行を経験することは間違いない。ジェーンにいたっては、勤務先だけでなく、おそらく働く業種も変わる。ジェーンが生涯に経験する最も重要な移行は、外的要因によって強いられるものではなく、無形の資産の基盤を維持するために自発的に乗り出すものになるだろう。

心理学と社会学の分野では、移行に成功する条件を解明しようとする研究が精力的におこなわれてきたが、そうした研究を通じて、互いに関連のある三つの要素が浮かび上がってきている。第一に、変身を成功させるためには、自分についてある程度理解していることが不可欠だ。いまの自分を知り、将来の自分の可能性を知らなくてはならない。そこで必要とされるのが、社会学者アンソニー・ギデンズの言う「再帰的プロジェクト」だ。これは簡単に言えば、自分の過去、現在、未来についてほぼ絶え間なく自問し続けることである。この過程では、自分についての知識が要求される[30]。

第二に、移行過程の人々を観察してきた研究者たちによれば、変身を遂げるとき、人は新しい人的ネットワークに加わる。活力と多様性に富むネットワークをすでに築いている人ほど、円滑な移行を遂げやすい。自分がどのように変身できるかについて、多様なロールモデルやイメージやシンボルを得られるからだ。

第三に、変身のプロセスが受け身の体験ではないことも明白だ。前出のハーミニア・イバーラが力強く論じているように、私たちは、考えることではなく、行動することによって変化に到達する。そうした新しい経験に対して開かれた姿勢こそ、変身資産に活力をもたらす。

自分についての知識

ジャックのように伝統的な勤労人生を送った世代にとって、アイデンティティの一部は、その人が占める立場と役割によってもたらされていた。しかし、長い人生を送るようになれば、その人がどこから出発したかより、なにをするかがアイデンティティを大きく形づくるようになる。生涯に多くの役割を経験するほど、一つの役割によってはアイデンティティが決まらなくなる。アイデンティティは、引き受けるものや親から受け継ぐものというより、丹念につくり上げるものになったのだ。そのプロセスでは、自分についての知識が大きな意味をもつ。自分のことをよく理解し、よく学ぶためには、ほかの人たちに意見を求め、寄せられた意見について内省することが有効だ。内省の重要性はきわめて大きい。自分と世界についての認識に新しい情報を加えるだけなら、誰でもできる。変身資産を積極的に築こうとする人がほかの人と違うのは、単に情報を加えるだけでなく、自己認識と世界の見方を変更することだ。その結果として、自分についての理解が広く深くなり、いくつもの要求と不確実性に対処する能力が高まる。

心理学者のロバート・キーガンによれば、人が大きく変わるのは、一歩下がって内省し、その結果について判断をくだすときだ。行動の仕方やものの感じ方だけでなく、ものの知り方を変えるとき――そう、なにを知っているかだけでなく、どのように知っているかを変えるとき――変身は起きる。(31)

アイデンティティを主体的につくり上げる側面が大きくなると、私たちは、心理学者のヘーゼル・マーカスとポーラ・ヌリウスが言うところの「ありうる自己像」への理解を深め、その結果、アイデンティティが未来に広がるようになる。ありうる自己像とは、未来に自分がどのような人間になる可能性があり、どのような行動を取る可能性があるかを表現したものだ。それは、将来どうなりたいかを表す場合もあれば、どのような未来を避けたいかを表す場合もある。希望の象徴にもなるし、暗く、悲しく、悲惨な避けたい未来の象徴にもなるのだ。(32)

ありうる自己像は、自分についての知識と組み合わさって、未来に取るべき行動へと私たちを促す（あるいは好ましくない行動を回避させる）強力なインセンティブになる。それによって私たちの行動は規定され、進むべき道へと導かれる。次章では、ありうる自己像の考え方に基づいてジミーとジェーンの人生のシナリオを検討し、長寿化の恩恵に最大限浴するためにどうすべきかを考えたい。

自分についての知識は、変化を遂げるための道筋を示すことに加えて、人が変化を経験しながらもアイデンティティと自分らしさを保てるようにする役割をもつ。自分についてよく理解している人は、人生に意味と一貫性をもたせる道を選びやすい。そのため、過度に落ち着きのない人生を送らずに済む。おうおうにして、寿命が延びると、外的要因により慌ただしい日々を強いられたり、職や居住地を頻繁に変えることでせわしない生活に陥ったりする。その点、自分についての知識をもっている人は、人生の新しいステージで成功する確率が高く、変化によりアイデンティティが脅かされているとあまり感じない。

アイデンティティの変化は、本人にとって難しい経験だ。なにかが変わるときは、なにが変わらないのかが重要な意味をもつ。人類学者のシャーロット・リンデは、大勢の人たちのライフストーリー（みずからの人生や生活について語る物語）に耳を傾けた。(33) すると、とくに際立っていたのは、一貫性をもった人生の物語を描くことに人々が多大なエネルギーを費やすという点だった。人生の物語が一貫性をもつためには、継続性（自分の変わらない要素はなんなのか？）と因果関係（自分に起きたどの出来事が原因で変化が起きたのか？）の両方の要素が欠かせない。リンデによれば、自分についての深い知識は、その継続性と因果関係の要素を形づくるうえできわめて重要だという。

多様性に富んだネットワーク

ジャックの準拠集団（みずからの価値観や判断に影響を及ぼす集団）は、生涯のほとんどの時期を通して変わらない。しかし、ジェーンは、準拠集団、ロールモデル、比較対象とする人たちがたびたび変わる。このように視点が変わることは、変身を遂げるうえで避けて通れない。

視点が変わるきっかけになるのは、それまでよりも広く多様性に富んだ人的ネットワークに触れることだ。アイデンティティは友人関係やその他の人間関係に深く根ざしているので、移行を遂げるときはどうしても交際範囲が変わらざるをえない。具体的には、ロールモデルになり、意気投合できる人物、自分と同様の移行を経験した人物を探すことになる。そうした人物を通じて、新しく踏み出そうとしている世界の流儀を学んでいく。変身は一人ぼっちでは実現できないし、たいていは、昔と同じ友だちグループの中でも実現しないのだ。

新しい人的ネットワークを築けば、古い友だちの一部と疎遠になることは避けられない。この点はよく理解しておくべきだ。あなたのことを最もよく知っている人は、あなたの変身を助けるのではなく、妨げる可能性が最も高い人物なのである。その人たちは多くの場合、あなたがいままでどおりで変わらないことに最も多くの投資をしている人間だからだ。その点、新しい人的ネットワークに接すれば、新しい価値観、規範、態度、期待に触れられる。それに、そうしたグループのメンバーは、あなたと同じような不安を味わっている可能性が高い。そのような人たちと自分を比べることではじめて、あなたは変身への抵抗を乗り越える「臨界点」に到達できるのだ。

こうした多様性に富んだ新しい人的ネットワークは、前述のポッセや自己再生のコミュニティとは重ならない可能性が高い。これらの人的ネットワークは規模が小さいため、十分な多様性がない。それに、同質性が高い集団なので、メンバーに変化を促すよりも、同質であり続けることを後押しする傾向が強い。いろいろなタイプの人と出会いたければ、もっと大規模で多様性に富んだ人的ネットワークの中を探すべきだ。そのような人的ネットワークの中でなら、あなたが憧れをいだくことができ、変身のお手本にできそうな人が見つかるだろう。

大規模で多様性に富んだ人的ネットワークを重要な無形の資産の一つと位置づけたのは、それが長期にわたり価値を生むものだからだ。たとえば、人々がどのように職を見つけるかを考えてみてほしい。おそらく、職探しで重要なのは、無形の資産のなかでも知識だと思う人が多いだろう。しかし、マーク・グラノヴェターの説得力ある研究によれば、重要なのは人的ネットワークだ。(34) なにを知っているかではなく、誰を知っているかが大切だというのだ。

しかも、意外なことに、人々は新しい職に関する情報を親しい友だちから聞くことはあまりない。そのような有益な情報は、たいてい友人の友人など、それほど緊密な関係にない知人から寄せられる。社会学者は、前者のような関係をストロングタイズ（強い絆）、後者のような関係をウィークタイズ（弱い絆）と呼んでいる。それにしても、どうしてこんなことが起きるのか？　それは、親しい友人グループの面々がもっている情報に重複があるからだ。知っていることがおおむね同じなのだ。それに対し、それほど緊密な関係にない知人は、新しい情報をもっている。

ジェーンはマルチステージの人生を生きるなかで、多くの移行を経験し、働く業種もたびたび変える。その際にとりわけ重要になるのは、こうした大規模で多様性に富んだ人的ネットワークだ。

新しい経験に対して開かれた姿勢

自分についての知識と多様性に富んだ人的ネットワークは、変身の基盤をつくり出す。しかし、変身資産にダイナミズムをもたらすのは、実際の行動だ。過去に例のない大胆な解決策を受け入れる姿勢、古い常識ややり方に疑問を投げかけることをいとわない姿勢、画一的な生き方に異を唱え、人生のさまざまな要素を統合できる新しい生き方を実験する姿勢をもっていなくてはならない。ほかの人たちの生き方と働き方に興味をもち、新しいことを試すときにつき

ものの曖昧さを嫌わない姿勢も必要だ。(35)

私たちの日常生活の多くは、決まった行動パターンで構成されている。決まった行動を日々繰り返しているのがほとんどの人の日常だ。そうした習慣の重要性は無視できない。それがあるからこそ、生活とアイデンティティが形を成し、仕事に取り組む環境が整えられる。

変身の過程では、そうした行動パターンが脅かされ、私たちはしばしば不安にさいなまれる。不安は心地よいものではないが、適応を促し、新しいやり方を受け入れる背中を押す場合がある。自分の人生を自分で決めることには、リスクがついて回る。多くの選択肢と向き合わなくてはならないからだ。場合によっては、過去とほぼ完全に決別し、既存の行動パターンが頼りにならない新しい道に踏み出すことも検討しなくてはならない。(36)

既存の行動パターンは、自分についての理解を深めたり、外的な要因の影響を受けたりすることにより崩れる。そうした経験が新しい生き方を意識的に模索する出発点になりうるのだ。ダグラス・ホールとフィリップ・マーヴィスは、これを「ルーチン・バスティング」(=型にはまった行動の打破)と呼ぶ。新しい学習のサイクルがここから始まる場合もある。ルーチン・バスティングを試みることにより、自分の行動が変わり、好結果がもたらされたと思えば、その人は新しい行動パターンを自分のアイデンティティに組み込むだろう。さらなる探索と適応に乗り出そうと考える可能性もある。(37)

あとで一章を割いて、新たに出現する人生のステージについて論じる。エクスプローラー、インディペンデント・プロデューサー、ポートフォリオ・ワーカーという三つのステージである。これらの新しいステージは、既存の行動パターンを壊し、変身資産を増強する機会になる可能性をもっている。

第5章

新しいシナリオ

可能性を広げる

人生が長くなれば、非常に多くの胸躍る可能性が生まれる。使える時間が増えるし、生かせるチャンスも増える。追求できるアイデンティティの数も増える。その一方で、生涯に経験する労働市場の変化も大きくなる。そういう時代には、3ステージの人生を長く引き伸ばすだけでは、よい人生を送れない。では、どのような人生を生きるべきなのか?

以下では、それを考える手がかりとして、ジミーとジェーンがバランスの取れた人生を送るための選択肢をいくつか示したい。求められるのは、お金の面での難題を克服でき、しかも無形の資産を支えられる人生のシナリオを描き出すことだ。

以下に記すシナリオは、あなたが従うべきお手本というわけではない。それに、あなたがそのような人生を送ると決まっているわけでもない。100年ライフの大きな特徴の一つは、ライフスタイルと人生の道筋が多様になることだ。どのような人生を生きるかは、一人ひとりの好みと環境で決まる。多様性の時代には、決まったお手本に従っていればいいという発想は通用しない。本章でさまざまな人生のシナリオを紹介するのは、長寿を厄災の種ではなく恩恵の源にするために、3ステージの人生に代わる有効な選択肢がありうることを示したいからだ。

昔ながらの3ステージの人生では、人生の計画と自己内省はほとんど必要とされなかった。それは、確実性と予測可能性がある人生だったからだ。しかし、人生が長くなれば、不確実性が拡大する。将来、どのような種類の職があるか？　どのような教育が必要とされるか？　自分がどういう人物になるか？　なにを目標にするか？

こうした点について予測できないことが多いため、未来に向けて自分が歩む道としてまっすぐの一本道を描くことはできない。そのような未来の道筋を描けば、現実離れした単純すぎるシナリオになってしまう。未来の予測がつかないために、私たちは自分の未来について過度に楽観的なシナリオを描くか、過度に悲観的なシナリオを描くかになりがちだ。悲観的な考え方をしすぎると、人は適切な選択をすることに及び腰になる。また、ほとんどの人は、未来の自分のためになにが必要かを考えるとき、愚かな選択をしてしまう場合が多い。私たちは、誰もが現状維持を好む。既知のものを選ぶ傾向がきわめて強い。人はたいてい、経験したことのない生き方を想像することが難しいのだ。

そこで、未来に向けて適切な行動を取ろうと思うためには、前章で取り上げた「ありうる自己像」について考えることが有効な手立てになりうる。それは、自己効力感（自分ならできる、という認識）および自己主体感（みずから取り組む、という認識）と結びついている場合にとくに効果が大きい。

以下では、ありうる自己像の考え方に基づいて、ジミーとジェーンの人生のシナリオを何通りか紹介する。これらのシナリオを通じて、人生のステージをへる順序や人生で経験する移行についてさまざまな可能性を検討し、長期にわたる有形の資産と無形の資産のバランスの取り方を考えたい。ジミーとジェーンのさまざまなシナリオは、私たち誰もが直面する重要な問題のいくつかを浮き彫りにしている。これを土台に、希望する未来に到達し、望まない未来を避けるために、どの道を選ぶべきかを考えてみてほしい。

ロンドン・ビジネススクールのMBAプログラムでこのシナリオ作成の作業をおこなうと、学生たちが描くシナリオには、議論して解消すべき暗黙の思い込みや矛盾の数々がくっきりと浮き彫りになる。教室では、次のような疑問がたちまち湧き出す。生涯ずっと高所得者であり続けたいのか？　一人のパートナーとの関係を生涯保つには、どうすればいいのか？　どの程度のリスクを背負う覚悟があるのか？　どのような仕事にやり甲斐を感じるのか？　社会にどのような貢献をしたいのか？　いまチャンスをすべて生かしているか？　保守的な生き方をしすぎていないか？

あなたがみずからの未来のために描くシナリオは、あなた自身のニーズや希望や願望を軸に描かれるべきだ。あなたのシナリオは、あなたでなければ描けない。それでも、ジミーとジェーンの人生を検討することを通じて、あなたが自分の人生の計画を立てるうえで重要な論点が見えてきて、本書の後半で取り上げる余暇、お金、家族といったテーマを論じる前提となる理解が得られるだろう。

ジミーが送ってきた人生

1971年生まれのジミーは、ジャックの世代の3ステージの生き方を踏襲するつもりで働きはじめた。20歳のときに人生設計を示すよう言われたなら、教育↓仕事↓引退という3ステージの人生を生き抜いて60～65歳で引退する、という未来図を迷いなく描いただろう。しかし、いまはこれほどの確信をいだけないはずだ。現在40代半ばのジミーは、人生の次の段階に向けて、いまどのようなシナリオを選ぶべきかを考えなくてはならない。

以下ではまず、ジミーが現時点でもっている有形の資産と無形の資産を点検する。どのような選択肢があり、どのような試練に直面しているかをはっきりさせるためだ。そのあと、これ以降の人生のシナリオを三通り示す。その一つひとつが異なる重要なテーマを浮き彫りにするようにしてある。

ジミーの40代半ばまでの勤労人生は、図5-1にあるように四つの段階にわかれる。この図には、有形の資産と無形の資産の増減を示してある。投資したときは、資産が増加し、消費したり、メンテナンスを怠ったりしたときは、資産が減少している。

大学でコンピュータを専攻したジミーは、21歳で大学を卒業し、仕事の世界に入った。ほかの多くの若者と同様、大学の学費と生活費の借金を抱えていた。最初の就職先は比較的簡単に見つかり、地元の中規模のIT企業に入社した。この会社を「トランスエックス社」と呼ぼう。トランスエックス社ではチームの一員として、事務・管理業務について多くの顧客に助言する仕事に携わる。学生時代の借金を返済しはじめるが、まだマイホームは買っていない。お金の面では、債務が資産を上回っている。

5年後の26歳のとき、顧客企業の一つである「スマートバイ社」のIT部門に移籍。850人の従業員を擁し、前の勤務先より規模の大きな会社だ。ここでは、他部署のスタッフも含む12人のチームの一員として働き、チームリーダーからコーチングを受けながら、協働のスキルを磨く。その甲斐あって、30歳のときチームリーダーに昇進し、4カ所の拠点にまたがるITチームを率いるようになる。2週間に1回はそれぞれの拠点に出張し、それぞれのマネジャーと話し、チームの状況を把握しなくてはならない。家庭への影響は大きい。なにしろ、平均して週に2日か3日は家を留守にするのだ。

スマートバイ社でマネジャーとして出世の階段を上るうちに貯蓄をし、頭金を払ってマイホームを買う。ジミーがマネジャー職に昇進してほどなく、スマートバイ社はIT系の事務・管理業務の半分をインドのムンバイにアウトソーシングすることを決定。その際、ジミーはインドのITサービス業者との交渉責任者を務め、二度にわたってムンバイを訪ねた。

順調な日々に思えたが、39歳で職を失う。アウトソーシングが非常にうまくいったため、経営陣はIT系の事務・管理業務すべてをインドに移すことを決めたのだ。これはジミーにとって想定外のことで、次の職を見つけるまでに時間がかかる。ときは2010年。世界は、まだ2008年の金融危機のダメージに苦しんでいた。多くの企業は新規採用を凍結しており、ジミーは自分にふさわしいポストに就ける就職先を探すのに苦労する。

そこでフリーランスとして働くことを決意し、フリーのIT専門家に転身する。宣伝のために自分のウェブサイトをつくり、報酬は業務時間単位で受け取ることにした。この状態が2年間続く。お金の面では厳しい時期だった。ジミーと妻のジェニーは、貯蓄をあきらめ、さらには生活費をまかなうためにマイホームを担保に金を借りざるをえなくなる。

それでも、2012年頃には、経済が明るさを取り戻しはじめ、企業が再び人を雇うようになる。ジミーは、30社以上の企業に履歴書を送ってみた。最終的に、長い選考プロセスの末、「SPG社」というITコンサルティング会社への就職が決まる。それまで暮らしていた町から約６５０キロ離れた町にある会社だ。ジミーは、新しい仕事に胸を高鳴らせる。所得が大幅に上昇し、マイホームのローン返済を再開し、貯金も再び始められる。ただし、一家は引っ越しをしなくてはならない。この時点で41歳。ＳＰＧ社に入社するとすぐにチームリーダーに昇進し、15人のＩＴコンサルタントを率いるようになる。仕事は過酷だ。幹部同士の競争が激しく、売り上げは1週間単位で集計・報告しなくてはならない。しかも、社内のチーム同士が顧客を奪い合っていた。

40代半ばのジミーの「資産」

この時点でジミーの有形の資産と無形の資産は、どのような状態なのか？　図5―1は、これまでの人生を通した資産の増減をまとめたものだ。

生産性資産　大学時代に最初の投資をおこない、テクノロジーについて学び、一般的な知識とスキルを習得。トランスエックス社に入社後は、ＩＴシステムに習熟し、マネジメント能力も磨きはじめる。スマートバイ社では、インドのＩＴアウトソーシング市場と複雑な企業提携のマネジメントについて学び、知識とスキルのレパートリーに重要な新しい要素を加える。このように生産性資産を増やしてきたが、ＳＰＧ社に加わると、それが終わりになる。企業提携のスキルを生かすことはなく、日々のノルマをこなすことに追われて、成長したり、新しいこと

図5-1　ジミーの「資産」の増減

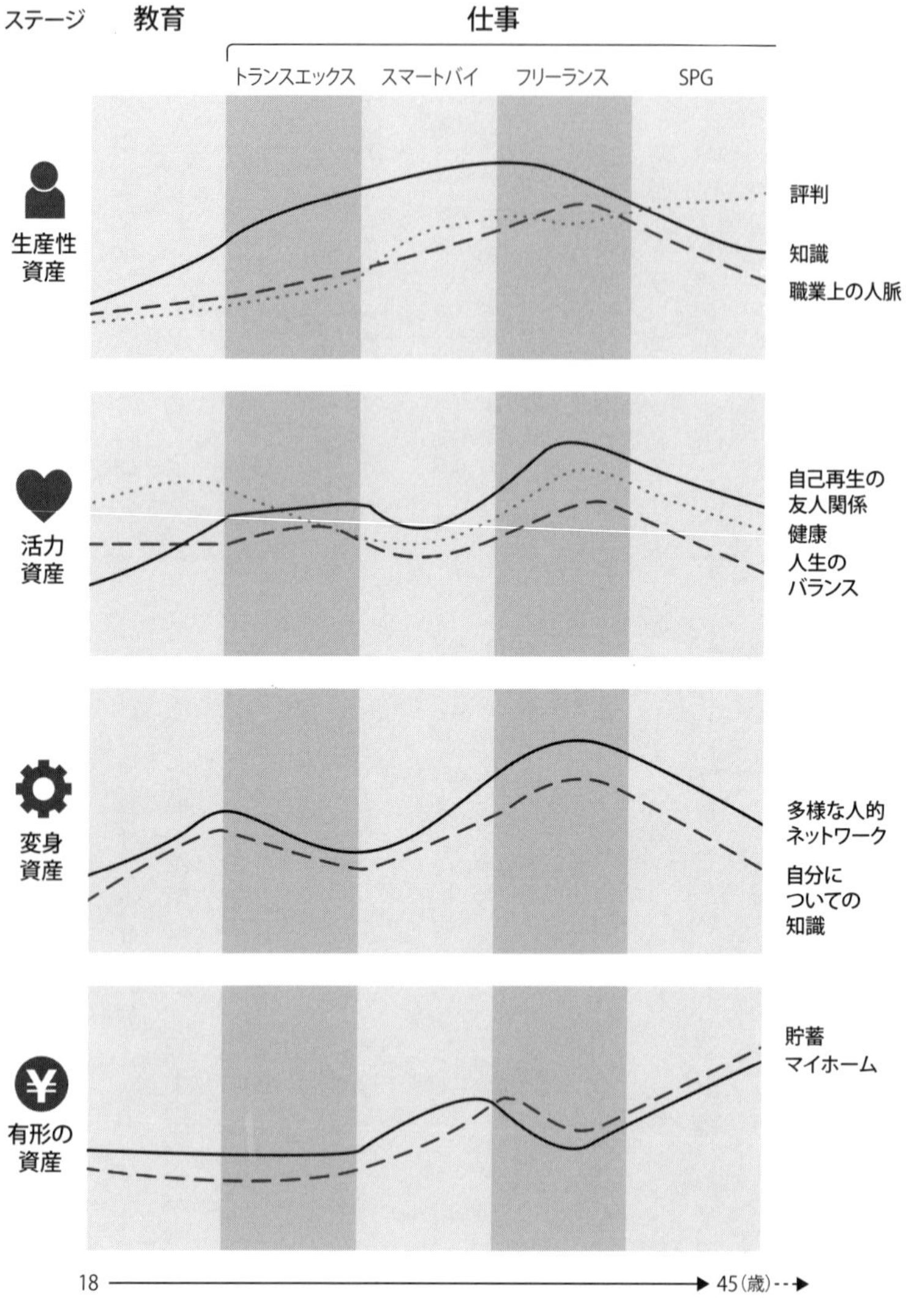

を学んだりする時間は、ほとんどない。スキルと知識が枯れていく。

ジミーは、生産性資産を支える二つの重要な人的ネットワークを築いていた。一つはスマートバイ社の同僚たち、もう一つはフリーランス時代に出会った人たちだ。しかし、仕事の負担があまりに重いSPG社時代は、これらの人間関係を放置して細らせてしまい、しかも新しい人間関係を築くこともしなかった。そのため、図5-1では、45歳に近づくにつれて、ジミーの生産性資産が下降曲線を描いている。

活力資産　多くの人がそうであるように、ジミーも大学時代に自己再生の友人関係の基盤を築く。大学卒業後ほどなく結婚し、数年後に最初の子どもが生まれ、その後さらに2人の子どもを授かる。子どもの友だちの親を中心に、良好な近所づきあいもすぐに始める。妻のジェニーは育児をしながら、パートタイムで働く。朝や、ときどき夕方にも、引退生活を送っているジェニーの両親が家事や育児の手伝いをしてくれる。このように、トランスエックス社時代には、活力資産の面で非常に順調な日々を送ることができる。しかし、スマートバイ社時代には、状況が厳しくなる。子どもの世話でジェニーの時間がさらに奪われるようになるなかで、ジミーの出張が続いて家庭に負担がかかるようになる。ジェニーの両親も旅行に行くことが増え、以前ほどは家事や育児を手伝えない。ジェニーは次第に、パートタイムの仕事を続けることがつらくなる。夫婦の絆は強固だが、ジミーは仕事に向かうとき、子どもたちとの時間をあまり取れないことにしばしば罪悪感をいだく。こうして、充実していた活力資産が減りはじめる。

しかし、フリーランス時代にバランスを取り戻す。子どもたちと過ごす時間を増やし、昔の友だちと連絡を取り合い、ジェニーと短い旅行にも出かける。有形の資産の面ではあまり順調な時期とは言えないが、無形の資産に多くの投資ができる。

フリーランス時代に充実させた活力資産は、SPG社時代に再び減少に転じる。長時間労働が続き、帰宅するときにはイライラし、不機嫌なことが多くなる。ジェニーは戸惑い、夫がいつも仕事の重圧に押しつぶされていて、家族に八つ当たりしていると思うようになる。携帯電話の電源がオフになることはけっしてなく、夜間や週末にも仕事の電話がかかってくる。仕事以外に割ける時間はほとんどなく、友だちとのつきあいも中断せざるをえない。ジェニーは、夫にもっと自分のほうを見てほしいと感じはじめる。そして、仕事を再開したいと思っているのに、夫があまり支えてくれないことに不満を募らせていく。

変身資産　ジミーは、これまで主に二つの時期に人的ネットワークの多様性を拡大させた。スマートバイ社でインド関連の人脈を築いた時期と、フリーランスで働いた時期だ。これらの時期には、人的ネットワーク以外の面でも、移行に役立つ能力をはぐくみはじめる。自分についての知識を深め、新しい経験に対して開かれた姿勢を身につけていくのだ。一方、SPG社時代には、多様性のある人的ネットワークを築いたり、自分自身や自分の人生について掘り下げて考えたりすることにほとんど時間を割けない。

有形の資産　ジミーは、大学の学費など学生時代の借金を抱えて仕事の世界に入る。スマートバイ社で働くようになってようやく、ローンを組んで家を買い、所得の15％前後を貯蓄しはじめる。フリーランス時代には、友だちとのつきあいを再開し、健康的な生活を送るなど、無形の資産は目覚ましく充実したが、有形の資産は減少してしまう。貯蓄どころか、マイホームを担保に金を借りる羽目になる。その後、SPG社に入社すると、高給を受け取り、以前のような貯蓄率に戻ることができた。

こうして40代になって有形の資産を再び築きはじめるが、無形の資産は細っていく。そして、いま勤労人生の後半に差しかかろうとしているジミーは、今後の働き方に関してどのような選択肢をもっているのか？

3・0シナリオ

一つの選択肢は、ジャックの世代を踏襲して3ステージの人生を送るというものだ。最初の学生時代の投資を頼りに、勤労人生を最後まで生き抜き、65歳での引退を目指すのである。

2021年のジミー▼50歳。変化の速いテクノロジーの世界で、自分のスキルが時代遅れになりつつあることに気づく。そのせいで、職場で脇役に追いやられることが増えてきた。有形の資産を点検すると、最近5年間は貯蓄しはじめたが、それまではほとんど貯蓄できていない。ざっと計算したところ、65歳で引退するには蓄えが足りないと思い知らされる。

2031年のジミー▼60歳。貯蓄は不十分だし、無形の資産も不足しており、将来のことが心配になりはじめる。最近の貯蓄で有形の資産はだいぶ増えたが、引退後に最終所得の50％の生活資金を確保できるレベルには達していない。しかも、政府の公的年金が削減された。2034年には、受給開始年齢が70歳まで引き上げられることも決まっている。最初のトランスエックス社には企業年金制度があったが、その後の勤務先には充実した企業年金制度がなかった。

一方、無形の資産も底を突く。学習と教育に本格的な投資をしてこなかったため、スキルが衰えたのだ。その結果、スキルのレベルが低い人向けの低賃金の職に就かざるをえなくなる。引退後は、ポートフォリオ・ワーカー（詳しくは次章で論じる）として生きたいと思っていたが、専門的なスキル、知識、仕事仲間や顧客の人的ネットワークをもっておらず、そのような生き方はできないと気づく。

2041年のジミー▼70歳。十分な給料を受け取れる職に就くことが次第に難しくなり、フルタイムの会社員として働くことをやめる。収入は少なく、思っていたよりずっとひもじい生活をする羽目になる。

以上のシナリオは、すべて過去の標準的な生き方に準拠している。このシナリオにおけるジミーは、自分のまわりで起きている変化に目を閉ざし、今後に起きることを予測しようとせず、自分の未来を主体的に計画することもしない。もちろん、ひとくちに3ステージの人生と言っても、実際にはさまざまなパターンがある。「オンディーヌの呪い」に苦しめられる度合いも一様ではない。

このジミーの3・0シナリオには、このような生き方をする多くの人を待ち受ける二つの問題がはっきり見て取れる。一つは、貯蓄が不十分なこと（ジミーは、十分な貯蓄なしに50～60代を迎える）。もう一つは、無形の資産への投資が不十分なこと（学生時代の教育と若い頃に築いた「ポッセ」に頼りすぎ、やがてキャリアと所得を維持することに苦労する）。

3・5シナリオ

ジミーが以上のような運命を避けたいなら、まだ手遅れではない。しかし、長く生産的な人生を送るためには、さまざまな選択肢を検討し、意識的に選択をおこなう必要がある。そして、前述の自己効力感と自己主体感の両方をもたなくてはならない。要するに、受け身の人生を脱却することが不可欠なのだ。ジミーのありうる自己像のなかには、きわめて野心的なものもあれば、もっと保守的なものもある。

以下ではまず、あまり野心的でないシナリオを検討する。３ステージの人生に「０・５ステージ」をつけ加えるというものだ。ある程度の刷新と変化が求められるが、無形の資産に大きな投資をしたり、変身資産を本格的に用いたりすることまでは求められない。この３・５シナリオは、リスクを嫌う人、つまり40代半ばになってリスクをともなう大がかりな変化に乗り出したくない人に最も適している。年齢の高い人、言い換えれば、引退が近く、大きな変化を目指すだけの時間がない人にも向いているだろう。

２０２６年、55歳のジミーを想像してほしい。政府が公的年金の受給年齢を70歳に引き上げる計画を発表したことを受けて、ジミーは行動を起こす。自分のもっているスキルがＳＰＧ社であまり価値をもたなくなってきており、ライバル社に移籍したとしても高給の職に就くことは難しいと気づく。しかし、老後の生活資金を計算すると、少なくともあと15年は働かなくてはならない。

ここで転機が訪れる。自宅の近くに社会人教育をおこなう大学があり、スマートバイ社時代の古い友人が学部長をしている。その友人に誘われて、週に1回、夜間にＩＴとマネジメントを教えはじめるのだ。報酬はお世辞にも高いとは言えない。それに、受講生は急成長中の新興企業への転職に役立つ最新の情報を学びたいと思っているが、そういうテーマを教えるだけの知識はもっていない。しかも、大学で教えたい人はほかにも大勢いる。それでも、ジミーは丁寧な指導で高く評価される。

2030年、大学からフルタイムのポストを提示されてSPG社を辞める。給料は減るが、自分の能力を生かせていて、評価されているという実感は強まる。仕事に費やす時間が減り、仕事と家庭のバランスも生まれる。妻のジェニー、それに初孫のジュリーと過ごす時間が増えるのだ。

どうにか生活費をまかなえる程度の給料しか受け取れないとはいえ、引退せずに働き続けることには、お金の面で大きな利点がある。1年長く働けば、貯蓄を取り崩す年数を1年減らせる。それに、安い給料でやりくりすることに慣れれば、引退後のつつましい暮らしに適応しやすくなるという点も見過ごせない。老後に倹約生活を送れば、蓄えを長持ちさせられるからだ。正直なところ、自宅は老朽化しはじめている。それに、授業があるうえに、お金にゆとりもないので、多くの友人たちほどは夫婦で旅行を楽しめない。それでも、同世代のなかにはもっと苦しい生活をしている人が大勢いる。

3・0シナリオと大きな違いはないが、3・5シナリオのほうが好ましい結果をもたらす。70代になっても仕事を続けられることの恩恵が大きい。その職に就けたのは、昔の同僚が地元の大学で働いていたという幸運のおかげでもあるが、みずからの意識的な努力の賜物でもある。自分の人生を自分で選び取り、新しい機会を切り開こうとしたからこそ、それが実現したのだ。時代遅れの3ステージの人生からの脱却を早い段階で決めたおかげで、金銭的資産を長く維持できた。

とはいえ、ジミーは大きな変化を遂げたわけではない。本格的な変身は経験せず、近所の大学へ静かな移行をするだけだ。IT分野の仕事をしていることに変わりはないし、話すことのテーマも以前と同じだ。この点がジミーに問題を突きつける。大学ではよき同僚と評価されているが、1年たつごとに、自分の知識と経験が古びていくことを痛感させられるのだ。2042年、71歳で完全に引退するときは、送別会すら開いてもらえない。同僚たちは、ジミーがもう辞めたものと思い込んでいたのだ。死をテーマにしたディラン・トマスの詩の一節を借りて言えば、ジミーは「心地よい夜の中に静かに入っていく」ことになる。

ジミーの3・5シナリオはこれだけではない。65歳でフルタイムの仕事から引退し、SPG社なり、業界のコネで見つけたほかの会社なりでパートタイムのコンサルタントとして働くこともできる。ただし、これを実践するのは簡単でない。必要とされるスキルを保持し続けなくてはならないが、それは年々難しくなる。高齢に加えて、SPG社を退社して時間がたつにつれて、どうしても知識が古くなるからだ。それでも、SPG社は繁忙期に、信頼できるとわかっている人物の力を借りたい。そして、ジミーは喜んでその求めに応える。こうして、たまにコンサルタントの仕事をすることにより頭を使い続けられるし、いくらかでも収入があれば、貯蓄の取り崩しを減らせる。年金と貯蓄だけでは長期間の生活費をまかなえないことは、ジミーもよく理解している。

ジミーの3・5シナリオとしては、ITの世界を離れるパターンも考えられる。ただし、この場合も本格的な移行は経験しない。たとえば、夫婦の古い友人たちが隣町でお店をやっていて、お店の手伝いと、ほかのスタッフの監督をしてくれないかと声をかけるかもしれない。ジミーの豊富なマネジメント経験に、友人夫婦は全幅の信頼を置いているのだ。給料が大した金額にならないことは、ジミーもよくわかっている。それでも塵も積もれば山となるし、社交的な性格の持ち主なのでお店で人と接するのは嫌いでない。

これらの3・5シナリオは、ある面ではうまく機能する。追加の0・5ステージに有形の資産を増やすことはできないが、当座の生活費をまかなえれば、蓄えを取り崩す年数を減らせるので、資金計画を成り立たせる助けになる。それに、活力資産をはぐくむために費せる時間がたっぷりある。家族や友人と過ごしたり、心身の健康を保ったりするために時間を十分に使えるのだ。しかし、生産性資産を充実させたり、変身資産を活用したりすることはほとんどない。有形の資産にも無形の資産にも投資をおこなわず、大きな変化も経験しないのだ。3ステージの人生を生きやすくするために、ささやかだが十分な変化を遂げるものの、大規模な投資と変化をともなわないので、追加の0・5ステージは3ステージの人生の付録程度の意味しかもたない。これでは、人生が長くなればなるほど、投資不足が大きな問題になる。

4・0シナリオ

ジミーはもっと積極的に変化を追求するシナリオも選べる。そのようなシナリオに織り込まれるのは、3・5シナリオよりも無形の資産に投資し、リスクを覚悟した行動を取り、多くの変化と変身を経験するという自己像だ。

以下では、二つのシナリオを紹介したい。いずれも、強い意志をもって意識的に変化と変身を遂げるシナリオだ。人生に四つ目の新しいステージが出現するので、これらを4・0シナリオと呼ぶことにする。一つ目のシナリオでは、ITの世界で働き続けるが、大きな変身を遂げてポートフォリオ型のキャリアを実践する。二つ目のシナリオでは、大きなリスクをともなう決断をし、自分のビジネスを始める。4・0シナリオが3・5シナリオと違うのは、早い段階で変化の必要性に気づく結果、まだ長い勤労人生が残っていて、変化を遂げる時間が十分にあることだ。

ポートフォリオ型の新ステージ

2016年のジミー▼45歳。この年、変身資産を本格的にはぐくみ、活用するための行動に踏み出す。立ち止まって自分の人生とまわりの世界について内省し、自分についての知識を深め、世界が大きく変わりつつあることを理解しはじめる。そして、将来の資金計画の計算をした結果、早い時期に引退すれば金銭的資産を十分に蓄えられないとわかり、長く働くことを覚悟する。IT業界における自分の仕事と、業界のテクノロジーの変化の速さについてじっくり考えてみたところ、新しいスキルを習得すれば、業界内の高成長分野に転身できる可能性が高まると気づく。ジミーは、自己効力感、すなわちみずからの目標達成能力への自信を奮い起こし、スキルを広げる自信があると妻のジェニーに語る。

まず、いくつかの点で生き方と働き方を変え、スキルを高めなくてはならない。具体的には、どうすべきなのか？　ここで、「ポッセ」——仕事上の友人たちで構成される人的ネットワーク——が物を言う。ポッセの友人たちからは、注目度の高い分野のスキルを磨くための研修プログラムに参加するよう勧められる。そこで、SPG社の上司に相談するが、研修費用を負担するつもりはないと言われてしまう。

このとき、ジミーは勇気ある決断をする。向こう1年間、週2日の夜と隔週の土曜日を費やし、自費でプログラムを受講することにしたのだ。普段はオンライン上で学習したり、受講生同士がコーチし合ったりし、隔週の土曜日にスクーリングに参加する。余暇の時間を、レクリエーション（＝娯楽）ではなく、自分をリ・クリエーション（＝再創造）するために使うのだ。過酷な日々になるが、スキルを向上させられるし、モチベーションの高い人たちと知り合うことができる。そしてなにより、最後には、業界でよく知られた証明書を受け取れる。

こうして思い切った投資をして、新しい資格を手にしたジミーは、次の職を探しはじめる。しかし、新しい会社は簡単には決まらない。ジミーはSPG社に入社したことを後悔していて、同じ過ちを繰り返したくないと思っている。だから、徹底した調査をおこなう。従業員の育成に不熱心な会社には入らない。それが譲れない線だ。長い時間をかけて職探しをした末、最終的にあるグローバルな大手IT企業に入社する。インドのムンバイに本社がある会社だ。従業員の育成を重視していて、ジミーの能力――バーチャルなチームをマネジメントし、複雑な企業提携をサポートする能力――を高く買ってくれている会社だと思えたのだ。

ジミーは、活力資産のマネジメントの仕方も徹底的に点検し直す。家庭と仕事のバランスが取れていないと感じているからだ。これまでは、自分が一家の主な稼ぎ手となり、妻のジェニーが伝統的家族形態における主婦の役割を果たすことを当たり前に思っていた。しかし、ジェニーの話をよく聞いて、夫婦の関係のあり方を大きく変更すべきだと思うようになる。ジェニーは再びフルタイムで働きたいと思っているが、そのためには家庭のルールをいくつか変えなくてはならない。二人は腰を落ちつけて、夫婦の関係と互いの役割を決め直すために（しばしば痛みをともなう）話し合いを始める。こうしていくつもの約束事を決めて、夫婦ともに働ける態勢をつくる。

ジミーとジェニーは、健康と幸福についても慎重に考えてみる。長年の過酷な勤労人生により、健康が蝕まれていることは明らかに思えた。二人とも運動不足で太りすぎだ。それが人生で望ましい変革を遂げる妨げになることもわかっている。健康のためになにかしようと考えた二人は地元のスポーツジムに入会し、食生活に気を配りはじめる。ジミーの新しい勤務先が癌患者支援のチャリティ・マラソンを主催しており、夫婦はハーフマラソンへの参加を決める。

2021年のジミー▼ニューヨークでマラソンを走り、50回目の誕生日を祝う。これまでの10年間は素晴らしい日々だった。勤務先のIT企業はジミーの能力開発を重んじ、年に10日間を好きな内容の研修に使わせてくれる。そのおかげでこの10年間は毎年、能力開発に投資できている。1年目は、バーチャルなチームをマネジメントするスキルを磨き、2年目は、効果的なアウトソーシングの手法を学んだ。3年目は、高度なロボット工学を勉強した。このように投資を続けてきたことは、十分な恩恵をもたらしている。ジミーは仕事を気に入っている。

それでも、2021年、前のように時間を取り、次の10年間の計画を検討する。すると、将来はさまざまな仕事のポートフォリオを築く必要があると思えた。そのためには、いまから準備を開始しなくてはならないと、ジミーは気づく。そこで、いまはまだフルタイムの仕事を辞めたくないが、将来に向けて投資を始めようと決意する。

具体的には、投資の一つとして、上級レベルのプロジェクトマネジメントの研修プログラムに参加する。会社は年に2週間、仕事を休んでこの研修に参加することを認めてくれた。ジミーはそれに加えて、年に10週間、週末を返上し、現役のプロジェクトマネジャーたちが集まる合宿セミナーにも参加する。さらに、世界をまたにかけてプロジェクトマネジャーの人的ネットワークも築きはじめる。調べてみると、この分野には三つの世界規模の学びのコミュニティが形成されているとわかった。そこで、その三つすべてに加わった。ジミーは国際派のプロジェクトマネジャーとして知られるようになり、いくつかの関連スキルの資格取得も目指す。

2036年のジミー▼65歳。ジミーとジェニーは、まだ引退する気はまったくない。ジミーは2年前にインドのIT企業を退職し、正式な資格をもったプロジェクトマネジャーとして働きはじめた。三つの世界規模のコミュニティで10年かけて人的ネットワークを築いたことが功を奏し、仕事には事欠かない。子どもたちはすでに経済的に自立しており、ジミーはサハラ以南のアフリカでの大型ITプロジェクトの運営を専門に活動するようになる。ジェニーも仕事を続け、夫の出張中は自由な暮らしを楽しむ。こうして、ジミーは望みどおりのポートフォリオ型ライフを実践できる。価値の高いスキルをもっているおかげで、刺激を味わえる仕事を得られているのだ。70代後半になっても、まだ仕事の依頼がある。

人生の資金計画はどうか。77歳まで働き、しかもポートフォリオ・ワーカー時代に会社員時代と同レベルの所得を手にできるとすれば、老後の生活資金を確保するためには、勤労期間に年間所得の約8・5%を貯蓄すればいい。ここで物を言うのは、早い段階で生産性資産と活力資産に投資したおかげで77歳まで働けることだ。このように勤労期間と引退期間の年数のバランスを取ることによって、ジミーのお金の面の見通しはだいぶ改善する。

3・0シナリオの場合は、前述のように、44年働いて20年の引退生活を送るために、勤労期間に所得の17％を毎年蓄え続けなくてはならなかった。おそらく達成不可能な数字だ。しかし、77歳まで働くシナリオなら、勤労期間が56年、引退期間が8年で済む。

起業家型の新ステージ

ポートフォリオ型のシナリオでは、生産性資産と活力資産に大がかりな投資をおこない、さらには変身資産も大幅に高めることにより、60代以降にポートフォリオ・ワーカーに移行し、人生に四つ目のステージを加えた。では、ジミーが45歳のときに真のリスクを冒し、思い切った転身を遂げたら、どうなるだろう？ たとえば、もっと大きな決断をくだし、起業家になるというリスクの大きな選択をする、すなわち、次章で論じる「インディペンデント・プロデューサー」になるケースだ。

2016年のジミー▼自分の人生について改めて考えたジミーは、将来への不安が募ってくる。SPG社の仕事は過酷で、家庭にのしかかる負担も大きい。無形の資産が充実していたフリーランス時代が懐かしい。再びああいう生活に戻れないか？ 問題は、家族の生活を支えなくてはならず、住宅ローンの返済もあることだ。計算すると、現在のペースでは十分な金銭的資産を蓄えられず、70歳までには老後の生活資金が必要なだけ貯まらない。

そこで、ポートフォリオ型のシナリオと同じく、自分の意思で未来を選択しようと思い、やはり余暇時間の一部を、レクリエーション（＝娯楽）ではなくリ・クリエーション（＝再創造）のために使うことにする。ただし、その時間に実践することの中身はだいぶ違う。このあと2年間、週末と休暇を費やして、起業に向けた準備を進めるのだ。

まず、IT市場の状況をよく検討し、自分についての知識を築くことから始める。研究の結果、多くの新興企業が事務・管理業務のコストを抑えたがっていることが見えてきた。そこでジミーが連絡を取ったのは、インドの昔のアウトソーシング先の関係者たちだ。消息をたどるのに時間を要した人もいるが、ほとんどの人は旧交を温めることを喜び、インドの状況を教えてくれた。クラウド・テクノロジーの最先端で仕事をしている人たちも何人かいた。ジミーはSPG社から1週間の休暇を取ってインドに足を運び、昔の仕事仲間たちのオフィスを訪ね、どんな仕事をしているのか見学する。

調べれば調べるほど、自分の起業計画が有望に思えてくる。そこで、関連のテクノロジーについてさらに学ぶために行動に踏み出す。SPG社の仕事のかたわら、いくつかのサイドプロジェクトをおこない、転身後の仕事の感触を探りはじめたのだ。地元の起業家クラブに加わり、毎月の会合に参加する。会計とマーケティングのオンライン講座も受講する。起業家クラブでは、新しい知人を大勢増やすことができた。すでに自分のビジネスを始めている人もいる。こうして、夢が次第に具体性を帯びてくる。

どのような事業が可能かを考えた結果、ジミーは大きな決断をくだす。いま住んでいる町は規模が小さく、起業後に顧客になってくれそうな新興企業があまり存在しない。そこで戦略を一歩前に進めて、SPG社の上司に掛け合い、大都市の拠点に異動させてもらう。中小企業が多く集まり、ビジネスが盛んな都市だ。新しい町に移るとさっそく、地元の中小企業オーナーたちとの人脈づくりを始める。コーヒーを飲みながら、会社経営の苛立ちと重圧について話を聞いたりもした。ジミーは休暇を取ってインドを訪ねたとき、ボブと知り合っていた。インドのアウトソーシング会社2社と緊密なビジネス上の関係を築いている人物だ。ジミーはさまざまな選択肢を検討するうちに、業界とインドの状況の両方に精通しているボブが絶好のビジネスパートナーになりうると思いつく。ボブは、起業家志望者を対象に訓練と創業資金を提供する政府プログラムを利用するよう助言してくれる。

2019年のジミー▼3年後、いよいよ準備が整う。これまで取り組んできたサイドプロジェクトがことごとく、実を結びはじめる。クラウド・テクノロジーに関する知識も十分蓄えたし、インドのアウトソーシング会社とも強いコネを築けた。成長著しい小規模企業が集まる都市に身を置き、政府の起業支援の仕組みを利用できる態勢も整えた。この数年間、ジミーとジェニーは支出を細かく見直し、出費を減らすためにライフスタイルを変更してきた。海外旅行をやめにし、ゴルフクラブを退会し、質素な暮らしを心がけるようになったのだ。これにより、いざというときのための蓄えをいくらか増やせたし、倹約生活に慣れることもできた。

ボブと一緒に「ユアーIT社」という会社を設立するのは、2020年前半。巨大な多国籍企業を築こうとは思わないが、会社が存続できるようにしたいと思っている。ジミーとボブの地元のコネを通じて最初の二つの顧客を獲得し、インドの提携企業と緊密に協力しながら低コストで効率の高いサービスを提供する。

このシナリオで、ジミーはどのような人生を送るのか？　いまでも、50歳を過ぎてから同様の決断をし、自分の会社を立ち上げる人は少なくない。そのなかには、職を失い、やむなくその選択をしているケースもある。

ジミーのシナリオの注目すべき点は、こうした人たちと異なり、本人が計画して準備したうえでこの道を選択していることだ。ジミーは起業の4年前に、有形の資産と無形の資産を整えはじめた。そして、さまざまな実験とサイドプロジェクトを通じて、自分自身と市場について十分に理解を深めることもできた（失業中の人やフリーランスの人が準備期間をたっぷり確保できるケースはほとんどないだろうが）。

多くの新興企業は破綻する。ジミーの会社も、破綻する可能性は小さくない。それでも、ジミーは有形の資産と無形の資産を築き、とくに変身資産を充実させているので、多くの選択肢を確保し続けられるだろう。不幸にも会社が破綻しても、ポートフォリオ・ワーカーに転身できるだけのスキルはもっている。

ポートフォリオ型にせよ、起業家型にせよ、4・0シナリオを実践するためには、現在の状況にしっかり目を開き、待ち受けている未来をじっくり検討しなくてはならない。そうやって、自分についての知識を深め、新しい経験に対して開かれた姿勢をもつことにより、どのような選択肢を選んだ場合にどのような結果が待っているかを予測できるようになる。ジミーが新しいスキルに本格的な投資をすることの必要性を理解できたのは、そのおかげだ。いずれのシナリオでも、ジミーは勇気をもって大きな変身を遂げ、自分を「再創造」させた。しかし、それは簡単な道ではない。

以上に記したシナリオでは、ジミーが歩む道のりは比較的平坦で、最後には成功を収める。実際には、ポートフォリオ・ワーカーへの転身や人生中盤以降での起業を目指す人がすべて成功するわけではない。運に恵まれない人もいる。必要なスキルや人的ネットワークを築けなかったり、必要な時間や努力をつぎ込まなかったりする人もいる。それに、成功を収める人たちにとっても、変化はストレスをともなう試練と感じられるだろう。そこで重要になるのが変身資産だ。人生の新しいステージで成功するためには、自分についての知識を充実させ、新しい活力ある人的ネットワークを築き、さまざまな経験に対して開かれた姿勢を保つために投資しなくてはならない。

これほどの労力とエネルギーをつぎ込んでまで4・0シナリオの人生を生きることに、どのようなメリットがあるのか？　以上に挙げた二つのシナリオは、いずれも有形の資産と無形の資産を構築・増強できるという利点がある。所得の多い期間が長くなるので老後の生活資金の蓄えを増やせるし、生産性資産と活力資産も強化できるのだ。言うまでもなく、二つのシナリオの間には重要な違いがある。起業家型の新ステージは、お金の面でも無形の資産の面でも、よりリスクが大きく、ストレスも大きい。ポートフォリオ型の新ステージを選べば、夫婦が一緒に過ごせる時間を多く確保できる。どちらを選ぶかは、本人の嗜好と状況次第だ。

ジェーンの人生のシナリオ

ジミーより若い世代の人たちは、自分の場合はもっと制約が少なく、選択肢が多いと感じるだろう。そのとおりだ。ジミーは40代半ば。すでに人生を途中まで生きており、今後の選択肢は限られる。それに対して、1998年生まれのジェーンは大人への一歩を踏み出したばかり。ジミーより人生の道筋の柔軟性が大きい。人生はまだこれからなのだ。このことは、ジェーンが選べる人生のシナリオにどのような影響を及ぼすのか？

ジミーにとって実践しにくい3・0シナリオは、ジェーンの場合はまったく実践不可能になる。老後の生活資金を確保するためにあまりに長い第二ステージを生きなくてはならず、そのせいで無形の資産を十分に形成できない。ジミーに関しては、3・5シナリオという選択肢も示した（地元の大学で教える、フリーランスのコンサルタントとして働く、友人夫婦の店で働く、といったシナリオだ）。これらのシナリオは、目的を絞って小規模な再投資をおこなうことにより、長い人生を生きるための資金を確保し、無形の資産も維持しようとするものだ。

しかし、ジェーンがこのような人生を送ろうとしても、おそらく成功しない。人生が非常に長いからだ。有形の資産と無形の資産の両方に問題が持ち上がる。お金の面では、追加された0・5ステージには多くの所得を得られないので、その期間が長く続けば老後の生活資金を十分に蓄えられない。無形の資産の面では、このシナリオを実践すると、ジェーンより人生が短いジミーですら生産性資産がすり減ってしまうという問題がある。教師として働くにせよ、コンサルタントとして働くにせよ、知識や経験が次第に時代遅れになるからだ。

ジェーンは、4・0シナリオ、ことによると5・0シナリオの人生を生きるしかなさそうだ。長い年数働き続けるためには、無形の資産への大々的な再投資をおこない、みずからを再創造して変身を遂げなくてはならない。ジミーが3・5シナリオでおこなうような小規模な投資と変身では、十分でないのだ。

ジェーンの4・0シナリオ

ジミーより長く生きるジェーンの4・0シナリオは、どのようなものになるのか？　ジェーンにとって、ずっと休みなく働き続けたあと、キャリアの終盤をポートフォリオ・ワーカーとして働くことは可能なのか？　第2章の図2-7にあるように、老後に最終所得の50％の生活資金を確保したければ、働いている間に所得の14％を貯蓄に回すとしても、80歳まで働かなくてはならない。このように約60年働く場合、教育↓仕事↓ポートフォリオ↓引退という4・0シナリオは実践可能なのか？

ジェーンが労働市場に加わるのは、2019年頃。その後数十年の間に、中スキルだけでなく、高スキルと低スキルの定型的な職も続々と消滅していく。したがって、ジェーンは多くの時間を費やして、新しいスキルを習得し、市場の先行きも予測しなくてはならない。生産性資産を保つためには、職場でコーチングと研修を受け、さらに別に時間を取ってトレーニングを受ける必要がある。どこでも通用する新しいスキルを職場で習得しようと思えば、それを支援してくれる企業を見つけなくてはならない。ジミーが身をもって経験したように、従業員の能力開発を支援する意思と能力がどの程度あるかは、会社によってまちまちだからだ。

しかし、それ以前の問題として、そもそも職場の研修だけで、スキルが古びることを避けられるのか？　おそらく、それは不可能だ。ジェーンは、自由に使える時間の一部を、レクリエーション（＝娯楽）ではなく、自己をリ・クリエーション（＝再創造）するために振り向ける必要が出てくるだろう。ジミーの４・０シナリオと同様、週末や休暇の一部を能力開発と学習に費やさなくてはならなくなる。生産性資産に絶えず投資し続けなければ、必要とされるレベルのスキルを保つことは難しい。

活力資産に関してはどうか？　長期にわたり中断なく働き続ける場合、ジェーンは活力資産を維持できるのか？　まとまった中断期間もなしに60年も働き続ければ、活力資産が枯渇しはしないか？　従来型の企業に勤めて、週５日、朝９時から夜６時まで働き、休暇は年に３～４週間程度という働き方をしていれば、それが避けられないだろう。では、働く日が週５日未満の会社を選ぶこともありうるのか？　そのような会社に勤めれば、スキルを増強したり、リラックスして活力を取り戻したりするための時間を確保できる。現状では、このような働き方ができる会社は少ないが、ジェーンが30代になる頃には、それが可能な企業も増えているだろう。余暇時間の使い方について論じる第８章で述べるように、長い年数働く時代に活力を維持するために、週休３日の勤務体系が強力な選択肢となる可能性もある。

図5-2　ジェーンの「資産」の増減

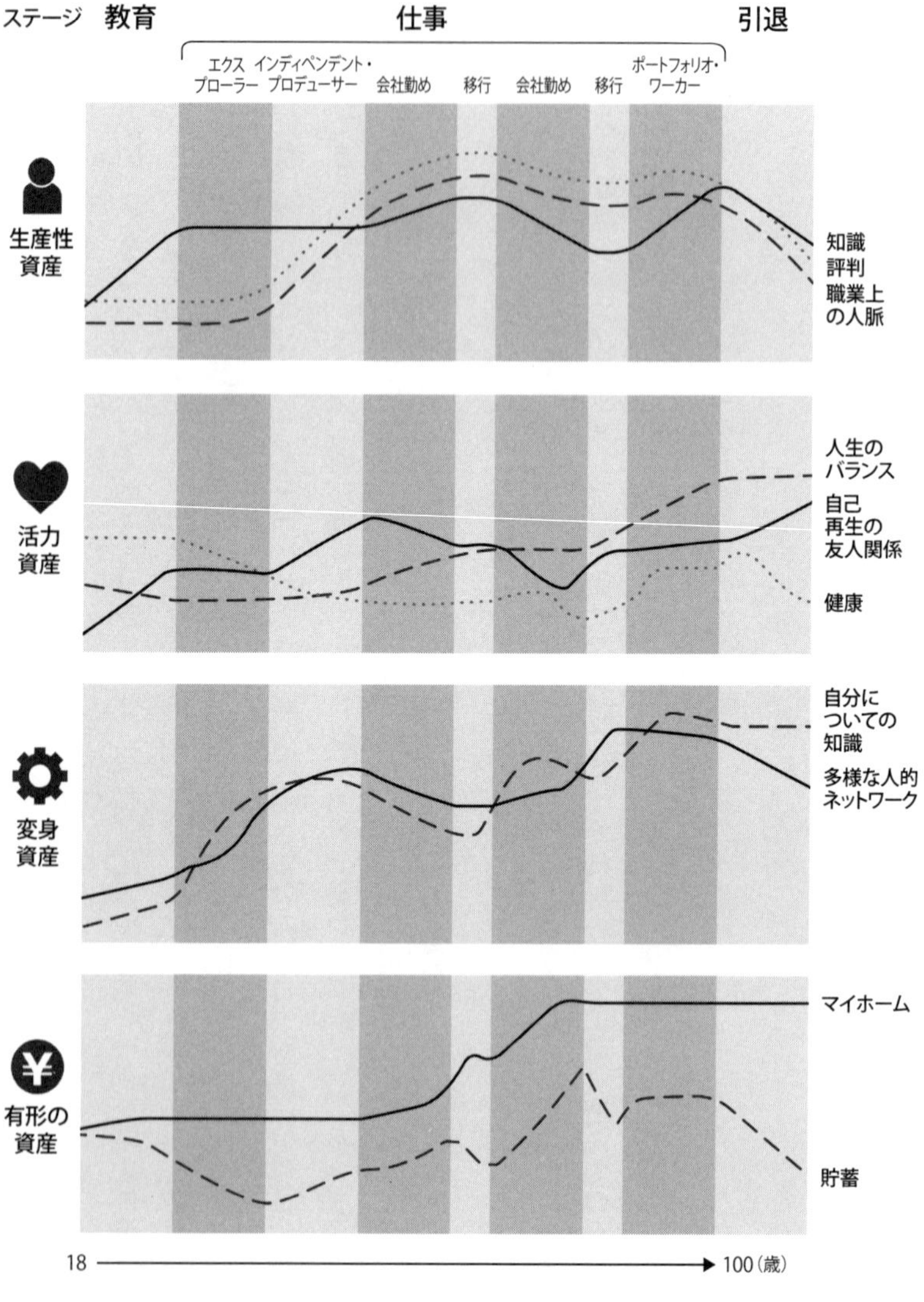

5・0シナリオ

ジェーンが生産性資産と活力資産に再投資し、それらの資産を再活性化させ続ければ、4・0シナリオは機能する。しかし、ジェーンの人生の選択肢はジミーより多い。ほかにもさまざまなシナリオを選ぶことが可能だ。変身を遂げるのが得意なら、四つといわず、五つのステージで構成される人生を生きることもできる。

2019年のジェーン▼20代を迎えるジェーンは、自分が100年以上生きる可能性が高いと思っていて、それを前提に人生の選択をおこなう。いますぐに人生の針路について大きな決定をくだすことを避け、さまざまな選択肢を模索するのだ。

具体的には、現代史を専攻して大学を卒業したあと、旅に出る。その間、各種の資産をあまり築かないまま、不安定な雇用形態で働くこともいとわない。エクスプローラー（探検者）の日々を送るのだ。ジェーンは世界を旅する間に、いろいろな人と知り合い、幅広い人的ネットワークを築く。そうした友人や知人のネットワークは、変身資産の強力な基盤になる。

たとえば、アルゼンチンとチリを旅するとしよう。ジェーンは、その過程でラテンアメリカの文化を知る。そして、この地域の言語であるスペイン語を習得するために、ブエノスアイレスに滞在して3カ月かけて集中講座で学ぶ。スペイン語の技能検定試験にも合格する。

昔から料理好きのジェーンは、ラテンアメリカの都市の屋台に強い興味をいだく。期間限定営業の屋台が繁盛しているのを目の当たりにし、自分もフィエスタ（お祭り）の日だけの屋台を始められないかと夢見はじめるのだ。そこで、流暢なスペイン語を駆使して、いくつかの都市のフィエスタ主催者と連絡を取り、実際の経験を通じて屋台ビジネスを学んでいく。収入はわずかだが、滞在費用をまかなうには十分だ。

この時期、ジェーンは大いに楽しみながら、組織づくりのスキルを磨き、予算策定の基礎を学び、ラテンアメリカ各地のフィエスタ主催者とのコネも築く。帰国したあとも、知り合った人たちと連絡を取り続け、専用の道具を取り寄せて友だちの誕生日にささやかなフィエスタを企画したりする。

2026年のジェーン▼20代後半。フィエスタ・ビジネスの会社をつくりたいと真剣に考えるようになり、数人の友人を誘って会社を始める。インディペンデント・プロデューサーとして、組織に属さずに働くのだ。初期の大きな仕事は、いくつかのストリート・フィエスタの企画と運営だった。ジェーンは、事業を立ち上げる人の多くと同様、資金繰りに苦労する。そんなとき、数々のイベントを黒字に乗せてきた経験をもつサムという人物と知り合う。

サムは、期間限定のイベントを手がける大勢の起業家たちを紹介してくれたほか、資金調達に関して視野を広げるようジェーンに促す。2020年代半ばまでには、オンライン上で不特定多数の人から資金を調達するクラウドファンディングが本格的に普及しており、ジェーンは思い切って出資を募る。また、積極的に評判を確立する必要性にも気づき、このあと数年間はとりわけそれに力を入れる。元気でおもしろい人物というオンライン上のイメージづくりのコツをサムに教わり、ブログを毎週更新して、フィエスタ主催者たちの間に熱心なファンを続々と獲得していく。

やがてファンは何千人にも膨れ上がり、活気あるオンラインコミュニティが形成される。期間限定フィエスタの主催者たちを中心とするブログの愛読者コミュニティは、国内各地やほかの国にも広がりはじめる。ジェーンはフィンランドと韓国にもファンが大勢いることを知り、これらの国を訪れてフィエスタ主催者たちと意見交換し、充実した時間を過ごす。

この時期、ジェーンは自分についての知識を深め、多くのことを発見する。自分がどういう人間なのか、そして自分がなにをするのが好きなのかを知るのだ。先々まで後悔するような選択をすることは避けたいので、世界についての視野を広げられるような経験に身を投じる。有形の資産に大々的な投資をすることは考えにくい。無形の資産に多くの投資をする時期だからだ。選択肢を広げ、スキルを磨き、人的ネットワークを充実させ、評判を確立し、長い人生を生き抜くのに必要な強みを身につけていく。当座の生活資金は、身につけたばかりのスキルを駆使して稼ぐ。つつましく、負債を抱えずに生きられる程度のお金は儲けられる。

単に無目的に生きる若者たちとの違いは、無形の資産を築き、選択肢を増やすために、積極的に取り組むという点だ。具体的には、有益な基礎スキルを身につけ、オンライン上で評判を確立するという形で、生産性資産を築く。そしてジャックと異なり、目的意識をもってさまざまな土地を旅し、多様な人々と知り合うことにより、変身資産も充実させる。とくに、多様性のある人的ネットワークは、アイデンティティを変えていくうえで不可欠なものだ。ジェーンはこの時期、新しいことに取り組み、実験をおこない、スキルや知識を身につけ、自分が得意なことと好きなことを見極める。これらのことを、組織のルールや手続きに縛られずに、自分でコントロールできる環境でおこなうのだ。

この時期には、活力資産も本格的にはぐくむ。世界を飛び回る日々は、きわめて過酷だ。お世辞にもバランスの取れた生活とは言えない。それでも、旅先で素晴らしい友人たちと出会い、一緒に仕事をし、互いのことを深く知るようになる。こうした自己再生の友人関係は、将来大きな意味をもつ。

このステージで注目すべきなのは、テクノロジーを駆使して、自分がなにを経験するかを選び、評判をコントロールすることだ。オンライン上で確立した人格、形成した幅広い人的ネットワーク、成功させた新しい取り組みはすべて、有効な宣伝材料となり、将来のキャリアを飛躍させる発射台になる。ジェーンのような人たちにとって、オンライン上の人格と評判は学歴に負けず劣らず重要なのだ。この時期、多くのボーイフレンドができるが、特定の誰かと生涯を約束することはしない。間違いのない選択をしたいと考えて、慎重に振る舞うからだ。

2033年のジェーン▼30代半ばのジェーンには、どういう選択肢があるのか？　一つの選択肢は、自分の事業を成長させ、永続的な企業に育てるというものだ。長く起業家を続けるつもりなら、好ましい道だろう。しかし、そういう人生に魅力を感じない場合は、どのような選択肢があるのか？

ジェーンは、このあと10年ほどの間に金銭的資産を築かなくてはならないと自覚している。これまでは無形の資産を築くことに専念し、人生を楽しんできたが、そろそろ長い人生に向けて資金面の準備を整える必要がある。エクスプローラーとインディペンデント・プロデューサーのステージは楽しかったし、多くのことを学べた。自分の得意なことを知るきっかけになったし、革新と変化の出発点にもなった。そして、評判が広まってオンライン上の存在感が強まったジェーンは、大企業の幹部たちの目にとまり、数社から入社を誘われる。食とエンターテインメントの分野での充実した経験、質の高い人脈、それに、新しい取り組みを成功させ、顧客のニーズを理解してきた実績が評価されるのだ。声をかけてきたなかに、有名な食品企業の「イートウェル社」も含まれていた。マーケティング担当の幹部がウェブサイトを見て、食とエンターテインメントを一体化させていることに感心したのだ。オンライン上の活動を強化し、世界中の食関連のイベントを紹介したいと思っていた同社は、その担い手としてジェーンを招きたいと考えた。

数々の新しい取り組みを成功させ、顧客とじかに接してきた経験に基づいた知識をもつジェーンは、交渉により、それなりの給料と地位から出発できた。これは、大学を出てすぐに就職したジャックには考えられないことだった。ジェーンの世代にとってこれが可能になるのは、企業が様変わりし、自社のビジネスのエコシステム（生態系）のなかにどのような人物がいるかを把握して、最も有能な人物にアプローチすることが上手になるからだ。社内でいわば高速レーンを走ってきた人物ではなく、社外の幅広いネットワークに目を向けて、革新的で有能な人物を探す企業が増えるだろう。

30代半ばで大企業に加わったジェーンは、企業の文化にすぐにはなじめない。新興企業から大企業に移った多くの人がそうであるように、意思決定がうんざりするくらい遅く、アプローチがあまりに官僚的だと感じるのだ。それでも、ジェーンは大企業で成功したいと思っていて、いくつかの国際的な役職を歴任し、その都度給料が大幅に跳ね上がっていく。

この時期にも、生産性資産の強化が続く。職業上のアイデンティティは、「ベンチャーの人物」から「大企業の世界で活動できる人物」へと変貌する。ビジネス界の知識と専門技能も充実させていく。ラテンアメリカで過ごした経験により、持続可能なサプライチェーンの構築という難題について深い理解を得られたことに気づき、このテーマに関する知識をさらに増やすために、3日間時間を取って専門のセミナーに参加する。それを通じて、ほかの企業関係者や

NGO関係者など、それまで接点がなかった人たちと知り合う。

イートウェル社での2年目、そうした人的ネットワークを土台に一つの企画を提案する。アマゾン地方やアフリカのルワンダのグループから、食品の新しいフレーバーの原料を購入するというアイデアだ。ジェーンはこのプロジェクトでビジネスの実際を知り、目が回るくらい忙しい日々を送る。一方、環境の持続可能性と農産物の輸送に関して農家と協力している地元のNGOとの関係も深めていく。ブログを頻繁に更新したり、持続可能なサプライチェーンに関する記事を書いたり、講演をしたりして、職業上の評判を確立することにも腐心する。

活力資産も引き続き強化する。子ども時代や旅行中に知り合った友人たちと連絡を絶やさず、強力な友人関係を保つ。同世代の多くの女性と同じく、パートナーを見つけて子どもをつくることは先延ばしにしてきた。しかし、すでに30代半ば。出産に適した年齢の上限が近づいている。前述のように、平均寿命が延びるのと一緒に出産可能年齢も延びるというデータはない。20代半ばで卵子を凍結保存した友人たちもいるが、ジェーンはそれをしておらず、出産時期という大きな問題に直面する。そんなとき、ブラジルを旅行中に、地元のNGOで働くジョルジェという男性と知り合う。持続可能性の問題に情熱を燃やす人物だ。二人の間に恋が芽生える。ジェーンは37歳で長女のリリーを、2年後に長男のカルロスを出産する。夫婦は若いブラジル人のベビーシッターの力を借りつつ、家庭の用事を分担しておこなう。

2041年のジェーン▼イートウェル社での8年間は過酷だったが、大きな成功を手にできた。しかし、次第に不満が募ってくる。会社の上級幹部に昇進していたが、新しいCEOと新しい経営チームがやって来て、これ以上の昇進は難しそうだと気づいたのだ。そこで、新しい選択肢を模索しはじめる。国際的な食品ビジネスの世界で働いて約10年。ほかの分野の仕事をしたいと思うようになっていた。

45歳のとき、イートウェル社を退職する。厳しい決断だった。ジェーンが働かなくなり、一家の所得は大きく落ち込む。それでも、パートナーのジョルジェが働いているので、家計は厳しいながらも破綻せずに済む。時間に余裕ができたジェーンは、学校に通う子どもたちの世話をしたり、ようやく高齢の両親と時間を過ごしたりできる。しかし半年もたつと、数年先には仕事を再開すべきだと思うようになる。仕事が恋しいし、お金も必要だからだ。そして、ありうる自己像について考えてみたところ、自分が変化を求めているらしいと気づく。

こうして、ジェーンは本格的に働きはじめてから最初の移行を経験する。エクスプローラーのステージにいたとき、自分のアイデンティティを理解するために時間を費やしたように、ここでもアイデンティティを見つめ直し、自分の未来について考える。さまざまな選択肢について友人や知人の話を聞き、進むべき道を検討する。これは、変身資産を真に強化するプロセスと言えるだろう。

ジェーンが選べる道は無数にある。昔のように自分の会社をつくってもいいし、ポートフォリオ・ワーカーになってもいい。企業の世界にとどまってもいい。ジェーンは、どのような決断をくだすのか？　この時点で40代半ば。これからしばらくはお金を稼ぐ時期だと考えて、貯蓄を増やし、住宅ローンの返済を進めると同時に、ジョルジェのキャリアを支えようと思うかもしれない。ジョルジェは、ジェーンが仕事を再開したら仕事を辞めて、自分の進む道を検討しようと計画しているのだ。

ジェーンは所得を最大限増やすために、人材採用コンサルタントの仕事を目指すことにする。しかし、すでにこの仕事をしている人たちの話を聞いて、自分にはビジネスの経験こそあっても、人間の心理に関する知識が不足していると気づく。そこで、必要な生産性資産を磨くために、新しいスキルの習得に乗り出す。2年間かけていくつかのオンライン講座で学び、大学で職業心理学の学位も取得する。これにより人材会社で働く準備が整い、「タレントファインド社」に就職する。ホテル、旅行、食品分野が専門の人材会社だ。

2046年のジェーン▼48歳で人材採用コンサルタントとして出発したジェーンは、成功するために精力的に働く。有形の資産の形成に力を入れる日々を送るのだ。このあと15年間、同じ業界内で数回の転職を重ねた末、60歳のときにヘッドハンティングされて、業界屈指の大手企業の取締役に就く。これを機に、生産性資産を構成する重要な要素が昔とは変わりはじめる。社内のほかのメンバーのメンタリングやコーチングをする機会が増え、その人たちの人的ネットワークの一員として果たす役割が大きくなるのだ。一方、活力資産が底を突きつつあるのに、ほとんど補充できていないことに気づきはじめる。仕事は過酷で、出張も多く、家族のために割ける時間があまりない。

2068年のジェーン▼お金の面でうまくいき、貯蓄を増やしたジェーンに、選択の時期がやって来る。いまの仕事を続けて、有形の資産をさらに増やすこともできる。しかし、20年間の過酷な仕事の日々を送る間に、友人たちと疎遠になり、パートナーのジョルジェとの関係がピリピリし、健康も悪化しはじめていた。休息を取り、自分のために時間を使いたいと思いはじめる。そこで、活力資産の補充を最優先にした生活に転換することを決める。子どもたちにはもう手がかからず(二人ともエクスプローラーのステージを生きている)、ジョルジェとゆっくり過ごすことを妨げるものはない。70歳のジェーンは、ジョルジェと一緒にまた旅に出る。

2070年のジェーン▼リフレッシュしたジェーンは、キャリアの次の段階に移行することを望む。ただし、同世代の多くがそうであるように、仕事はしたいけれど、過酷な仕事や大幅に時間を制約される仕事には就きたくない。

ここで、それまで築いてきた変身資産が威力を発揮する。多様性に富んだ友人や知人のネットワークを通じて、すぐに四つのプロジェクトの計画がまとまる。目指すのは、夫婦のライフスタイルを維持するために必要な所得を確保すると同時に、ジェーンが渇望する刺激を得られる日々を送ることだ。また、この時期には地域コミュニティと広い世界のためにも生産性資産を使うようになる。

具体的には、さまざまな要素で構成されるポートフォリオ型の生き方を実践する。1年に30週は、週に1日、ラテンアメリカのストリートチルドレンを支援する国際慈善団体で働く。また、週に1日、ローカルな中規模の小売り企業で非常勤取締役の仕事をする。2週間に1日は、地元の治安判事も務める。

ポートフォリオの中身は、その時々で変わる。負担の大きな活動が多くの割合を占める時期もあれば、そうでない時期もある。それでも、慈善活動、地域コミュニティの活動、ビジネスの活動を組み合わせるという点は、つねに変わらない。85歳のとき、ジェーンはいよいよ本当に引退する。これ以降は孫やひ孫と過ごす時間を大切にし、毎年1回は、彼らを連れてアマゾン地方に出かけ、自分の人生で大切な意味をもった土地を訪ねる。

ジェーンは、長い期間働くことによりお金の問題を解決できるのか？　大きな関心事の一つは、勤労期間全体にわたって年間所得のどれくらいの割合を貯蓄する必要があるのかという点だ。この5・0シナリオを実践する場合、計算はやや複雑になる。85歳まで働くので、老後に貯蓄を取り崩して暮らす年数が短くて済む半面、二度の移行期間の生活資金も用意しなくてはならないし、若いときには長い間ほとんど貯蓄ができない。なにしろ、30代半ばまでエクスプローラーのステージを生き、本格的な仕事に就かないのだから。人生の資金計画を立てる際は、これらの時期のことも考慮に入れなくてはならない。

そこで、貯蓄率を計算するにあたっては、いくつかの前提条件を仮定する必要がある。まず、20代から30代前半にかけてのエクスプローラーとインディペンデント・プロデューサーの時期には、ほとんど貯蓄ができないものとする。ただし、当座の生活費用をまかなう程度の所得は得られるものと考える。つまり、所得は少ないが、債務を増やすことは避けられる、というわけだ。こうした前提に立つと、引退後に最終所得の50%の生活資金を確保し、二度の移行期間の生活資金もまかなうためには、イートウェル社時代、人材会社時代、ポートフォリオ時代に、毎年所得の10・9%を貯蓄に回す必要がある。[1]

以上のシナリオでは、ジェーンのキャリアが一直線に進むように仮定したが、これとは異なる道を歩む可能性もある。たとえば、企業で働く時期にもっと多くの業界や企業を渡り歩くかもしれない。ポートフォリオ・ワーカーのステージの代わりに、食べ物への愛を土台にジョルジェとレストランを経営してもいいだろう。あるいは、再び食品業界の企業に戻り、今度は昔より地位が低く、ストレスも軽い役職に就くこともできる。

どのような人生のシナリオを描くかによって、その過程で経験する移行の性格が変わり、直面する課題や試練も変わる。業種を移る際にそれまでの評判を維持することが課題になる場合もあるだろうし、自分の会社を立ち上げることにともなう試練に直面する場合もあるだろう。

いろいろな意味で最も注目すべきなのは、ジェーンが食品業界に復帰して、昔より低い地位の役職に就くというシナリオだ。一般に、企業でのキャリアは「階段」という言葉で表現されてきた。年齢を重ねるとともに出世の階段を上り、地位が高くなっていくというイメージだ。しかし、このシナリオを生きるとすれば、ジェーンはその常識を破ることになる。そうした生き方の選択は、ジェーンのアイデンティティの意識について、そして雇用主の企業のあり方について興味深い問いを投げかける。

昔より地位の低い役職に就いたジェーンが会社に貢献できる点は多い。若い人たちと交わり、コーチングをしたり、ロールモデルになったりできるのだ。ジェーンも、若い同僚たちから学べることがたくさんある。そして、若い人たちと触れ合うことにより、活力資産を強化し、人生に対して前向きな姿勢をいだき、長い間若々しくあり続けられる。しかし、直属の上司はやりにくいかもしれない。自分より高い地位に就いていたことがあるベテランを部下にもつという状況は、うまく生かせれば大きな恩恵をもたらすが、不信感と不安を生む可能性もあるからだ。

いずれにせよ、企業の「階段」を上るだけでなく、下る決断をくだす人がどんどん増えていくだろう。人々が100年ライフにあわせた生き方と働き方を実践しはじめるにつれて、この点が大きな関心事になることは間違いない。

ジェーンとほかの世代の決定的な違い

以上、ジェーンが選べる人生のシナリオをいくつか描いてみた。しかし、これらのシナリオにリスクがついて回ることは明らかだ。世界を旅する日々を送り、組織に属さずに働く期間を長く過ごしたあとで、本当に会社暮らしになじめるのか？　エクスプローラーのステージを生きているとき、単に楽しい日々を送るだけでなく、ビジネスを立ち上げるためのスキルを学ぶ意欲とモチベーションをもてるのか？

著者たちは学生たちに対して、ありうる自己像と、未来のシナリオに潜むリスク要因を検討するよう助言している。リスクを分析し、挫折したときにどうやって立て直すかを考えることが必要だ。本章では、ジミーとジェーンの人生について明るいシナリオを描いた。解雇や離婚、病気などによりダメージを受ける可能性は考慮していない。しかし、個々のシナリオがこのような歓迎されざる出来事に対してどの程度の耐性をもっているか検討することは、人生設計の重要な要素になる。

いずれにせよ、はっきり言えるのは、ジェーンが5・0シナリオの人生をうまく生き抜き、不慮の事態の直撃を受けずに済むとしても、大規模な変化や移行をいくつも経験するということだ。ジミーは40代半ばのとき、変身資産を築くことの重要性に気づき、当初目指していた

3・0シナリオからの大きな転換に乗り出す。それに対し、ジェーンは最初から、変身することを前提に未来の人生を計画しなくてはならない。

もう一つジェーンがそれ以前の世代と明らかに異なるのは、人生が非常に長くなるため、活力資産を保つことがきわめて難しいという点だ。そこで、5・0シナリオでは、キャリアを中断してリフレッシュし、変身を遂げるための期間を二度設けている。これらの時期には、人的ネットワークを広げ、自分のアイデンティティについてじっくり考えることにより、変身資産も築く。長寿化時代には、無形の資産を補充し、本格的な移行を成功させるために自分を「再創造」する期間を設けることが当たり前になるだろう。ジェーンは、余暇の時間の多くを消費ではなく、投資に割かなくてはならなくなる。移行期間を設けるために、その間の生活資金も蓄えておく必要がある。

このシナリオで見落としてはならない重要な要素の一つは、アイデンティティだ。人生で多くのステージと多くのキャリアを経験するようになれば、そのすべてを貫く一本の柱をいっそうしっかりもつ必要が出てくる。そのような柱があってこそ、人生のシナリオが真の意味で自分のものになるのだ。ジェーンにとって、最初に世界を旅して探索をすることが重要なのはそのためだ。そうした経験を通じて、自分がどういう人間なのか、そしてなにを大切にするのかが明確になれば、人生の多くのステージに一貫性をもたせられる。自分の過去と未来をつなぐ一貫したストーリーをもっている人は、いくつものステージを移行することにともなうリスクが小さい。

4・0シナリオと5・0シナリオの人生が突きつけるもう一つの問題は、マルチステージ化する人生のキャリアと移行を支えるために、家庭内のパートナー同士の関係をどのようなものにするかという点だ。ジャックの典型的な3・0シナリオの人生では、ジャックが働き、妻のジルが家事と育児を担った。それにより、（とくにジャックの視点からは）有形の資産と無形の資産のバランスが取れていた。

しかし、長寿化時代には、男女両方が職をもつことに魅力を感じる夫婦が増える。そのほうが、老後の生活資金や人生の途中での移行と再創造のための資金を蓄えやすいからだ。ジャックとジルは、互いの人生設計を意識的にすり合わせるまでもなかった。旧来の夫婦の役割分担に従っておけば、難しいことはなかったのだ。それと異なり、夫婦の両方が職をもつ場合は、無形の資産の強化と、さまざまなステージと移行の順序づけに関して、綿密な調整をおこなう必要性が増す。パートナーのそれぞれが自分の人生を計画し、人生のバランスを取ろうとすれば、移行と変化をマネジメントするために、二人が支え合い、互いに尽くす必要がある。

最後に、ジャックと異なり、ジェーンの金銭面の状態は時期によって大きく変動する。3・0シナリオの人生を生きるジャックの場合、金銭的な資産はまずゆっくりと減少し、その後次第に増えていき、引退時にピークに達し、その後はまた減っていく。谷底は一つ、そして頂点も一つだ。所得が最も高い時期は、勤労人生の終わり近くに訪れる。ジェーンの場合は、いくつもの丘が連なったような様相を呈し、谷底と頂点が何度も訪れる。そして、その丘の傾斜角度もまちまちだ。ジェーンにとって、生涯で最も所得の高い時期は、引退よりだいぶ前に訪れる。したがって、老後の生活資金と住宅ローンの返済資金だけでなく、所得の少ない移行期間に備えるためにも、お金を貯めなくてはならない。このように、ジェーンの所得、貯蓄額、資産は、人生を通じて何度も増えたり減ったりするのだ。

ジェーンの資金計画を複雑にする要因は、所得や資産がたびたび増減することだけではない。生涯に多くの選択をおこなうため、考慮しなくてはならない変数も多い。本章で紹介したシナリオでは、働く期間が二つの移行期間を挟んで三つにわかれるので、そのそれぞれの期間の所得と移行期間の長さも予測する必要がある。「50％の生活資金」の問題も単純ではない。本章では、最後の職場で得ていた所得――おそらく、ジェーンの生涯の最高所得だ――の50％相当の生活資金を確保するものと仮定してきたが、これは合理的なのか？

第2章の図2-7で示したように、老後の生活資金として最終所得のどれだけの割合のお金を得ようとするかによって、資金計画は大きく変わってくる。本書では、お金に関するシミュレーションをできるだけ単純化してきたが、ジェーンのようにマルチステージの人生を送る人は、最もシンプルなシナリオに従って生きるとしても多くの選択肢をもつことになる。そのため、資金計画を決め、その実施状況をチェックすることは簡単でない。そこで第7章で再び、長寿化時代を支えるためのお金の問題を取り上げたい。

本章のシナリオは、読者に対して処方箋を示したものではない。あなたにジミーやジェーンのような生き方を押しつけることは意図していないのだ。それに、ここに挙げたシナリオがすべてだと言うつもりもない。マルチステージの人生の歩み方は、ほかにいくつも考えられる。5・0シナリオの人生を生きる場合は、選択できるステージの種類も増えるし、さまざまなステージを生きる順序の選択肢も広がる。しかも、それぞれのステージごとにリスクが潜んでいるし、個々のステージがもたらす結果次第で、その後の人生の道筋が変わってくる場合もあるかもしれない。

本章で人生のさまざまな道筋を示したのは、3ステージの人生に関する前章の議論があなたにいだかせたであろう悲観論を打ち消したかったからだ。人生が長くなる時代には、3ステージの生き方では立ち行かない。しかし、あなたが選べる選択肢は、それ以外にもたくさんある。そのうちのいくつかを紹介することを通じて、有形の資産と無形の資産のバランスを取ることは可能なのだと示したかった。

ただし、言うまでもなく、本章で示したのは、あくまでも単純化された人生のシナリオにすぎない。私たち一人ひとりが自分にとって魅力的な未来について考え、その未来の細部を具体化していく必要がある。誰もが想像力をはばたかせ、どのような未来が可能かを創造的に考えなくてはならない。次章では、ジミーとジェーンのシナリオを論じる過程で触れた人生の新しいステージについて詳しく検討したい。

第6章

新しいステージ

選択肢の多様化

長寿化がもたらす恩恵は、煎じ詰めれば「時間」という贈り物だ。人生が長くなれば、目的意識をもって有意義な人生を形づくるチャンスが生まれる。バイオリニストのスティーブン・ナハマノヴィッチは、創造性についての著書でこう述べている。[1]

時間がたっぷりあると思えば、立派な大聖堂を建てられるが、四半期単位でものを考えれば、醜悪なショッピングモールができあがる。

3ステージの人生の手枷足枷が弱まり、すでに人生の新しいステージが出現している。そして有形と無形の資産のバランス、そして資産の蓄積と消費のバランスが取れた人生を築く道が開けはじめている。長寿化は、人がショッピングモールではなく、大聖堂を建てることを可能にするのだ。

ロンドン・ビジネススクールの学生たちとこの点について議論すると、新しいステージがもつ可能性の大きさをいつも実感させられる。教室に集まっているのは、大学卒業後すぐに世界中からやって来て、1年かけてマネジメントの基礎を学ぼうとしている若者たちだ。学生たちの発想は、目を見張るほど鋭い。

多くの学生は新しいステージの性格を無意識に理解していて、すでにそのようなステージを実践していたり、それを計画していたりする。親にこの本を読ませて、自分の選択を理解させ、それが理にかなっていることを納得させたいと言う学生もいる。自分のキャリアの選択が親の目からは道に反するものに見えていると、学生たちは感じているのだ。実際は、3ステージの人生で当たり前だった生き方を覆そうとしているだけなのだが。

前章で論じたジミーとジェーンの人生のシナリオでは、二人とも新しく出現する人生のステージを生きる。長寿化時代には、人生のあり方が大きく変わり、これらの新しいステージを選択する人が増えるだろう。本章では、エクスプローラー、インディペンデント・プロデューサー、ポートフォリオ・ワーカーという三つの新しいステージの目的と性格を掘り下げて検討したい。あわせて、マルチステージの人生におけるさまざまな移行のあり方についても論じる。

新しい人生のステージが出現すると言うと、仰々しく聞こえるかもしれないが、そういうことは過去にもしばしばあった。それらのケースも、寿命が長くなったことが原因だった。人類の歴史の大半の期間、人々の人生は子どもと大人という二つのステージだけで構成されていた。しかし、時代がくだるにつれて子どもと大人の境界が変わり、[2] 20世紀には二つの新しいステージが定着した。ティーンエージャー[3]と引退者[4]のステージである。

この二つのステージは、19世紀末に形成されはじめ、第二次世界大戦後のベビーブーム世代（ジャックの世代）の時代に一般化し、いまではすっかり当たり前になっている。その変化の過程では、社会で莫大な数の実験がおこなわれ、政府の規制と企業の方針、そして人々の行動が大きく変わる必要があった。21世紀に新しい人生のステージが根づくまでにも、同じように多くの社会的実験と変化が避けて通れないだろう。

実際、私たちはすでに巨大な社会的実験を進めている。私たちは、個人として、あるいは集団として、家族として、友人同士のコミュニティとして、新しい生き方を切り開き、さまざまなタイプの道を歩むようになった。このような多様性は、実験のプロセスの単なる一要素ではなく、100年ライフの本質だ。人々が3ステージの人生を脱却してマルチステージの人生を生きるようになれば、人生のさまざまなステージを経験する順序は一様ではなくなる。そもそも、マルチステージの人生では、すべての人がすべてのステージを経験するわけでもない。ジミーとジェーンが選べる幾通りかのシナリオを前章で示したが、選択できるシナリオはもっとたくさんあるし、どのステージを魅力的と感じるかは人それぞれだ。それがステージの組み合わせ方や順序の多様性を高めることになる。

3ステージの人生では、実験することに危険がともなう。普通と違う道を歩めば、企業の採用担当者からうさんくさく見られ、キャリアの先々に悪影響が及びかねない。しかし、100年ライフで実験する姿勢が不可欠になり、同世代の人たちが一斉行進で人生のステージを歩む時代が終われば、企業は人々を型にはめる発想を大きく改めなくてはならなくなる。ウィリアム・フォークナーの小説『野生の棕櫚《しゅろ》』の表現を借りれば、「個人の顔が見えない群衆の一斉行進」から脱落した人は、踏み殺される危険がある。しかし、3ステージの人生と一斉行進のモデルが終わり、人生のステージの種類と順序に関して新しい実験が活発におこなわれる時代になれば、もっと偏見のない姿勢が必要だ。

実験の活発化と人生のステージを経験する順序の多様化に突き動かされて、「エイジ(=年齢)」と「ステージ」が一致する時代が終わりを告げる。歴史上、前回出現した新しいステージである「ティーンエージャー」と「引退者」のステージは、年齢と結びついていた。若くなければティーンエージャーにはなれないし、高齢者でなければ引退者になることは難しい。それに対し、いま出現しつつある新しいステージの魅力は、年齢の制約と無関係の側面が多いことだ。

本章では新しいステージに光を当てるが、それらが旧来の三つのステージに取って代わることはない。教育、仕事、引退のステージが用済みになり、人々の選択肢から消えるわけではないのだ。過酷な労働を通じて金銭的資産の蓄積に集中する時期は、今後もなくならないだろう。むしろ、長い人生のなかで低所得の時期を経験するとすれば、金銭的資産の充実に力を注ぐ時期にはいっそう過酷な労働が必要になる可能性もある。中断期間なしに仕事のステージを生き抜くのが当たり前の現状では、休息や健康、家族や友人といった無形の資産にそれなりに配慮する人が多いが、無形の資産を増やすことに特化する時期ができれば、金銭的資産の構築に集中する時期の労働はますます過酷になる。

以下で論じる新しいステージは、机上で考えたものではない。これらは、著者たちのまわりで現に起きていること、いま生まれつつある潮流から導き出したものだ。長寿化に対して個人と社会が示す対応は、おそらく本章の三つのステージだけではないが、これらのステージは多くの人によって実践されるだろう。エクスプローラー、インディペンデント・プロデューサー、ポートフォリオ・ワーカーのステージは、3ステージの人生が露呈しはじめている主要な欠陥に対処する道を開き、人々が長寿の恩恵に浴せるチャンスを広げるものだからだ。

若々しさ

前述のように、新しいステージのとりわけ魅力的な点の一つは、特定の年齢層と結びついていないことだ。3ステージの人生では、ある人の年齢を聞けば、その人がどのステージにいるかが推察できる。人々は一つの決まった順序に従って、三つのステージを経験するからだ。人間は「朝は4本足、昼は2本足、夜は3本足」というのは、有名なスフィンクスのなぞなぞだが、私たちはまさにそのとおりに、はいはいをする子ども、大人、杖を使う高齢者という順に人生を送る。しかし、マルチステージの人生が普通になり、人生でさまざまな活動を経験する順序が多様化すれば、「エイジ」と「ステージ」がかならずしもイコールでなくなる。本章で論じるエクスプローラー、インディペンデント・プロデューサー、ポートフォリオ・ワーカーのステージは、(意味合いは年齢によって違うかもしれないが)あらゆる世代の人が実践できる。

エイジとステージが切り離されるにともない、以前は特定の年齢層に特有だった要素が幅広い年齢層で見られるようになる。マルチステージの人生を生きるためには、これまで若者の特徴とされていた性質を生涯通して保ち続けなくてはならない。その要素とは、若さと柔軟性、遊びと即興、未知の活動に前向きな姿勢である。

若さと柔軟性

平均寿命の上昇はしばしば「高齢化」と表現され、老いて生きる期間が長くなるという側面に注目が集まることが多い。しかし実際には、若々しく生きる期間が長くなる可能性が高いように思える。スタンフォード大学のロバート・ポーグ・ハリソンは、そうした若さを維持する状態、あるいは若さを増す状態を「ジュブネッセンス（若々しさ）」と呼んでいる[5]。

この現象を生む一つの要因は、思春期の長期化だ。人間ほど、社会的・経済的な面で大人に依存して生きる期間が長い動物はほかにいない。進化学の視点から言うと、子ども時代が長いことの利点は、教育に費やせる期間が長いことにある。そのおかげで、大人は本能に従うだけでなく、過去の世代から学習したことをもとに行動できる。寿命が長くなれば、このような教育への投資期間をさらに延ばすことが理にかなっている。思春期は、人が柔軟性をもっている時期だ。私たちは思春期に、さまざまな選択肢を見つけ、その選択肢を残し、人生の道筋を決めないでおく。寿命が長くなれば、選択肢をもっておくことの重要性が高まるので、選択肢を探索・創造するための期間も長くなって当然だ。

あなたのおじいさんやおばあさんが16、17歳の頃の写真を見てみてほしい。写っているおじいさんやおばあさんは、人生経験が豊富そうに見え、まじめくさった顔をして、彼らの親と同じような服装をしているだろう。では、1950年代半ばの写真はどうか？　この時代の16、17歳は、だいぶ若い服装と外見をしている。これは、新しい社会現象として「ティーンエージャー」という人生のステージが出現したことの結果だ。次に、いまの20代と30代の人たちの写真を見てみよう。20世紀半ばに16、17歳の人たちの見かけが変わったように、この年代の人たちの外見も変わりはじめている。いまの20代と30代は、20世紀半ばのティーンエージャーさながらに若々しく、責任の重荷を感じていないように見える。

ただし、若々しく生きる期間が長くなるというのは、思春期が長期化するというだけの話ではない。あらゆる年代の人がもっと若々しく生きるようになる可能性もある。新しく出現する人生のステージがそれを後押しするだろう。100年ライフで多くのステージといくつもの移行を経験するようになれば、柔軟性が不可欠な資質になる。思春期の特徴を大人になっても保持し続けることの価値が増すのだ。そのように動物が幼体の性質を残したまま成体になることを、進化生物学では「ネオテニー（幼形成熟）」と呼ぶ。

進化学的に言うと、子どもは大人より柔軟性に富み、適応力が高い。大人のような保守的なものの考え方が形づくられておらず、特定の行動パターンに染まってもいない。「変わらない」ことは、直線的に進む3ステージの人生では好ましい結果をもたらしたかもしれない。変化を遂げる必要性が乏しく、そういう機会も少ないからだ。しかし、長く生きる時代には、硬直性がマイナス材料になり、若々しさの価値が高まる可能性がある。将来は、20歳の人たちの写真が若々しさを増すだけでなく、50代や60代の人たちの姿も、あなたのおじいさんやおばあさんがその年齢だった頃に比べて概して若々しく見えるようになる。肉体的な面だけではない。服装や行動も若くなる。

100年ライフで若々しさが強まる要因は、もう一つある。エイジとステージが切り離されれば、さまざまな年齢層が混ざり合う機会が飛躍的に増える。エイジとステージが一致していた時代には、同じ世代の人たちはたいてい同様の経験をし、同様の行動パターンに従っていた。

とくに、三つのステージが強く確立されるにつれて、人々が年齢層ごとに隔離される傾向が強まった。社会学者のグンヒルド・ハゲスタードとペーター・ウーレンベルクが言うように、現代の西洋社会では、3ステージの人生の下で、子どもと大人と高齢者がはっきり隔離されている。(6) この隔離がエイジとステージの結びつきを強化し、学校と職場と引退生活の仕組みが隔離にいっそう拍車をかけてきた。これらはすべて、特定の年齢層を対象にするものだからだ。

ハゲスタードとウーレンベルクは、年齢による隔離の弊害を指摘している。高齢者に対する敬意が失われ、高齢者が担えるメンターの役割が軽んじられるうえ、若者がコミュニティに加わらなくなるというのだ。この点を考えると、人生のマルチステージ化がもたらすとりわけ刺激的な影響の一つは、年齢により人々を隔離する仕組みが揺さぶられることかもしれない。さまざまな世代が一緒に活動し、混ざり合いやすくなれば、年齢に関する固定観念のいくつかは消えていく。それにより、誰もが若者の柔軟性と好奇心、そして高齢者の知識と洞察力の両方を得られるようになる。

遊びと即興

人間がロボットや人工知能と違うのは、イノベーション精神と創造性があり、遊んだり、即興で行動したりできることだ。ところが、本格的に仕事をする過酷な日々には、遊びはほとんどおこなわれない。企業のリーダーたちは遊びを歓迎するし、仕事の設計のせいで創造性を発揮する時間が奪われることを恐れるリーダーも多いが、現実には、仕事の場で遊びを実践することは難しい。しかし、新しい人生のステージを生きるようになり、融通の利かない仕事の環境から解放されれば、遊びと即興に道が開けるかもしれない。

前章で論じたジミーとジェーンのシナリオにも、それが見て取れる。ジミーのポートフォリオ型のシナリオの特筆すべき点は、自分が心底楽しめる活動へ移行することで高揚感を味わえることだ。やり甲斐を感じられる活動をたくさん実践できるのだ。ジェーンの場合は、若いときにアルゼンチンとチリを旅して青空市場を散策したり、ビジネスパートナーと一緒に本当にやりたい事業に挑戦したりする。その後、45歳のときに短い移行期間を経験して、子どもや両親と過ごす時間を取り戻し、70歳を過ぎてから若々しさと円熟を組み合わせ、自分が興味をいだけるアイデアと活動で構成するポートフォリオを組み立てる。

これらの時期に、ジミーとジェーンは遊びと即興を実践する。フルタイムの仕事における休みなき労働という足枷から解き放たれて、精神を自由に羽ばたかせるのだ。(7) 遊びとは、なにをするかではなく、どのように行動するかに関わる概念だ。たとえば、人類学者たちの魅力的な表現を借りれば「はしゃいで跳ね回る」ことにも時間を費やす。「一見すると無意味なことにこだわったり、行動に無駄に思える装飾を加えたりする」のである。(8) 前出のスティーブン・ナハマノヴィッチは、次のように述べている。

「はしゃいで跳ね回る」とは、歩く代わりにスキップし、最短距離ではなく景色のいい行路を選び、目的よりも手段を重んじること。それは、放蕩、過剰、誇張、非効率の世界だ。

ジェーンは、生涯の一部の時期をはしゃいで跳ね回って過ごす。あらゆる組み合わせを試し、行動することの楽しさに浸るのだ。最も遊び心を発揮できているときは、その行動を取る理由はどうでもよくなる。どのような効果や恩恵がすぐに得られるのかも関係ない。お金に換算して考えた途端に、その行為は遊びではなくなる。旅の期間など、遊びを実践するとき、ジェーンは自分の本当の思いに気づき、直感が語る言葉に耳を傾ける余裕をもち、その言葉に従うことにより、即興で行動する。

未知の活動に乗り出す姿勢

新たに出現する人生のステージは、未知の活動に乗り出し、経験から学習する機会を生み出す。人間は基本的に行動を通じて学習する生き物であり、新しいステージは、実際に行動し、その行動について自己分析する絶好の機会になるのだ。ジェーンはラテンアメリカの街を歩いたとき、どのように感じたのか？　不安だったのか？　怖かったのか？　あるいは、興味を引かれていたのか？

目の前のものごとに意識を集中させ続けられれば、セラピストのジャネット・レインウォーターが言うところの「習慣化された自己観察」を実践できる。[9] これは、人生における時間とのつき合い方を自問し続けるプロセスのことだ。自己観察を続ければ、有限な時間が減り続けていくという見方をするのではなく、時間について前向きに考え、人生を満喫できるようになる。社会学者のアンソニー・ギデンズはこう述べている。[10]

自分の人生を自分で決めれば、リスクが避けられない。多様な選択肢に向き合わなくてはならないからだ。このとき個人に求められるのは、必要ならば過去とほぼ決別し、既存の行動パターンが指針にならない新しい行動を検討する覚悟をもつことである。

以下で論じる三つの新しいステージは、私たちが未知の行動に踏み出し、経験から学ぶ機会をふんだんに生み出す。古い習慣や行動パターンを問い直し、固定観念に疑問を投げかけ、人生のさまざまな要素を統合できる生き方を実験する機会になるのだ。

エクスプローラー

エクスプローラー（探検者）のステージと聞いて思い浮かぶのは、興奮、好奇心、冒険、探査、不安といった要素だ。エクスプローラーは、一カ所に腰を落ち着けるのではなく、身軽に、そして敏捷に動き続ける。身軽でいるために、金銭面の制約は最小限に抑える。このステージは発見の日々だ。旅をすることにより世界について新しい発見をし、あわせて自分についても新しい発見をする。

エクスプローラーはいつの時代にもいた。生涯を通じて探検と旅を続け、新しい経験を追求し、3ステージの人生から脱しようとする人たちは、いまはじめて登場したわけではない。一部の国では、高校卒業後のギャップイヤー（大学入学を1年間遅らせて長期の旅行やボランティア活動などを経験する期間）が人生のステージとして定着している。これもエクスプローラー的な行動と言えるだろう。しかし、本書で言うエクスプローラーとは、この種の行動をもっと極端に推し進める人のことだ。

エクスプローラーのステージは、あらかじめ1年と決められたギャップイヤーとは違う。それは、もっと長期間続く人生のステージだ。エクスプローラーは、周囲の世界を探査し、そこになにがあり、その世界がどのように動いているか、そして自分がなにをすることを好み、なにが得意かを発見していく。このステージは、自分を日常の生活と行動から切り離すことから始まる。新しい町に移ってその土地の人たちと知り合ったり、知らない国を旅して自分の生き方について考えたりといった具合だ。エクスプローラーがおこなう探検は、単なる観察で終わらせずに、さらに一歩踏み込んだときに最も効果がある。観光客が旅先の町を見物するような態度では、大きな成果は得られない。望ましいのは、関わりをもつことだ。ジェーンの場合は、ラテンアメリカの屋台商たちと関わり、ビジネスの仕組みを積極的に学ぼうとした。

エクスプローラーたちがなにを目指すかは、人によって異なる。「捜索者」型の人たちは、特定の問いの答えを見つけるために旅に乗り出す。目的地がわかっていて、そこに向けて旅に出るのだ。ナイル川の源流を突き止めようとしたヘンリー・スタンリーを思い浮かべればいい。スタンリー隊は、どの道に進むべきかは知らなかったが、ナイル川の源流を探すという目的ははっきりしていた。それと同じように、問いをもって捜索に乗り出す。「私にとってなにが重要なのか?」「私が大切にするものはなにか?」「私はどういう人間なのか?」――このタイプの人たちの旅は、こうした問いに答えることを目的にしている。

一方、特定の問いをもたないエクスプローラーもいる。新しいものを発見する喜びを味わうために旅に出る「冒険者」たちだ。この人たちの目的は、「はしゃいで跳ね回る」こと。そうした冒険を通じて紡ぐストーリー――なにを見て、誰と出会い、なにを学ぶか――が未来の人生を規定する。このような体験は、ある意味では人生の本質だ。世界を発見するために手足を伸ばす自由を謳歌することは、人間を人間たらしめている要素と言っていい。100年ライフでは、このように自分だけの冒険に乗り出そうとする人が増えるだろう。

エクスプローラーのステージが最もうまく機能するのは、多様なものに触れ、真の実験がおこなわれるときだ。ラテンアメリカを旅したジェーンは、ほかの人たちの生き方を目の当たりにし、自分の価値観とものごとの優先順位を改めて深く考えるよう背中を押された。この時期のジェーンには、人的ネットワークを広げ、その多様性を高めるための時間と意欲もある。人的ネットワークの多様性が増せば、ありうる自己像の多様性も増す。

このステージを生きている人たちには、心理学的に興味深い点がある。エクスプローラーたちは、自分という存在の境界を押し広げ、固定観念から脱却し、ほかの人たちの行動をじっくり見る。マサチューセッツ工科大学（ＭＩＴ）のオットー・シャーマーの言葉を借りれば、「システムの端」に立ち、[11]自分の思い込みや価値観に新しい光を当てるのだ。

「るつぼ」の経験

エクスプローラーのステージには、言ってみれば「るつぼ」の経験が組み込まれているのが理想だ。高温で金属を溶かして新しい物質を生成する「るつぼ」のように、その人の人間性を形づくる経験が必要なのだ。具体的には、ほかの人たちの人生を――その人たちの苦痛や苦悩、高揚や喜びを――体感する時間、すなわち、他人の立場に立ってものを考える時間がそのような経験をもたらす。

リーダーシップ論の研究者であるウォーレン・ベニスとロバート・トーマスが大勢のリーダーたちに人生を振り返ってもらったところ、明確な自分らしさと強固な倫理基準をもつリーダーの多くに共通する要素の一つが「るつぼ」の経験だった。[12]その経験の具体的な内容は、新しい町で暮らすことに始まり、難民キャンプなどまったくの別世界で過ごすことにいたるまでさまざまだった。

このテーマを専門的に研究しているフィリップ・マーヴィスによれば、単にこのような経験をするだけでなく、その経験について自問しなければ、世界に対する見方を変え、接した人たちの人生のストーリーを自分のものにできない[13]。問いを発し、注意深く観察し、熱心に耳を傾けることが必要だ。そうやって掘り下げて自問してはじめて、みずからの価値観を問い直し、自分のアイデンティティと役割をじっくり考えることができる。他人の人生の物語に触れることにより、自分の人生の物語が揺さぶられるのである。

長い人生には、変化と変身がつきものだ。だからこそ、長寿化時代には、変身資産という新しいタイプの資産が重要になる。「るつぼ」の経験をするとき、この種の資産の形成が促進される。重要なのは、本やウェブサイトを読むだけでなく、実際に人々と顔を合わせ、理屈抜きの感情レベルの経験をすることだ。そういう経験をするとき、私たちは、目の前の人たちの人間存在そのものに触れられる。その人のそこにいたるまでの人生、感じている重圧、前に開けているチャンスを知ることができるのだ。

何歳でもエクスプローラーになれる

エクスプローラーとして生きるのに年齢は関係ないが、多くの人にとって、このステージを生きるのにとりわけ適した時期が三つある。それは、18～30歳ぐらいの時期、40代半ばの時期、そして70～80歳ぐらいの時期である。これらの時期は人生の転期になりやすく、エクスプローラーのステージを経験することが明確な効果を生みやすい。現状を再確認し、自分のもっている選択肢について理解を深め、みずからの信念と価値観について深く考える時間にできるのだ。

エクスプローラーの日々は、見違えるほど若さを取り戻せる機会になりうる。70代の人はややもすると、長寿のリスクに脅えて生きることが当たり前になりがちだ。しかし、日々の生活を脇に置いて冒険に乗り出せば、現在のライフスタイルを問い直し、新しい選択肢を見いだすことを通じて、活力の回復が大きく後押しされるかもしれない。70代のジェーンは、まさにそのような経験をする。

40代半ばのジミーは、おそらくもっと明確な目的をもってエクスプローラーのステージを送る必要があった。ジミーはその頃、それまでの人生設計ではのちの人生を支えられないことに気づく。無形の資産も底を突きはじめている。そこで、前章で示した一つのシナリオでは、新しい生き方の選択肢を探索し、踏み固められた道からはずれて生きるようになる。きわめて長い3ステージの人生を生きる羽目になりかねないという現実に目覚めて、「捜索者」型のエクスプローラーになったのだ。

その段階では、自分がなにを望まないかはわかっていたが、なにを望むかはあまり明確になっていなかった。そこで、実験することと、じっくり内省すること、そしてそれまでの役割に基づく行動パターンから自分を解き放つことが必要だった。ジミーのように、40代くらいの時期に時間を取ってエクスプローラーになった人たちは、教育やスキルの再習得にも取り組むだろう。

しかし、エクスプローラーのステージを生きる時期として最もイメージしやすいのは、学校教育を終えてから30代前半までの期間だ。多くの場合は「冒険者」型のエクスプローラーになり、自分についての理解を深め、自分がどういう人間で、なにを好み、なにが得意なのかを見いだしていく。このステージは、自分の内面を探すというより、外的な刺激を通じて発見をおこなう時期になる。試練を与えられたり、思考を揺さぶられたり、怒りをかき立てられたり、ときには喜びを感じさせられたりする環境で、自分について学ぶのだ。

選択肢を理解し、相性のいいものを選ぶ

学校教育を終えてそのまま企業の世界に入った人は、早い段階で専門分野を決めたことにより、袋小路に追いやられる危険がついて回る。選択をしたあと、労働市場の環境が大きく変わるかもしれないし、自分のスキルと望みを誤解していた恐れもあるからだ。しかし、ジャックの場合は、それでも問題なかった。人生で経験する移行の回数が少なく、勤労期間も40年にとどまり、多くの選択肢には直面しなかったからだ。

それに対し、長寿という贈り物を手にする世代は、もっと選択肢が多く、もっと多様な人生を送ることができ、もっと多くの選択をする必要がある。そのため、正しい道を選び取るため

に時間を費やすことの重要性が高まる。未来を見据えて、自分の関心と情熱に沿った教育を受けること。自分の価値観に適合し、やり甲斐を感じられ、自分のスキルと関心を反映していて、しかも袋小路にはまり込まないような仕事を見つけること。自分の価値観を尊重してくれ、スキルと知識を伸ばせる環境がある就職先を探すこと。長く一緒に過ごせて相性のいいパートナーを見つけること。一緒に仕事ができて、自分のスキルおよび働き方との相性がよく、できれば自分を補完してくれるビジネスパートナーと出会うこと。具体的には、こうしたことが必要になる。

長く生きる時代には、自分と相性のいいものを見いだす資質がきわめて重要になる。長寿化にともない、それによって影響を受ける期間が長くなることに加えて、アンソニー・ギデンズの言う「ポスト伝統社会」である今日、相性のいいものと巡り合うための仕組みの多くが弱体化しているからだ。

私たちがおこなう選択は良い結果を生むこともあれば、悪い結果を生むこともあるが、人生が長くなると、悪い選択や判断ミスの弊害が大きくなる。だから、100年生きるジェーンが選択肢の探索に多くの時間を割くのは当然のことだ。長寿化時代には、ライフスタイルにせよ、キャリアにせよ、結婚相手にせよ、自分に最も合ったものを見つけることがとりわけ大きな意味をもつ。自分と相性の悪いものを選択したり、早い段階で不適切な道に針路を定めたりした場合に失うものは多い。「あわてて決断、ゆっくり後悔」ということわざは、100年ライフにはひときわ重要な金言なのだ。
　ジェーンの世代がそれまでの世代と明らかに違うのは、選択肢をよく分析し、自分に適したものを選び、自分のアイデンティティを築いていくことだ。この世代のことは、しばしば「ミレニアル世代」「Y世代」といった言葉を使って論じられてきた。しかし、そうした議論の多くは、この世代の嗜好を過度に一般化したレッテル貼りになっている。[14]
　著者たちが思うに、この世代の真に特筆すべき点は、生まれてきた環境ではなく、100年生きることを明確に意識し、それを前提に人生の計画を立てる最初の世代だということだ。選択肢をもつこと、自分と相性のいいものを選ぶこと、そして自分のアイデンティティを意識することの重要性がジャックの世代とはまるで違う。ジェーンたちは、自分たちの世代に特有の選択をするのではなく、社会的開拓者として、次世代以降の人たちにとってもお手本になるような行動を取るだろう。
　エクスプローラーとして探検をおこなうことは、選択肢を理解し、自分に最も適した選択をするために不可欠だが、探検には危険と失敗のリスクが満ちている。北極圏の北西航路の開拓を目指したジョン・フランクリンの探検隊も、ロバート・スコットの南極探検隊も、結局生きて帰れなかった。リスクをともなう以上、誰もがこのステージに乗り出すわけではないだろう。それに、すでに自分のアイデンティティを明確に認識していて、自分の強みと好みを深く理解している人は、目標の追求にエネルギーを集中させるのが最善の選択かもしれない。エクスプローラーのステージなど、回り道にしか感じられないからだ。一方、リスクを嫌う人は、金銭的な目標の追求に専念するために、学校教育を終えたあとすぐに従来型のキャリアに進みたがるかもしれない。しかし、このステージを経験することにより、人生が大きく変わる人もいるのだ。

いずれにせよ、有効なエクスプローラーのステージを生きるためには、活動と発見の時期を過ごすことを心がける必要がある。単なる受け身の時間にしてはならない。学生のギャップイヤーの長期版でも不十分だ。よく考えて計画を立ててはじめて、このステージの恩恵に浴せる。それがなければ、投資と再生はおろか、重要な資産を劣化させ、減少させかねない。

インディペンデント・プロデューサー

いま出現しつつあるインディペンデント・プロデューサーのステージでは、旧来の起業家とは性格の異なる新しいタイプの起業家になったり、企業と新しいタイプのパートナー関係を結んだりして経済活動に携わる。旧来のキャリアの道筋からはずれて自分のビジネスを始めた人たちがこのステージを生きる。エクスプローラーのステージと同様、特定の年齢層に限定されるステージではない。人生のどの段階にいる人でも実践できる。インディペンデント・プロデューサーとは、ひとことで言えば、職を探す人ではなく、自分の職を生み出す人だ。

永続的でないビジネスと試行錯誤のプロセス

言うまでもなく、起業家は過去のどの時代にもいた。しかし、本書で「起業家」ではなく「インディペンデント・プロデューサー（＝独立生産者）」という言葉を使うのは、ビジネスの規模と本人の野心のスケールを正しく表現したかったからだ。インディペンデント・プロデューサーは基本的に、永続的な企業をつくろうと思っていない。事業を成長させて売却することを目的にしていないのだ。彼らがおこなうのは、もっと一時的なビジネスだ。ときには、目の前のチャンスを生かすための一回限りのビジネスの場合もある。このステージを生きる人たちは、成功することよりも、ビジネスの活動自体を目的にしている。事業を売却することではなく、事業を始めることが目的だ。そこでは、若々しさに関する議論で触れた遊びと経験の要素が重んじられる。

こうした生き方をしたい人たちにとっては、企業体を築き、金銭的資産を蓄えることより、組織に雇われずに独立した立場で生産的な活動に携わるためにまとまった時間を費やすことが大きな意味をもつ。活動の中身は、製品をつくることでもいいし、サービスを提供することでもいい。アイデアを形づくることでもいい。このステージは、ジミーとジェーンの人生で大きな役割を果たした。有形の資産はあまり築けないが、無形の資産を充実させることができる。

インディペンデント・プロデューサーはたいてい、素早く実験を重ねて、なにが有効で、なにがうまくいかないかを学んでいく。前出のオットー・シャーマーは、このように試行錯誤しながら未来を探索する活動を「プロトタイピング」と呼ぶ。[15] 試作品の作成・修正のことである。

シャーマーの観察によれば、それが最もうまくいくのは、自分が経験していることに意識を向け、それをありのままに受け入れる姿勢を強くもち、試行錯誤をスピーディーに繰り返して学びをどんどん深めていくときだ。インディペンデント・プロデューサーのステージはしばしば、まだきちんとした試験プロジェクトの段階に到達していないプロトタイピングの取り組みから始まる。すでに仕事に就いている人は、本業と並行してプロトタイピングを実行することが多い。そうすることにより、どのように行動すべきかを知ってから動く場合に比べて、ずっと早く新しい分野に乗り出せる。インディペンデント・プロデューサーたちは、概して可能性をあまり狭めずにものを考え、主として直感に導かれて試行錯誤を重ねる。素早く試行錯誤を繰り返すことにより絶えずフィードバックを得て、プロジェクトを成功させる方法を見いだしていくのだ。

生産活動を通じて学習する

インディペンデント・プロデューサーのステージは、専門知識を身につけ、学習し、しかも生産活動に携わる時期だ。差し当たり生計を立てるために、そして自分のやっていることが正しいと確認するためにも、お金を稼ぐことは大切だが、金銭的資産を大きく増やせるケースはめったにない。それよりも、生産活動を通じて学習することに重きが置かれる。

大きいのは、このステージでは安心して失敗できるという点だ。背負っているものが比較的少ないので、たとえ失敗しても深刻な結果に見舞われずに済む。また、起業家的な性格をもつステージなので、実践を通じて有益なことをたくさん学べる。どうやって事業資金を調達すべきか？　どうやって必要な資源を入手すればいいか？　アイデアをビジネスに変えるための資金を借りたり、支援を得たり、助言を受けたりするのに必要な人的ネットワークをどうやって築けばいいか？

これらのスキルや知識はすべて、きわめて価値のある無形の資産だ。仕事で成功するために、それに投資する価値がある。このステージで身につくスキルや知識はたいてい、地に足がついていて、実用的で、汎用性が高い。つまり、さまざまな産業で有効で、未来の仕事でも役に立つ。学校で学んだ学業的知識が土台をなすが、経験を通じて学ぶことにより、もっと深い学びを得ることができる。

キャリアの最初にインディペンデント・プロデューサーになる場合、このステージは二つの顔をもつことになる。ローマ神話の神ヤヌスのように、片方の顔が後方を見て、もう片方の顔が前方を見ている。後方を見ているというのは、実践的な学習という形態の教育の一部とみなせるからだ。前方を見ているというのは、本格的な職探しに乗り出す前に必要な資質を身につけ、評判を確立するための重要な期間と位置づけられるからである。このステージで獲得できるのは、従来の履歴書に記せるような学歴や資格のコレクションだけではない。なにを成し遂げ、なにを経験し、どのような人的ネットワークを築き、どのくらい共創と協働を実践してきたかなど、さまざまな要素からなる評判が得られる[16]。

もっと年齢を重ねた人の場合、インディペンデント・プロデューサーとして生きることは、ライフスタイル上の選択だったり、金銭的資産を維持するための手段だったりする。55歳以上の年齢層では、起業する人の割合がすでに急増している。起業家全体に占める55歳以上の人の割合は、1996年には15％だったが、2014年には26％に達した[17]。将来は、70代や80代の人が起業する割合も増えることが予想される。もちろん、それくらいの年齢になってもフルタイムで働き続ける人やポートフォリオ型のキャリアを築く人も多いだろう。しかしそういう人ばかりではなく、興奮と刺激を味わうことができ、ほかの人たちに「遺産」を残せるような活動に時間とエネルギーを使いたい人もいるのだ。

この世代の人たちにとって、組織に属さずに主体的に働くことは、ライフスタイルを維持し、同時に生産性資産と活力資産を支えるための有効な方法だ。ほとんどの人は、有形の資産の減少をできるだけ抑えることを期待して、このステージを生きる。経費を差し引いて生活費をぎりぎりまかなえるくらいの収入を得ようとするのだ。

創造性の集積地

現在の18〜30歳の層にとっては、すでにインディペンデント・プロデューサーが人生の一つの選択肢になりはじめている。興味深いのは、それを実践する若者の大半が近くに寄り集まり、お互いから学ぼうとしていることだ。たいていは、第3章で論じた「スマート・シティ」の周縁部で生活している。ティーンエージャーという新しい年代が出現したとき、それを最初に目にとめたのはマーケティング専門家たちだった。ティーンエージャーたちが独特の消費パターンを示すからだ。それに対して、若きインディペンデント・プロデューサーたちの特徴は、消費に加えて生産の面でも互いに関わり合う点にある。彼らは都市の集積地（クラスター）に集まって生活し、独特のライフスタイルを形づくって生活と仕事をブレンドさせている。

年長世代の起業家たちは油断なく知的財産権を守ろうとしてきたが、新しい世代のインディペンデント・プロデューサーたちは知的財産を公開し、ほかの人たちとシェア（共有）することを重んじる。まねされてコピーされることは、高く評価されている証し。コピーされることにより、評価が高まるのだ。模倣と複製は、アイデア、製品、企業といった概念も曖昧にする。創造性の集積地に集まる人たちがもっているのは、「みんな参加」の精神だ。この精神は、高い価値を生み出せる協働型の人的ネットワークの本質と言っていい。そのようなネットワークの中心に身を置き、充実した人脈をもっていたり、新しいアイデアの生みの親とみなされていたりすることは、きわめて大きな価値のある無形の資産だ。それがその人の評判を高め、ひいてはのちに金銭的な恩恵をもたらす可能性もある。

このように、情報を得る手段として、そして成功の指標として、ほかの人たちと結びついていることが重んじられるからこそ、「スマート・シティ」が成長を遂げ、多くのインディペンデント・プロデューサーたちを引きつけているのだ。[18]

注目されているのは、カリフォルニアのシリコンバレー、ロンドンのシリコン・ラウンドアバウト、インドのバンガロール、四川省の成都といったテクノロジー分野の集積地だが、インディペンデント・プロデューサーはこれらの土地だけで成り立つわけではない。今後はさらに集積地の数が増え、その重要性も高まるだろう。このステージでは、基本的に経験が大きな意味をもつからだ。ほかの人たちと離れて住んでいたり、デジタルな手段だけでコミュニケーションを取っていたりしては、たいてい目的を達せない。

インディペンデント・プロデューサーたちにとっては、少ない所得でやりくりすることも重要だ。そこで彼らは、都市の中心に位置していて、しかも家賃や物価の安い場所を探す。その結果、こうした条件を満たした地区には、このタイプの人たち特有のライフスタイルが広がっていく。家庭生活と仕事と社交が同じ場でおこなわれ、仕事と遊びの境界が曖昧になる。また、有形の資産を増やすことが重んじられないので、マイカーより自転車を利用し、オフィスを構えずにコーヒーショップで仕事をする人が多い。

こうした土地は、学習と実験の機会を欲している人、家庭生活のパートナーやビジネスのパートナーと出会いたい人、無形の資産に関する実験と投資に力を入れたい人を引き寄せる。そのような人たちは組織に雇われずに働くことに抵抗がなく、急速に進歩し続けるテクノロジーを活用して素早くプロトタイピングを繰り返し、アイデアを発展させていく。インディペンデント・プロデューサーが携わる仕事は、短期性が特徴だ。仕事は永続的なものではなく、意図的に短期間で終結し、不定期に発生するものにしてある。

評判を確立し、上手にそれを見せる

インディペンデント・プロデューサーの主たる関心事は、ものごとを生み出すこと、そしてそれを通じて、障害を克服できる行動指向の人物という評判を確立することだ。この時期に獲得する評判は、将来に経験するステージで貴重な無形の資産になる場合もある。手がけた仕事をまとめたウェブサイト、ハッカソン（ソフトウェア開発のスキルとアイデアを競うイベント）の優勝歴、自分の活動に関するツイッターの投稿、制作したユーチューブのチャンネルなどはすべて、アイデアと能力を宣伝する手段になりうる。企業がビジネスのエコシステム（生態系）のなかで新しいアイデアを探すとき、最も目につきやすいのがこの種の情報なのだ。

高い能力を築き、上手にそれを見せ、宣伝することは、インディペンデント・プロデューサーにとって不可欠だ。実際の経験のなかで同業者やメンターから学ぶことも多いが、正式な教育の場で学ぶスキルもある。重要なのは、未来の雇用主や知人に対して、自分のスキルと知識をどのようにアピールするかだ。ソーシャルメディアを通してビジネス上の活動の足跡が見えるようになりつつあるが、もっと正式な形で資質をPRすることも試みられるだろう。すでに、ビジネス向け交流サイトの「リンクトイン」がスキルを宣伝する手段として使われている。今後は、同様の目的を担うイノベーションがさらに登場しそうだ。

教育機関は、講座を開講していない分野のスキルを測定・認定する仕組みを確立しはじめるだろう。インディペンデント・プロデューサーたちは、実務を通じてスキルを身につけ、おそらくはなんらかの講座やMOOCs（大規模公開オンライン講座）も受講し、試験を受けて認定証を得るようになる。これはきわめて重要だ。経験学習の効果は絶大だが、その性格上、学習の成果を文書の形で記録することが難しい。ビジネスの金銭面での成功の度合いを見るだけでは、インディペンデント・プロデューサーのステージがどのくらい目的を達しているかは測れない。どのような無形の資産をどの程度もっているかを認定する仕組みが不可欠だ。

これは、大企業に評価してもらえる評判を獲得するためにも重要な意味をもつ。将来は、企業が有能なインディペンデント・プロデューサーを見いだす意欲と能力を高め、個人との間で一人ひとり異なる関係を築くようになる。具体的には、フルタイムで雇用する場合もあれば、パートタイムで雇う場合もあるし、知的財産権を買い取ったり、事業を丸ごと買収したりするケースもあるだろう。

身軽に旅をする

エクスプローラーとインディペンデント・プロデューサーのステージでは、無形の資産、とくに変身資産への投資が中心になる。そのため、金銭面のやりくりはつねに難しい。その点で興味深いのは、目覚ましく発展しつつあるシェアリング・エコノミー関連のテクノロジーだ。[19]シェアリング・エコノミーは、人々が多くの資産をもたずに身軽に生きる道を開くと同時に、金銭的資産を増やすために収入を得る手段も生み出す。Airbnb（エアビーアンドビー）、Simplest（シンプレスト）、Lyft（リフト）、DogVacay（ドッグヴァケイ）といったシェアリング・サービスは、個人が購入もしくは創造した資産をほかの人に利用させて収入を得ることを可能にするものだ。

こうした新しい経済の下では、金銭面での大きな決断を先送りできるだけでなく、そのような決断が求められる機会そのものも減らせる。マイホームやマイカーを買おうと思えば、金銭面での負担が大きい。購入資金を融資で調達するためには、安定的に給料を受け取っているという証明が必要だ。その証明を用意できなければ、即金で買うほかない。多くの選択肢を残すことに重きを置くステージを生きる人にとって、これは避けたい状況だ。

それに、購入した資産の稼働率の問題も無視できない。自動車を買ったからといって、それをつねに利用するわけではない。使っていない時間は、購入に費やした金を――そう、新しいビジネスを始めるために使えたかもしれない金を――遊ばせていることになる。マイホームを買っても、エクスプローラーのステージを生きるために旅に出れば、その間は、家を買うために使った金は有効に活用されない。シェアリング・エコノミーの恩恵は、特定の職や金銭面の責任に自分を縛りつけずに資産を利用できるようにすること、あるいは、購入したものを他人に使わせて収入を得ることにより稼働率の問題を解決することにある。

ポートフォリオ・ワーカー

人生には、一種類の活動に専念する時期がある。高給を受け取れる企業の職に就いたり、自分のビジネスを立ち上げたり、エクスプローラーとしてさまざまな可能性を探索したり、フルタイムの学生に戻ったりする時期がそうだ。しかし、さまざまな活動に同時並行で取り組みたい時期もある。そのように、異なる種類の活動を同時におこなうのがポートフォリオ・ワーカーのステージだ。ほかの新しいステージと同様、これも特定の年齢層には限定されない。

このステージは、生産活動に携わる期間のいつでも実践できる。さまざまな可能性を探索し、実験するために、このような生き方を積極的に選択する人もいれば、やり甲斐のある仕事に就くことが難しいために、不本意ながらそれを選ぶ人もいる。理屈の上では年齢を問わないが、この生き方にとりわけ魅力を感じるのは、すでに人生の土台を築いた人たちだろう。著者たちが企業幹部たちに100年ライフについて説明し、みずからの未来を思い描くよう求めると、人生の長期戦略の核としてポートフォリオ型の生き方を挙げる人が多い。所得の獲得を主たる目的とする活動、地域コミュニティとの関わりを主たる目的とする活動、親戚の力になるための活動、趣味を究めるための活動など、さまざまな活動のバランスを主体的に取りながら生きようと考えるのだ。

スキルと人的ネットワークの土台が確立できている人にとって、このように高い価値を生み出せるポートフォリオ・ワーカーのステージは有効な選択肢になる。このステージの核を成すのは、有給の仕事だ。過去にやってきたことと関わりのある仕事に、たとえば週に1日か2日携わる。企業のCEOだった人なら当然、どこかの企業の取締役会に名を連ねることも可能だろう。CEOでなくても企業幹部だった人は、企業でなんらかの高位の役職に就けるかもしれない。昔の仕事とつながりがあり、スキルや経験を生かせるような職に就けばいい。しかし、従来型のキャリアで過酷な勤労人生を送ってきた人は、仕事以外のこともしたくなる。楽しく過ごしたり、社会に貢献したり、友人と過ごす時間を増やしたりしたい。

そこで、以下の三つの側面のバランスが取れたポートフォリオを築くようになる。一つは、支出をまかない、貯蓄を増やすこと。もう一つは、過去の経歴とつながりがあり、評判とスキルと知的刺激を維持できるパートタイムの役割を担うこと。そして最後の一つは、新しいことを学び、やり甲斐を感じられるような役割を新たに担うことだ。

したがって、この人生のステージでは、必然的にいくつもの動機に突き動かされて生きることになる。金銭的資産を増やすことも動機の一つになるし、人生のさまざまな可能性を探索することも動機の一つになる。活力と刺激を得ることや、学習すること、それに社会に貢献することも動機になる。

過去の経験を生かす

ポートフォリオ型の人生は、ときに目を見張るほどの刺激をもたらす。長く生きていると、どうしても過去の繰り返しになり、退屈を感じかねない。そこで、多様な活動に携われるポートフォリオ・ワーカーのステージがいっそう魅力的に見えてくる。しかし、夢見るのは簡単だが、実際にこのステージへ移行するのは難しい。著者たちに対して将来ポートフォリオ・ワーカーとして生きる計画を語った企業幹部のうち、それを実現できる人はどれだけいるだろう？

障害になるのは、長く生きる間に一定の行動パターンが染みついてしまうことだ。ポートフォリオ・ワーカーへの移行を成し遂げるためには、必要に応じていわばギアを入れ替えることができ、履歴書に記入できる役職を増やすことより、仕事の能力をはぐくむことを目指して生きる必要がある。フルタイムで雇用されて働いていた人がポートフォリオ・ワーカーに移行しようと思えば、頭の働かせ方と仕事の仕方を状況ごとに柔軟に切り替える能力をもたなくてはならない。問題は、旧来型の第二ステージを生きてきただけでは、そうした柔軟性が身につくとは限らないことだ。

ポートフォリオ・ワーカーへの移行に成功する人は、早い段階で準備に取りかかり、フルタイムの職に就いているうちに、小規模なプロジェクトを通じて実験を始める。興味をもてそうなプロジェクトを試しに実行し、自分がなりたいポートフォリオ・ワーカーのロールモデルを見つけ、社内中心の人的ネットワークを社外の多様なネットワークに変えていく。この過程で変身資産をはぐくむことが重要だ。人的ネットワークを広げ、さまざまな分野の人たちと関わり、業種を移っても活用できて評価されやすいスキルと評判を身につけなくてはならない。広い領域でアピールできるスキルと業績を築くことは、ポートフォリオ・ワーカーのステージへの準備として不可欠だ。それを欠けば、フルタイムの雇用からの移行は、期待はずれの結果に終わるだろう。

非効率を緩和する

ポートフォリオ・ワーカーにとって難しい問題の一つは、非効率性から逃れられないことだ。さまざまな活動に同時並行で携わる人は、刺激と興奮を味わえる半面、その代償として「規模の経済」の恩恵に浴せない。典型的なポートフォリオ・ワーカーの日々を思い浮かべてほしい。週に数日は有給の職に就き、1日は地域コミュニティの活動に従事し、1日は趣味に打ち込み、1日は慈善団体の理事会に出席する。この場合、ある活動から別の活動に移るたびに大きな切り替えコストが発生する。その都度、思考様式と活動する場所を変えなくてはならない。こうした切り替えコストは、このステージについて回る大きな問題だ。

しかし、そのコストは減らすことができる。誰でも思いつく方法は、さまざまな活動の間に相乗効果を生み出すというものだ。そのためには、すべての活動に共通する能力や知識をもたせればいい。たとえば、高度なプロジェクトマネジメントのスキルは、一見すると関係なさそうな多くの活動を束ねる土台になりうる。重要なのは、互いに無関係のスキルと能力ではなく、互いに関連のあるスキルと能力が要求される活動を選ぶことだ。その接着剤になるのは、幅広いテーマへの関心だったり、なんらかの中核的な能力だったりする。切り替えコストを減らすためのもう一つの方法は、時間を細切れにせず、大きくまとめるというものだ。たとえば、週に5日間、半日ずつ働くより、週に3日間、丸1日ずつ働くほうが効率がいい。

選択と集中によって成功を収めてきた人たちは、いくつもの活動を同時並行でおこなうことにストレスを感じる場合がある。このステージを生きたいと思う人は多いが、誰もがうまくいくわけではない。とくに、ポートフォリオを構成する活動の間の調和が取れていない場合は、困難がともなう。

「ヤフーズ」たちの台頭

本章で論じてきた新しいステージは、すべて年齢を問わないものだが、それを本格的に受け入れているのは、いまのところ18~30歳の世代だ。これは意外なことではない。長寿化に適応する必要性が最も高く、しかも適応に必要な柔軟性を最も備えている世代だからだ。ジェーンの世代が、実験を通じて新しいステージを人生に取り入れる先頭に立つ。この世代は、エクスプローラー、インディペンデント・プロデューサー、ポートフォリオ・ワーカーの三種類をすべて実践するだろう。そのために、ギグ・エコノミー(インターネットを介して単発の仕事を受注する仕組み)を活用するケースが多くなりそうだ。

ジェーンたちは、それ以前のどの世代よりも選択肢の重要性を知っていて、選択肢の探索・創造に多くの努力を払う。金融の世界の「オプション」と同じく、長期間有効な選択肢(=オプション)ほど価値が大きい。不確実性が高いときほど価値が高まる点も、金融のオプションと同じだ。長く人生を生き、大きな不確実性に直面する世代にとって、選択肢をもっておくことは、計り知れない価値をもつ可能性があるのだ。だから、この世代は結婚を遅らせ、子どもをつくるのを遅らせ、マイホームやマイカーを買うのを遅らせてきた。選択肢を狭めるような決断は先送りにするのだ。

若い世代のこのような行動は、消極的な要因によっても突き動かされてきた。いま多くの先進国で、若者たちは年長世代に裏切られたと感じている。大学の学費ローンはそれまでの世代より重く、労働市場でも最初の職を見つけることが難しくなる一方だ。都市の住宅価格も、手が届かないところまで上昇している。その結果として、多くの若者はあまり資産をもたず、生計を立てるために工夫を凝らす以外になくなっている面もあるのだ。

この世代は、選択肢をつくり出すことに腐心し、人生の道筋を確定させることを先延ばしし、柔軟性を維持することにより、これまで思春期の特徴とされてきた性質を保ち続ける。前述した若々しさとネオテニー（幼形成熟）を体現する典型例になるのだ。旧来の3ステージ的な発想では、このような若々しい生き方は間違っているように見える。実際、無責任だと批判されることも多い。しかし、マルチステージの人生の発想に立てば、それは無責任さの表れではなく、無形の資産への、とくに選択肢を生み出せる要素への投資に熱心な姿勢とみなせる。昔ながらのキャリアの道筋を歩んできた人たちがこの点を理解できないと、世代間の相互不信に拍車がかかる。「ミレニアル世代」や「Y世代」へのレッテル貼りにつながるだけだ。

人生が長くなれば、大人への成長のプロセスに費やす期間を長くするために、寿命が延びて増えた時間の一部を振り向けることが合理的に思える。思春期後（ティーンエージャー後）の人たちに適した新しい人生のステージが出現するのは、そのためだ。

ティーンエージャーは、実験をおこない、経験と通過儀礼を重ねることにより価値観を築いていくが、経済的な面では主として消費の期間になる。親から与えられる金や細々としたアルバイト収入をもとに消費をおこなうティーンエージャーは、インディペンデント・プロデューサー（独立生産者）ならぬ、「インディペンデント・コンシューマー（独立消費者）」だ。彼らは余暇時間の過ごし方と所有する物を通じて、みずからのアイデンティティを確立する。それに対し、18～30歳の層の場合、経済的活動の中心は、生産活動をおこなうことと、学校教育以外の場で仕事のスキルと知識を学ぶことに移る。そのため、エクスプローラー、インディペンデント・プロデューサー、ポートフォリオ・ワーカーのステージに魅力を感じるのだ。

20世紀に思春期の若者の間に広がっていった行動パターンを表現する言葉を見いだすまでに、社会はしばらく時間を要した。そして、最終的に定着したのが「ティーンエージャー」という言葉だった。いま、社会は18～30歳の層を表現するための新しい言葉を見つける必要がある。著者たちは、(ジョナサン・スウィフトの『ガリヴァー旅行記』に登場する生物ヤフーと同じ呼称を使わせてもらって)「YAHOOS(ヤフーズ)」という言葉を提案したい。「選択肢を維持するヤングアダルトたち(＝Young Adults Holding OptiOnS)」の略だ。

移行期間

3ステージの人生では、移行は2回だけだった。教育から仕事への移行と、仕事から引退への移行だ。マルチステージの人生では、その回数がもっと増える。それにともない、変身に役立つ無形の資産の重要性が非常に大きくなるが、そうしたスキルのレパートリーの乏しい人がほとんどだ。

移行期間を前後のステージとはっきり区別することは難しい。それは、ステージとステージの間の曖昧な境界地帯であることが多い。あとになって考えれば、どの時期が移行期間だったかわかる場合も多いが、その時点では、いまが移行期間だとは明確に認識できない。数学に「連続体」という概念がある。その考え方によれば、冬のあとに夏が訪れたなら、両者の間に春があったに違いないと判断可能だ。それと同じように、会社勤めからポートフォリオ・ワーカーに、あるいはエクスプローラーからポートフォリオ・ワーカーに変身したなら、その間に移行期間があったはずだと考えられる。

移行期間は前後のステージと一部重なり合う場合が多いが、準備のために特別な活動をおこなう結果、移行期間であることがはっきりするケースもある。その活動とはたいてい、無形の資産への投資だ。エネルギーを再充填して活力資産を増やしたり、自分を再創造（リ・クリエーション）して生産性資産に磨きをかけたりする。

移行は一足飛びに完了するのではなく、一歩ずつ前進する。ハーミニア・イバーラの研究が明らかにしたように、移行のプロセスはズレを感じることから始まる。ありうる自己像が現状の自分の姿より魅力的に見えはじめることが出発点になるのだ。そのギャップを認識することで行動の背中が押される。こうして探索が開始され、さまざまなアイデアが試され、学習のサイクルが実現する。このとき、多様性のある人的ネットワークをもっていれば、移行のチャンスに気づきやすい。チャンスに気づいた人は、実験とサイドプロジェクトを通じて、自分がもっている選択肢について理解を深めていく。その過程で人的ネットワークの中身が変わるケースも多い。最後に待っているのは、確認の段階だ。進むべき道をもっと絞り込み、未来に向けてさらに多くの計画を立てる。[20]

エネルギーの再充填と自己の再創造

移行期間には、大きくわけて二つのタイプがある。いずれも、無形の資産に大きな投資をおこなう。ジェーンの未来のシナリオには、この両方が組み込まれている。

一つは、エネルギーを再充填したいという単純な動機に基づく移行期間だ。過酷な長時間労働を続け、金銭的資産を蓄えるために奮闘する日々を長く送っていると、活力などの無形の資産が底を突く。健康状態が悪化したり、家族や友人との関係が弱まったり、知的好奇心が衰えたりしかねない。人生の次のステージに進む前に、まとまった時間を取ってこれらの無形の資産に投資したいと感じる人は多いだろう。

このようなエネルギー再充填型の移行期間は、魅力的ではあるが、効果は長続きしない。移行期間が明けたとき、活力資産は高まっていても、スキルや知識、人的ネットワークなどの生産性資産は減退している可能性がある。エネルギーの再充填をおこなう間、これらの資産を使わないからだ。そのため、再充填が終わると、前と同じ業界に戻り、同じような役割を担うことになりやすい。

もう一つのタイプの移行期間は、自己の再創造（リ・クリエーション）を中心とするものだ。

枯渇した活力資産への投資よりも、新しいスキルや知識、新しい人的ネットワーク、新しい視点などの生産性資産への投資を積極的におこなう。たとえば、大学などの講座で学んだり、パートタイムでなんらかの仕事をしたりする。住む場所を変えたり、ライフスタイルを大きく変えたりするなど、もっと大がかりな変化をともなうケースもある。こうした再創造型の移行期間は、次のステージに向けて人的ネットワークとスキルを転換するために重要な役割を果たすことができる。

移行期間のお金をまかなう

移行期間には、重要な無形の資産（活力資産と生産性資産）への投資がおこなわれるが、金銭的資産が減ることは避けられない。それを前もって計算に入れて、準備しておく必要がある。ジェーンの人生のシナリオでは、二つの方法でこの問題に対処した。一つは、みずからが引退後の生活資金だけでなく、移行期間に必要なお金を確保するためにも貯蓄をすること。もう一つは、パートナーのジョルジェも働いてお金を貯めることだ。夫婦が二人とも職をもっていれば、移行の時期をうまく調整することもできる。片方が金銭的資産の面で一家に貢献し、もう片方が無形の資産の構築に力を注げばいい。

社会で新しい実験が広がるにつれて、新しいステージ（エクスプローラー、インディペンデント・プロデューサー、ポートフォリオ・ワーカー）と移行期間（エネルギー再充填型と自己再創造型）に乗り出そうとする人は増え続けるだろう。過去に「ティーンエージャー」と「引退者」のステージがそうだったように、やがてこれらの新しいステージや移行期間は、特殊なものではなく、ごく普通の生き方になる。人生のさまざまな段階で、誰もが実践できるものと考えられるようになるのだ。それどころか、もっと実験がおこなわれ、人生の道筋がもっと多く見いだされて、もっと多くの新しいステージが出現しても不思議はない。

第7章

新しいお金の考え方

必要な資金をどう得るか

長い人生におけるお金の問題を厄災の種と考える人は多い。長期の資金計画には、不愉快なことや報われないことがしばしばついて回る。それは、多くの要素が複雑に関係し、自分についての知識が求められるプロセスだ。難しい問いの答えを見いだし、自分の将来のニーズと願望をある程度把握しておく必要もある。自分がなにを望んでいるかを知らず、人生設計がはっきりしていなければ、長期の資金計画は立てられない。しかも、金融関係の用語のなかには、「等比級数」だの「複利」だのなじみのない言葉も多い。

資金計画を立てることの恩恵が実感しにくいという問題もある。わかりやすく言えば、未来に備えてお金を蓄えるとは、現在から未来にお金を移すことだ。ところが、ほとんどの人は、未来の自分のことをなかなか自分のこととして考えられない。

こうした点を考えると、資金計画を立てることに自信をもてない人が多いのは意外でない。しかし、これは正面から向き合う必要がある問題だ。未来の自分について考えなかったり、複雑な計算ができなかったり、専門用語が理解できなかったり、未来の自分への責任を果たさなかったりする人は、十分な資金をもたずに老いる羽目になりかねない。中年期にスキルを学び直すために仕事を中断しようと思ったとき、必要な蓄えがない、という事態に陥る恐れもある。引退者を対象にした最近の調査によると、70%の人はもっとお金を貯めておけばよかったと後悔している(1)。

ここまで述べてきたように、100年ライフを最も有効に生きるためには、3ステージの人生から脱却し、無形の資産のマネジメント方法を改め、人生の設計を大きく変更する必要がある。しかし、そうした変革だけでは、第2章で指摘したお金の問題を解決できない。寿命が長くなれば、長い年数働き、多くのお金を蓄えることは避けて通れないのだ。

そこで、本章では再びお金の問題を論じる。経済学と心理学の研究をもとに、長い人生におけるお金の問題について理性的な行動と無意識の行動の両方の側面から検討したい。別の章で変身資産に関して述べた二つの概念をここでも用いる。その概念とは、自己効力感(自分ならできる、という認識）と自己主体感（みずから取り組む、という認識）である。

適切な資金計画を立てるためには、この両方の要素を備えている必要がある。自己効力感は、資金計画に現実性をもたせ、貯蓄への意欲の大きさなど、自分についての知識を充実させることをともなう。自己効力感をもっていると言えるためには、以下のような問いに答えられなくてはならない。生活していくために、どれくらいお金が必要か？　何歳まで仕事を続けたいか？　自分の金銭面の状況をどの程度把握しているか？　自分はどのくらい金融知識をもっているか？　一方、自己主体感も不可欠だ。以上の知識を前提に適切な行動を取るためには、自己主体感に基づく自制心を発揮し、自分の現在のニーズと未来のニーズのバランスを取る必要がある。ここで自問すべきなのは、「70～80歳になったときの私は、いま私がくだしている決断を評価するだろうか？」という問いだ。

数字のつじつまを合わせる

第2章でジミーの人生の金銭面を分析したとき、65歳で引退し、最終所得の50％相当の老後資金を毎年確保したければ、勤労期間に年間所得の17・2％を蓄え続ける必要があると結論づけた。ジェーンの場合は、同様の引退生活を迎えようと思えば、25％を貯蓄しなくてはならない。不可能とは言わないまでも、非常に難しい数字だ。ジミーが4・0シナリオの人生を生きれば、77歳まで働く場合、貯蓄率は8・5%で済む。ジェーンが5・0シナリオの人生を生きる場合は、85歳まで働けば貯蓄率は11%まで下げられる。それでも、多くの人は、これらの貯蓄率を毎年達成することも簡単でない。それに、学費ローンや住宅ローンの返済資金、医療費や介護費用は、これとは別に蓄える必要がある。

適切な資金計画を立てることは難しく、痛みをともなう。そのため、一見すると安易な解決策に飛びつく人がどうしても多くなる。私たちはしばしば、数学的に自明の現実から目を背けてしまう。よくあるパターンは、次の三つだ。引退後に最終所得の50%未満のお金でやっていけると楽観する、マイホームの資産価値を頼りに資金を調達できると当てにする、そして、積極的に投資をすれば投資利益率を高められると考える、である。しかし、そのような発想では、長い人生の資金問題を解決できない可能性が高い。

どれくらい生活資金が必要か？

最終所得の50%未満のお金で毎年快適な引退生活を送れるのか？　第2章の図2-4と図2-7に示したように、最終所得のどの程度の割合の資金を確保しようとするかによって、勤労期間に達成しなくてはならない貯蓄率が変わってくる。しかし現実問題として、引退後に最終所得より少ないお金で暮らすことは可能なのか？　可能だとして、どれくらい少なくてもいいのか？　この問いに答えるのは簡単でない。自分が何歳まで生きるかが不明だし、引退時に生活コストがどうなっているかも予測できないからだ。

　あなたは、現在いくらお金を使っていて、それをどのような用途に使っているだろう？　引退すれば、仕事の負担が減り、自由に使える時間が増える。そのとき、どのくらいのお金があればいいか？　一見すると、答えは明確だと思えるかもしれない。いま休日にどのように過ごしているかを考えればいい、というわけだ。しかし、それはあまり参考にならない。勤労人生における休日は、ごく短期間仕事を離れるだけだ。完全に仕事の世界を去ったり、ライフスタイルを変えたりするのとは、わけが違う。あなたは、引退後の自分がなにをしたいと望み、なにを楽しいと感じるか想像できるだろうか？

　あなたはおそらく、引退後には最終所得と同等のお金は必要ないと思っているだろう。通勤や衣料などの仕事関連の出費が不要になり、逆に料理や大工仕事など、それまでお金を払っていた用事を自分でおこなう時間ができるからだ。安いお店で買い物をしたり、オンライン上で割引クーポンを集めたりする時間のゆとりも生まれる。現在60代後半の人たちは、すでにそうした生き方を実践しはじめている。ある調査によれば、小売り業者やメーカーの割引クーポンを積極的に利用して、40代後半の人たちより支出を約4％少なく済ませている。[2]微々たる金額だと思うかもしれないが、最終所得の50％のお金でやりくりすることを考えれば、ばかにならない。

　引退後は余暇の過ごし方も大きく変わるだろうと、あなたは予想するかもしれない。確かに、時間がたっぷりある人にとって、余暇は安上がりになる。あり余る時間を活用して、「お金で買えないもの」に投資する活動を増やすからだ。友人や家族とゆっくり過ごしたり、のんびり長旅をしたり、夕日が沈むのをながめたりする。ある幸せな引退者は、ニューヨーク・タイムズ紙に次のような投書を送っている。[3]「引退すると、それまでよりもずっとお金がかからなくなる。そのために、大切なものをあきらめる必要もない……そうしたシンプルな喜びがどれほど大きな『富』を生むかを知っていれば、もっと早く引退したのに」

それに、引退する頃には、子どもたちは成長して独り立ちしているだろう。16歳以上の子どもが二人独立すれば、計算上は、世帯当たりの支出を60％まで減らしても生活水準を落とさずに済む。

以上のような分析には勇気づけられるが、これを額面どおりに受け取ってはならない。まず、長寿化はほとんどの人に「不健康期間の短縮」をもたらすとはいえ、やはり医療や介護などの出費が増えることは頭に入れておくべきだ。経済学者のジョナサン・スキナーの言葉を借りれば、「煎じ詰めれば、引退後に備えてお金を貯めるのは、ゴルフリゾートで楽しく過ごすためというより、自宅に車いす用の階段昇降機を設置したり、付き添い看護師を雇ったり、質の高い老人ホームに入居したりする費用をまかなうため」なのだ。[4]加えて、引退したあとも子どものためにお金がかかるケースもある。子どもや孫の学費や結婚費用を支払ったり、マイホームやマイカーの購入費用を一部支援したりする場合もあるだろう。

本書では、目安として最終所得の50％相当の生活資金を確保するものとした。控えめではあるが、比較的豊かな人たちにとってはおおむね妥当な数字だと、著者たちは考えている。ある研究では、アメリカとオランダの人たちに単刀直入にこう尋ねた——「引退後に最低限維持したいと考える月々の支出水準は？」。回答者のなかの最貧層が平均して最終所得の１００％以上の数字を挙げたのに対し、最富裕層は平均54％、オランダ人は平均63％だった。[5] イギリスの年金諮問委員会も２００４年の報告書で、高所得層（年間所得４万ポンド以上）に関して最終所得の50％を基準にしている。

ただし、50％が控えめな数字であることも忘れてはならない。最近の研究で１万６０００人の引退者を対象に実際の数字を調べたところ、およそ３分の１の人が１００％以上、およそ４分の１が75～１００％の間、さらにおよそ４分の１が50～75％の間の生活資金を確保していた。50％未満の人は21％にすぎなかった。[6] つまり、引退後にさほど多くのお金がかからないとしても、ジミーやジェーンに要求される程度の貯蓄をするのに四苦八苦するようでは、厳しい老後が待っていそうだ。ほとんどの引退者は、生活水準を維持するためにもっと多くの貯蓄が必要なのだ。

検討すべきなのは、未来の老後資金と未来の消費行動だけではない。現在の消費行動も無視できない要素だ。高い消費レベルが身に染みついている人ほど、引退後に消費レベルを落とすことが難しい。多くの研究によれば、消費を通じた満足感の度合いは、現在の消費レベルの絶対値より、過去の消費レベルとの相対値に大きく左右される。したがって、いま支出を抑えることは、お金を貯めるうえで好ましいだけでなく、堅実な消費パターンを身につけ、引退後に少ないお金で満足感を得やすくする効果もあるのだ。

50%という目安に関して、もう一つ断っておきたいことがある。この数字は、住む家を所有していることを前提にしている。もし家を所有していなければ、引退後も家賃を支払わなくてはならない。この場合は、最終所得の70～80%の資金が必要だろう。

マイホームの資産価値を当てにできる？

私たちがもっている有形の資産のなかには、所有している住宅も含まれる。では、マイホームは資金計画でどのような役割を果たせるのか？ 不動産の価値は国によってまちまちだが、ほとんどの国では、住宅資産が大半の人の資産構成で大きな割合を占めている。イギリスの資産上位50%の層がもっている総資産のうち、住宅が占める割合は25～30%に達する。そのため、引退後はマイホームの資産価値を頼りに資金を調達できると考える人が多い。

しかし、マイホームは、有形の資産のなかでも銀行預金や株式などと比べて特殊な性格をもっている。住宅は価値を貯蔵する手段であると同時に、利用することによる便益をつねにもたらし続ける。たとえば、その家を借りたと想定した場合の家賃――「帰属家賃」と呼ばれる――も便益の一つだ。

株式を売却したり、預金を取り崩したりする場合は、生活水準を落とさずに生活資金を調達できる。しかし、持ち家を売り、狭い家に引っ越せば、居住環境の面で生活水準が下がってしまう。しかも、人はマイホームに情緒的な結びつきを感じるため、現実には、住宅を引退後の資金源と考える人はほとんどいない。ある研究によると、70歳未満の人の70％は、引退後の資金を調達するために家を売る可能性はきわめて小さいと答えている。[7] 別の研究によれば、引退後に大きな家に引っ越す人の割合と小さな家に引っ越す人の割合はほぼ同じだという。[8] 高齢になって家を売るのはたいてい、パートナーの死や病気などのアクシデントに見舞われた場合だけだ。

家を所有することが家賃相当額の経済的便益をもたらしており、しかも家を売れば生活水準が下がることを考えれば、家を売却するのではなく、それを担保にした借り入れ制度を利用する高齢者が増えているのも納得がいく。この方法なら、家賃負担を発生させずに資金を調達できる。しかし、この制度が引退後の資金計画で一定の役割を果たせることは間違いないが、問題をすべて解決できるわけではない。この制度を利用するには、家が持ち家でなくてはならない。本書では、勤労期間に求められる貯蓄率を計算する際、老後の生活資金と人生の移行期間の費用しか考慮しなかった。住宅ローンの返済費用までは計算に入れていない。したがって、マイホームを担保にした借り入れは引退後の生活資金を充実させる手段になりうるが、そもそもマイホームを手に入れるためには、生涯を通してさらに多くのお金を貯める必要があるのだ。資金計画を考える際は、マイホームの資産価値をいざというときの備えと位置づけておくのが賢明だ。医療や介護で不慮の支出がある場合には、家をお金に換えればいい。それをせずに済めば、家は子どもに遺せる。[9] しかし、マイホームを100年ライフのお金の問題を解決する切り札とは考えないほうがいい。

ウォーレン・バフェットみたいに投資で儲ける？

本書では、ジミーとジェーンの長期の投資利益率を、インフレ率に加えて3％と想定している。この数字を選んだ理由は、第2章で説明したとおりだ。しかし、投資利益率を高められれば、貯蓄に回すお金はもっと少なくて済む。

投資利益率をどのように見積もるかは、いくら貯蓄する必要があるかを大きく左右する。金融の世界に「70の法則」というものがある。70を投資利益率の値で割れば、資産が2倍に増えるまでの所要年数を算出できるという法則だ。投資利益率が1％なら、資産が2倍に増えるまでに70年を要するが、投資利益率が2％なら、その年数は35年で済む。投資利益率が少し違うだけでも、長年の積み重ねが大きな違いを生むのだ。

投資家のなかには、長期にわたり年平均3％を上回る成績を記録し続ける人もいる。[10] 最も有名なのは、「オマハの賢人」ことウォーレン・バフェットだ。1965年にバフェットの投資会社バークシャー・ハサウェイの株式を1万ドル相当購入していれば、2005年にはその価値が3000万ドルに上昇していた。これは、株式市場全体の値上がり率の60倍を超えている。

図7-1　投資利益率と貯蓄率の関係

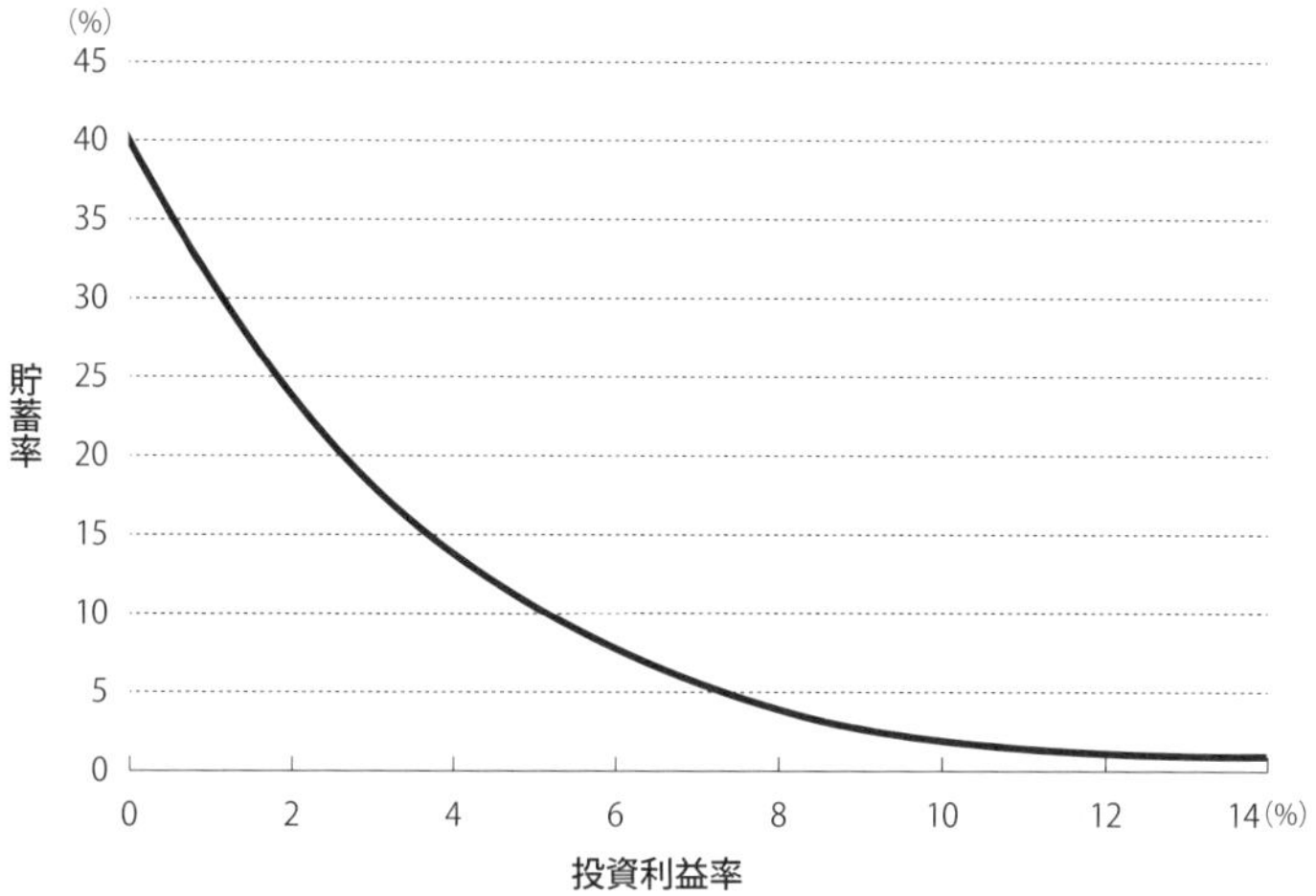

資産運用でこれくらい儲けられれば、引退後の資金計画はだいぶ楽になる。

図7-1は、投資利益率次第でジミーに必要な貯蓄率がどう変わるかを示したものだ。投資利益率が2％の場合は、最終所得の50％相当の老後資金を確保したければ、勤労期間に毎年所得の23％を貯蓄に回さなくてはならない。投資利益率が10％になれば、貯蓄率は約1％でいい。

しかし、証券会社に電話して、投資のポートフォリオを高利回りが期待できるものに組み替えるよう指示するのは、ちょっと待ってほしい。金融の基本中の基本とも言うべき真理を確認しておく必要がある。リスクが高い投資対象ほど、利回りがいいという原則だ。傑出した投資家であるバフェットは、長期にわたって好成績をあげ続け、金融界の伝説のような存在になっているが、誰もがこのように成功できるわけではない。一般に、高利回りは大きなリスクを取る対価であり、そのような投資の仕方をすれば、10％の投資利益率を記録するどころか、損をする可能性もある。２００７年以降の相場急落で多くの投資家が経験したように、株価は上昇するだけでなく、下落する場合もあるからだ。

株式で資産を蓄えて引退生活に入る場合、アメリカの主要株価指数Ｓ＆Ｐ５００が１５５０だった２００７年10月に引退するのと、６８０だった２００９年３月に引退するのとでは、その後に待っている暮らしがだいぶ違うものになる。投資利益率をできるだけ高めることは重要だが、インフレ率に加えて３％という水準を大きく上回る投資利益率を前提にするのは賢明でないだろう。

まとめると、次のようになる。運がよければ投資がうまくいく場合もあるだろうし、もしかするとウォーレン・バフェットのような人物に資産を運用してもらえるかもしれないが、それを当て込んで戦略を立てるべきではない。引退時にマイホームを売却するという選択肢もあるが、おそらく生活水準が下がり、医療や介護で不慮の出費が生じた場合の予備費を失ってしまう。引退後にもっと少ない資金で生活できると考える人もいるかもしれないが、最終所得の50％というのは控えめの数字だ。これより少ないお金でやりくりすれば、ほかの多くの引退者と比べてかなりひもじい思いをしなくてはならない。だから、１００年ライフのお金の問題を解決するためには、自己効力感と自己主体感をもって貯蓄を増やすことが必要なのだ。

お金に関する自己効力感

まず、自己効力感の前提として、自分についての知識と一般的知識をもつ必要がある。本書でさまざまな人生のシナリオを示したのは、長い人生をどのように組み立てたいか掘り下げて考えるよう、読者の背中を押すことが狙いだった。その点、お金の面で人生の計画を立てるために不可欠なのが金融リテラシー（お金に関する知識・判断力）だ。

あなたは、どの程度お金のことを理解しているのか？　金融機関のパンフレット類を読み解き、自信をもって投資の判断ができるか？　仕事関係の知識と同じように、金融に関する知識も本腰を入れて学ぶべきだ。ある調査によると、金融知識のある投資家は、そうでない投資家に比べてリスク調整済みで年間1・3％多くの利益を得ている。[11] この違いは大きい。10万ドルを10年間投資した場合、金融知識のある投資家のほうが1万6000ドルも利益が多くなる。その差額は、投資期間が20年なら4万2000ドル、30年なら8万4000ドル、40年なら14万5000ドルに膨れ上がる。

金融リテラシーのおおよそのレベルは、以下の五つの問いに答えることで簡単な自己診断ができる。「ビッグ5」と呼ばれる問いだ（正解は章末）。

Q1　あなたが銀行に100ドル預けていて、利息は年に2％だとする。預金を引き出さない場合、5年後にはいくらになっているか？
Q2　預金の利息が年に1％で、インフレ率が年に2％だとする。1年後、あなたがその口座のお金で買えるものは増えるか、変わらないか、減るか？
Q3　「一つの企業の株式を購入することは、投資信託を買うより一般に安全性が高い」――この主張は正しいか、間違っているか？
Q4　「15年物の住宅ローンはたいてい、30年物の住宅ローンに比べて月々の返済額は多いが、返済する利息の総額は少なくて済む」――この主張は正しいか、間違っているか？
Q5　金利が上昇したとき、債券の価格はどう変動するか？

この五つの問いにすべて正解できれば、あなたは金融リテラシーで上位4分の1に堂々と入れる。アメリカ人を対象にした調査では、全問正解できた人は4分の1どころか、約15％にすぎない。Q1～Q3なら、すべて正解できる人はもっと多い。ドイツでは約半分、日本では25％が3問すべてに正解する。[12]

金融リテラシーは、どうすれば高められるのか？　関連の書籍やオンライン講座やセミナーの類いはたくさんある。それを利用すればいい。さまざまな調査によると、金融セミナーの参加者は、金融に関して行動を起こし、投資成績と資金計画が良好である確率が明らかに高い。[13]

セミナーで学んだことが行動の引き金になったのか、それとも金融セミナーに参加しようと思うような人はもともとお金について関心が高いだけなのかという点は、一部に議論がある。しかし、いずれにせよ金融リテラシーはきわめて重要であり、それに投資しない手はない。また、実際に経験を積むことが金融リテラシーを高める最善の方法だということもわかっている。一般的に、年齢を重ねるほどリテラシーが高まるのは、それが理由だ。だから、早い時期に貯蓄と投資を始めて、リテラシーを高めていくといい。

ポートフォリオをマネジメントする

金融リテラシーが高まると、投資でお金を増やすことが簡単でないとわかってくる。ロンドン・ビジネススクールの金融論の教授や、そのほかの世界中の専門家たちにアドバイスを求めると、特定の株式の銘柄や特定の取引を奨められることはほとんどない。たいていは、いくつかの一般原則を教えられる。経済学界では、一般市民の金融知識に関する研究が盛んになってきている。たとえば、ハーバード大学のジョン・キャンベル教授がアメリカ金融学会でおこなった会長スピーチによれば、市民が犯しがちな過ちのパターンがいくつかあるという[14]。

第一は、株式への投資が少なすぎること。富裕層世帯ですら、株式にまったく投資していない世帯が20%に上る。また、株式投資をしていても、十分な分散投資をしていないケースが多い。二、三の企業にしか投資していなかったりするのだ。第二は、株式投資をする際に、「局所バイアス」の影響を受けやすいこと。なじみのある企業や近くにある企業の株式に投資する傾向が強いのだ。第三は、勤務先企業の株式を保有しすぎること。投資銀行大手のリーマン・ブラザーズが破綻したときに浮き彫りになったように、このような行動は、雇用と資産の両方を同時に危険にさらすことになる。第四は、値上がりしている資産を売却し、値下がりしている資産を保持し続ける傾向があること。そして第五は、投資資産を放置しがちなこと。「現状維持バイアス」に陥り、ポートフォリオを変更しようとしない人が多いのだ。たとえば、85万人の会員を擁するアメリカ教職員保険年金協会は、会員が毎年無償でポートフォリオの構成を変更できるようにしている。しかし、12年間に一度も変更していない人が72％に達する。複数回ポートフォリオを変更した人にいたっては、8％にすぎない。この期間に、さまざまな投資対象の投資利益率が大きく変動しているにもかかわらず、である。[15]

これらの落とし穴にはまっていない人は、以下の三つのことを実践している。まず、リスク分散のために、投資対象を分散させ、ファンドの運営会社もいくつかにわけている。次に、高齢になると損失を取り返す時間があまりないことをよく理解していて、引退が近づくとポートフォリオのリスクを減らしはじめる。そして、資金計画を立てるとき、資産の市場価値を最大化させることよりも、引退後に安定した収入を確保することを重んじる。[16]

これまでは3ステージの人生が当たり前だったために、長期の資金計画はおのずと、老後の生活資金の確保が主たる目的になってきた。しかし、マルチステージの人生では、引退後の所得減少だけでなく、人生のさまざまなステージを生きる間に経験する所得の変動に、とりわけ所得が大幅に減る移行期間に備えることも重要になる。人々が長く生きるようになり、生涯の間に所得の変動を経験する機会が多くなれば、金融業界のあり方と提供される金融商品も大きく変わるだろう。

たとえば、住宅ローン。勤労年数が増えれば、返済を長い年数にわけることが可能になる。しかしその半面、長い人生の間に所得の変動が増えるため、返済額に柔軟性をもたせる必要が出てくる。人生が長くなると、リスクのある行動に乗り出せる機会も増えるし、それが裏目に出た場合に挽回する時間的な余裕も生まれる。長寿化は、ポートフォリオの分散投資とリスク受容のあり方を様変わりさせ、必然的に金融業界に大きな構造的変化をもたらすだろう。

コストに注意を払う

売り手より買い手の知識がずっと少ない分野ではどこでも言えることだが、金融の分野では、消費者がみずからの選択をあとで悔やむことが多い。貯蓄商品で仲介業者が手数料を徴収する場合は、とくにそういうケースが目立つ。手数料には、よくよく注意したほうがいい。

1万ドルのお金を40年にわたって運用するとしよう。予想される利回りは年7％だ。税金と手数料を引かれないとすれば、40年後に手にする金額は14万9744ドルになる。運用会社が最初に5％（つまり500ドル）、その後は年2％の手数料を徴収するとすれば、最終的に手元に残る金額は6万3877ドルだ。手取りが8万5000ドル減る計算である。これに衝撃を受けた人は、ほかのファンドを調べ、手数料を最初に1％、その後は年2％に設定しているファンドに魅力を感じるかもしれない。しかし、これでも40年後の手取りは6万6567ドルにとどまる。つまり、最初の手数料も重要だが、結果を大きく左右するのは年間の手数料なのだ。もし、手数料が最初に1％、その後が年0・5％のファンドを見つけられれば、手取りは12万1369ドルに増える。手数料が最初に1％と年に0・1％だとすれば、手取りは14万2434ドルだ。パンフレットの細部を丁寧に読み、手数料をチェックすることを怠ってはならない。

お金に関する自己主体感

金融リテラシーをもつことは出発点として重要だが、それだけでは十分でない。自己主体感をもっていることも必要である。引退者を対象にした調査によると、過半数の人はもっと貯蓄しておけばよかったと後悔している。なぜ、彼らは貯蓄しなかったのか？

ここで思い出さずにいられないのは、4世紀に生まれたキリスト教の神学者、聖アウグスティヌスの有名な言葉だ。性欲を抑えることに苦労した若き日のアウグスティヌスは、こう述べた。「主よ、私に純潔な日々を送らせたまえ。ただし、いますぐにではなく」

ほとんどの人は善良でありたいと思うが、なぜかいつも善良な行動を先延ばししてしまう。減量のために運動すべきだとわかっていて、それを実行に移すつもりはあるのに、実際にはそのとおりに行動しない。誰もがセルフ・コントロール（自己抑制）に苦労している。長寿化がさらに進めば、セルフ・コントロールの失敗が生むコストはいっそう膨らむ。長寿化時代には、現在の行動と未来のニーズのバランスを取ることが不可欠だ。現在の行動が未来の自分に影響を及ぼすことを理解し、必要なセルフ・コントロールをすべきなのは、金融の分野に限った話ではない。生産的で充実した人生を１００年以上生きるうえで核になるのは、セルフ・コントロールの能力なのである。

セルフ・コントロールの失敗は、いま社会科学で脚光を浴びているテーマの一つだ。神経学、心理学、経済学の知見を組み合わせる形で研究が進められている。セルフ・コントロールがうまくいかない理由は、脳の異なる領域同士の戦いという図式で見るとわかりやすい。脳の前頭葉は進化のプロセスで比較的最近に（約15万年前）発達した領域であり、これが人間とほかの動物の違いを生む。認知的・合理的思考と長期計画をつかさどるのが前頭葉なのだ。しかし、脳にはもっと古くから存在する辺縁系という領域もある。これは、人の情緒的・本能的反応をつかさどる領域だ。

単純化して言うと、前頭葉は、長い目で見て自分の利益になる行動を取るよう私たちに命令し、辺縁系は、目先のことを優先させた判断を、言い換えればいますぐ満足を味わえるような行動を促す。この両者の緊張関係をゾウ（＝辺縁系）とゾウ使い（＝前頭葉）の関係になぞらえる論者もいる。巨大なゾウの背中に小柄なゾウ使いが乗っていて、ゾウの行動をコントロールしようとしているイメージだ。ゾウとゾウ使いが同じ方向に進みたいと思っている場合はいいが、両者の願望が食い違えば、結局はゾウの主張が通る。[17]

人類の歴史のほとんどの期間は、辺縁系の命令に従い、目先の満足を追求することが理にかなっていた。過酷な環境に生きていて、人生が短かった時代は、それでよかったのだ。しかし、平均寿命が延びたいま、合理的な前頭葉にもっと大きな力をもたせ、優れた長期計画を立てるほうが賢明なのではないか？

人間が目先の欲求に屈しがちなことを、心理学者は脳の機能の問題としてとらえるが、経済学者は異時点間の選択における「現在バイアス」の問題としてとらえる。[18] 有名なのは、リチャード・ハーンスタインとデーヴィッド・レイブソンが唱えた「双曲割引」の概念だ。[19]

双曲割引の考え方によれば、人は概して、遠い将来のことには比較的辛抱強いが、近い将来のことにはせっかちだ。よく用いられる例で説明しよう。あなたは、いますぐに100ドルもらうのと来週105ドルもらうのと、どちらを選ぶだろう？　そして、1年後に100ドルもらうのと1年1週間後に105ドルもらうのでは、どちらを選ぶか？　多くの人は、1週間後の105ドルよりいまの100ドルを選ぶが、1年後の100ドルより1年1週間後の105ドルを選ぶ。私たちは、短期的には忍耐心がなく、長期的には忍耐心を発揮できるのだ。

問題は、遠い将来と位置づけていた日が近づき、長期計画をいよいよ実行に移す段階になると、それが近い将来の問題になり、せっかちに振る舞ってしまうことだ。計画は修正され、好ましい行動は先延ばしされる。先の例で言えば、1年たってから再び、いますぐに100ドルもらうか、1週間後に105ドルをもらうかを選べれば、1年前の計画を捨てて、すぐに100ドルを受け取ろうとするのだ。

引退後の蓄えを十分にしない人が多いのは、まさにこの現象が原因だ。貯蓄とは、消費を延期することにより、現在から未来へお金を移すことである。私たちは将来よりもいますぐお金を使いたいが、遠い将来になら貯蓄するつもりはある。しかし、時間がたつと、その都度「現在バイアス」が発生し、貯蓄よりその場の消費を選んでしまう。私たちはみな、あとでもっと貯蓄すると言うけれど、けっしてその言葉を守らない習性をもっているのだ。

減量に関しても同様のパターンがよく見られる。痩せるためには忍耐が必要だが、それが恩恵をもたらすまでには時間がかかる。その結果、レストランの食事の最後にデザートメニューを目の前にすると、ガトーショコラの魅力に屈してしまう。そして、明日からはデザートに手を出さず、ヘルシーなフルーツを食べ、エクササイズをしようと決意する。言うまでもなく、「明日」にもこれと同じことが繰り返される。目先の意思決定は脳の辺縁系が担当し、将来どうするかという意思決定は前頭葉が担当していると言ってもいいだろう。

このように、多くの人が十分な貯蓄をしない主たる原因は、双曲割引の問題にある。では、この知識を生かして行動を改められないか？　私たちが双曲割引の落とし穴に陥るプロセスには、三つの要素が関係している。未来の自分に対して正しく責任をもって行動できないこと、未来の意思決定により計画を変更できてしまうこと、そして、短期的な忍耐の弱さと長期的な忍耐の強さが衝突することである。この三つの問題は、すべて対策を講じられるものだ。

未来の自分に責任をもつ

レストランのデザートに話を戻そう。現在のあなたは、おいしそうなエクレアを見て我慢できなくなる。そして、エクレアを口に入れたとき、未来の自分がそれを埋め合わせる行動を取るだろうと無意識に期待する。[20]しかし、再び食後のデザートを選ぶ場面になると、未来のあなたはその都度、同じことを繰り返す。問題を未来の自分に先送りするのだ。これが延々と続く。

適切な計画を立てるためには、未来の自分と現在の自分の間ですり合わせをおこなう必要がある。100年ライフを幸せに生きたければ、長い人生を通じて一つのアイデンティティを確立し、未来の自分と現在の自分を結びつけて考えることが不可欠だ。現在の自分と未来の自分の間で「対話」を生み出すと言ってもいい。それを実現する一つの方法が「行動ナッジ（＝背中を軽く押す）」だ。将来の資金計画を立てるとき、それは自分の計画と感じにくい。未来の自分のための計画は、誰か他人のもののように思える。では、80歳になった自分がいま隣に座っていると想像してみてほしい。80歳のあなたは、いまのあなたがどのような点を尊重すること

図7-2　未来の「老いた」自分の顔

A：論文の筆頭著者の実際の顔写真

B：デジタル処理した顔（老いさせていないもの）

C：デジタル処理した顔（老いさせたもの）

（出典）Hershfield, H. E., Goldstein, D. G., Sharpe, W. F., Fox, J., Yeykelis, L., Carstensen, L. L. and Bailenson, J. N., 'Increasing Saving Behavior Through Age-Progressed Renderings of the Future Self', *Journal of Marketing Research* 48 (supp.) (2011): S23–37.

を望むだろう？

ある研究では、このアイデアをさらに推し進めた。ソフトウェア（年齢処理アルゴリズム）を使って、被験者が年齢を重ねたときにどのような顔になるかを本人に見せたのだ。[21] 図7-2は、そのソフトウェアにより、ある男性（論文の筆頭著者）の未来の顔を予測したものだ。実験では、被験者たちに1000ドルのお金が棚ボタで入ってきたと想像させ、四つの使い道を示した。大切な人のためにプレゼントを買う、引退後に備えて定期預金に貯金する、そのお金で楽しく贅沢な時間を過ごす、とりあえず普通預金に預ける。ナッジの一環として、老いたときの自分の顔を見せられた被験者は、そうでない被験者に比べて将来のために貯蓄する金額が2倍以上多かった（前者は平均172ドル、後者は平均80ドル）。ただし、こうやって行動の背中を押しても、依然として現在バイアスが作用して、いますぐお金を使いたがる傾向が強いことには注目すべきだ。

計画を貫く

将来に備えるためには、長期的な計画を貫くことを優先させて、目先の快感を味わうことを自制しなくてはならない場合が多い。しかし現実には、おうおうにして計画を放棄したり、変更したりしてしまう。それなら、お金に関する決定を自動化して、計画を覆す機会を減らせばいい。たとえば、毎月一定の金額を銀行の普通預金から定期預金に移すようにしてもいいだろう。興味深いことに、この種の自動化の仕組みが有効なのは、ポートフォリオのマネジメントに関して問題点として挙げた現状維持バイアスのおかげだ。ここでは、このバイアスに陥りやすい習性がプラスに作用する。いったん貯蓄のプランを決めてしまえば、多くの人はそれをそのまま放置するので、計画どおりに貯蓄がおこなわれるのだ。

貯蓄の心理学について理解が広まれば、貯蓄に関する意思決定を自動化するための画期的な貯蓄商品が次々と登場するだろう。たとえばACORNSという会社は、デビットカードやクレジットカードで買い物をしたとき、端数を切り上げて清算し、実際の代金との差額を投資に回すアプリを開発した。引退後の生活資金を確保するにはとうてい足りないが、貯蓄過少の状態を生むバイアスの影響を和らげることができる。[22]

行動経済学者のリチャード・セイラーとシュロモ・ベナルチは、企業年金への加入を促すために、双曲割引を利用して現状維持バイアスを味方につける仕組みを考案した。「ＳＭａｒＴプラン」と呼ばれるものだ[23]。ＳＭａｒＴとは、「Save More Tomorrow（＝明日、もっとたくさん蓄える）」の略である。このプランには、バイアスの影響を取り除くための四つの工夫が盛り込まれている。

第一に、社員は給料から天引きされる年金掛け金の増額を決めるが、実際に増額されるのはいますぐではなく、将来だ。双曲割引の考え方によれば、掛け金が増額される時期が遠ければ遠いほど、人はこの仕組みに参加しやすい。第二に、掛け金の増額時期は、給料の増額予定時期のあとに設定する。たいていの人は、月々の手取り金額が減るのはいやだが、掛け金の増額分が昇給額の範囲内にとどまれば抵抗を感じにくい。第三に、将来の昇給のたびに掛け金も上昇するようにしてある。掛け金の上昇は、所定の上限に到達するまで続く。自動化の原理だ。第四に、社員はいつでもプランから離脱できる。以上のような制度をある工場で試験的に導入したところ、社員の年金掛け金の平均は、給料の３・５％から13・６％に跳ね上がった。現状維持バイアスを逆手に取り、貯蓄を後押しする力に変えることに見事に成功したのだ。

今後は、このようなメカニズムを活用した貯蓄商品やプランがいくつも登場するだろう。もちろん、そうしたサービスを利用しなくても、自力でも同じことはできる。自分で金融機関にしかるべき指示をすればいい。ただし、計画変更を面倒にして現状維持バイアスを引き出すことが成功のカギであることを忘れてはならない。

未来の自分を守る

将来の資金計画を立てることに気が進まない人が多い一因は、老いた自分を想像しなくてはならないからだ。自分が老いて弱々しくなっている姿を思い浮かべることが不愉快な人もいるかもしれない。平均寿命が延びて不健康期間が短縮すれば、高齢になっても心身ともに元気でいられるようになるが、それは老いる時期が延期されるだけにすぎない。そのときが訪れなくなるわけではないのだ。

双曲割引の落とし穴にはまらないためには、健康を増進したり、資金状態の健全性を高めたりするなど、未来の自分に恩恵をもたらす行動を取るよう自分を縛る必要がある。未来の自分を守るための行動をいま取るべきなのは、双曲割引の落とし穴だけが理由ではない。多くの研究により、金融リテラシー、とりわけ分析能力は、老化とともに低下することが明らかになっているのだ。ある研究では、さまざまな年齢層の被験者に、さまざまな認知スキルを試す問いに答えさせた[(24)]。すると、50歳以降、分析能力は目を見張るほど落ち込む一方だったという。お金に関する分析能力が最も高いのは、40代後半から50代半ばだった。

もちろん、これはあくまでも平均の話だ。すべての人に当てはまるわけではない。それでも、ここから興味深い現実が見えてくる。お金に関する良質な判断は、経験および知識と、分析能力の二つの要素に軸足を置く。若者は、明晰な分析能力をもっているが、金融商品に関する経験と知識が乏しい。一方、年配者は、経験と知識は豊富だが、分析能力は減退しはじめている。そのため、経験および知識と分析能力の総和が最も大きくなる40～50代に、金融に関する判断能力が最も高まるのだ。

したがって、判断能力が最も充実している中年期に将来の資金計画を立てるのは、理にかなっている。高齢になって判断能力が衰えはじめてから、貯蓄不足を解決するための策を講じようと焦るのは、賢明でない。

遺産

ここまでは、貯蓄に関して老後と人生の移行期間の生活資金を主に念頭に置き、住宅ローンと大学の学費ローンの返済資金、それに医療費にも若干触れてきた。しかし、子どもに財産を遺すことが貯蓄の動機になっている人も多い。

たいていの親は、子どもたちのお金の不安を取り除ければ安心して死ねる。子孫に財産を遺すことにより、自分の存在を永遠のものにしたいという欲求も強いだろう。人間が戦略的に行動することを前提に考える経済学者たちは、親が子どもに財産を遺す理由として、もっと世知辛い思惑も挙げる。「戦略的遺産動機」と呼ばれるものだ。ひとことで言えば、遺産をちらつかせることにより、子どもたちの行動を操作し、高齢になったときに親切に世話をさせようという思惑のことだ。
シェークスピアの戯曲『リア王』で、リア王はのんびり隠居生活を送ろうと考えて、（末娘のコーディリアを除いて）ゴネリルとリーガンという二人の娘に領地を分割して与えた。すると、領地を手にした娘たちは態度を豹変させ、王に対して冷たく残酷な仕打ちをするようになる。シェークスピアの悲劇を学問的根拠として扱うわけにはいかないが、今日のアメリカの世帯を対象にした研究でも同様の結果が見て取れる。[25]『リア王』の物語ほど残酷なことは起きないまでも、高齢の親が多くの資産をもっている場合は、親子が接触する機会がずっと多くなる傾向が見られるのだ。ただし、この効果が生まれるためには、その財産が遺贈可能なものでなくてはならない。

戦略的遺産動機は、高潔な発想とは言い難いし、不愉快に感じる人がほとんどだろう。子どもに財産を遺すことには、明らかにもっと崇高な動機もある。[26]戦略的遺産動機の考え方は、金銭的資産を蓄えることを重んじ、家族をないがしろにして長い勤労人生を送ってきた人の場合に大きな意味をもつのかもしれない。それでも、ブルック・アスターの悲惨な晩年は、莫大な財産をもっていても、家族に支えてもらえるとは限らないことを実証している。資産家のブルックは、慈善活動家および著述家として知られ、ニューヨーク社交界の花形でもあったが、2007年8月に105歳で世を去った。

2009年、息子のアンソニー・マーシャル（当時85歳）が財産管理人のフランシス・モリッシー弁護士とともに有罪判決を言い渡された。文書を偽造するなどして、生前の母親の財産を騙し取っていたというのだ。しかも、晩年のブルックは十分な医薬品も与えられず、不潔な部屋で暮らしていたらしい。孤独に、医療関係者の訪問も受けずに生きていたと言われる。こうした悲しい事件を考えると、「ワーク」と「ライフ」のバランスを取り、遺産目当てではなく愛情に基づいて晩年に友人や家族から世話と支援を受けられるようにすることが重要だ。生涯を通しての幸福を生む最大の源は、煎じ詰めれば、無形の資産、つまり家族や友人との関係、それに好奇心や情熱なのだと肝に銘じておこう。

金融リテラシーに関する五つの問いの正解

Q1　110ドルあまり。
Q2　減る。
Q3　間違い。
Q4　正しい。
Q5　下がる。

第8章

新しい時間の使い方

自分のリ・クリエーションへ

本書の主要なテーマの一つは、長寿化で増えた時間をどのように過ごすかという点だった。これまでの章では、長い人生をどのように組み立て、人生のさまざまなステージをどのような順序で経験し、人生の新しいステージにどのようなことができるのかを検討してきた。本章では、そうしたまとまった期間ではなく、日常の月単位、週単位、日単位、時間単位、分単位の時間に目を向けたい。そうした日々の時間をどのように過ごすのか？　長時間働いて自分の時間をお金に換えるのか、それとも学校や講座に通って時間をスキルに換えるのか？　あるいは、ソファに寝転がってテレビを見て過ごすのか？

時間はその性質上、万人に平等で、しかも希少な資源だ。誰もが1日に24時間ずつ与えられており、ほとんどの人は時間が足りないと言っている。では、70年ライフと100年ライフで私たちが経験する時間に違いはあるのか？　量的な面は当然異なる。私たちが1週間に使える時間は最大で168時間だ。70歳まで生きれば合計61万1000時間、100歳まで生きれば合計87万3000時間となる。一方、質的な面でも、経験する時間に違いが生じることは間違いない。私たちは、長寿化により増えた時間の使い方を自分で決めるようになるからだ。選択肢はいろいろある。その時間を使って、金銭的資産を増やすために仕事をしてもいいし、スキルの習得に取り組んでもいい。友だちやパートナー、子どもと過ごしてもいい。健康増進に励んでもいいし、サバティカル（長期間仕事を離れて、学校に通ったり、ボランティア活動などをしたりして過ごす期間）を取ってもいい。人的ネットワークを広げてもいいし、さまざまな職や生き方を探索してもいい。

時間の使い方は社会が決める

時間の使い方を考えるときに、理解しておくべきことがある。私たちは、時間を固定的なもの、言い換えれば自分の力でコントロールできないものと考えがちだが、時間に関する概念は、社会が決めている面が大きい。そうした社会的産物という性格は、どのような人生のステージをへるのが標準的とされるかという点にもはっきり見て取れるが、もっと細かい時間の単位にも表れている。1日の労働時間、1週間の勤務日数、「週末」の有無、1年間の休日の数、余暇時間の長さは、固定的なものではない。それは時代とともに変わってきたし、今後も変わり続けるだろう。

そこで、まず時間の使い方が歴史的にどのように変化してきたかを振り返り、それが未来にどのように変貌しそうかを検討したい。時間の根本的な再構成が起きるだろうと、著者たちは予想している。その変化は、平均寿命の上昇、無形の資産に投資する必要性の増加、それに労働時間の短縮という長期の歴史的潮流が相まって生まれるものだ。

労働時間は減っても「時間貧乏」

概して、労働時間は50年前や100年前に比べて短くなっている。9世紀にイングランドのアルフレッド大王はすでに、1日を三つにわけようとしていた。仕事の時間が8時間、休息の時間が8時間、余暇の時間が8時間である。しかし、西洋で1日8時間労働がほとんどの人に当たり前になったのは、ようやく20世紀の初頭から半ばにかけてのことだ。産業革命の時代には、大人も子どもも1日に10～16時間、週に6日働くのが標準的だった。イギリスで1日の労働時間を最大10時間に制限する法律が制定されたのは1847年のことだが、その対象になっ

図8-1　週当たりの平均労働時間

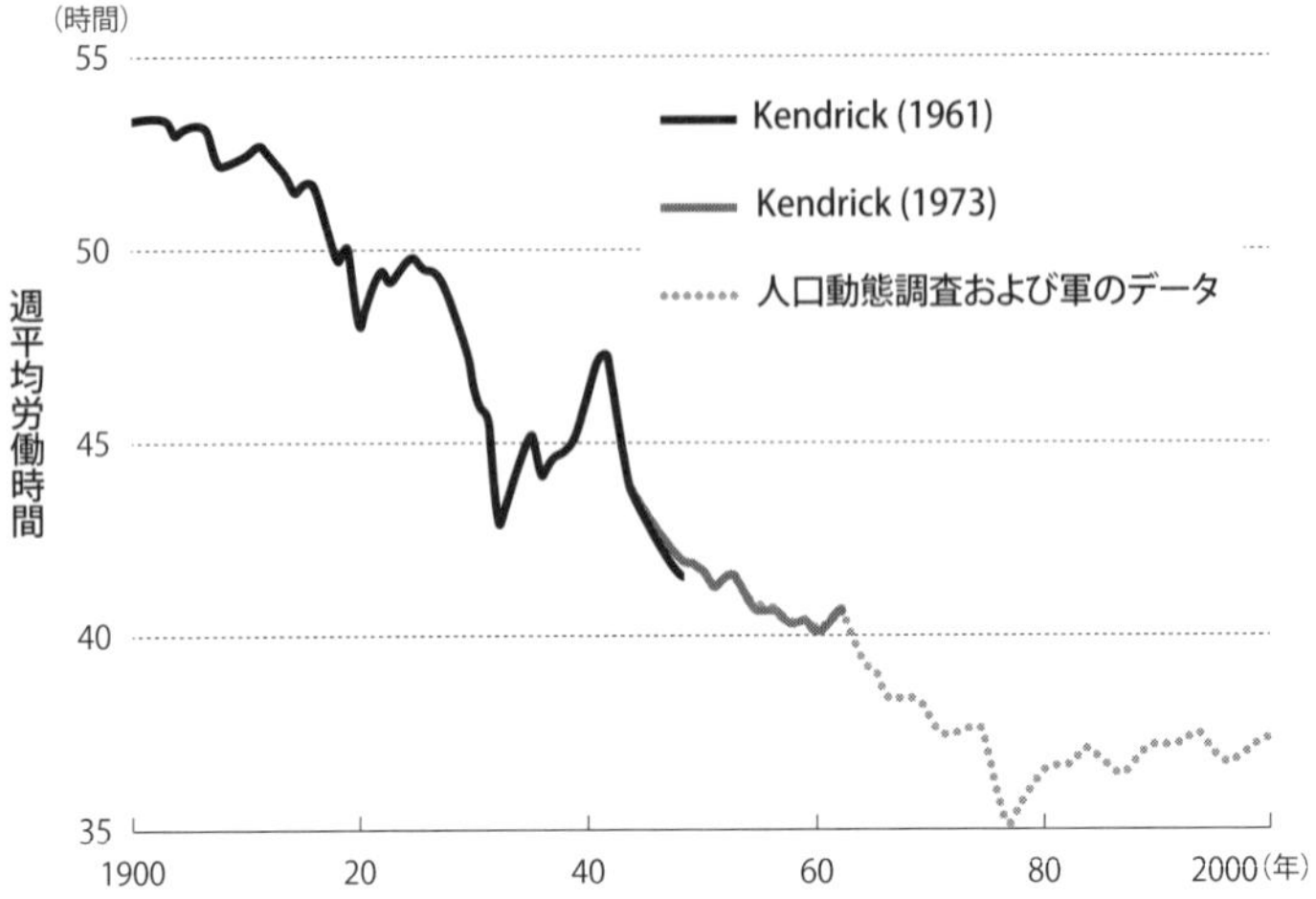

(出典) Ramey, V. and Francis, N., 'A Century of Work and Leisure', *American Economic Journal: Macroeconomics* 1 (2) (2009): 189-224.

たのは女性と子どもだけだった。

図8-1は、アメリカ人の平均労働時間がいかに短くなったかを示したものである。1920年、男性の週平均労働時間は50時間だった。2005年には、それが37時間まで減っている。[1]

1930年、経済学者のジョン・メイナード・ケインズは「わが孫たちの経済的可能性」と題したエッセーを記し、経済が豊かになれば余暇時間が増え、そうした自由な時間をどのように使うかが人類の大きな課題になると述べた。

> こうして、人類は誕生以来はじめて、真の恒久的な問題に直面する。それは、賢明に、快適に、裕福に暮らすために、切迫した経済的不安に悩まされない自由

をどのように使い、科学と複利の力によって勝ち取られる余暇時間をどのように過ごすかという問題だ。

ここでケインズが論じたのは、長寿化により人生の時間が増えるという話ではなく、経済的繁栄により余暇時間が増えるという話だった。その主張の土台を成すのは、「所得効果」の考え方だ。それによれば、人は所得が増えると、大半のモノやサービスの消費を増やしたくなる。そうした消費の対象には余暇も含まれるので、生産性が向上して賃金が上昇すれば、1日の労働時間が減り、週末の日数が増え、年間の休日が多くなるというのだ。このような予測を示しているのは、ケインズだけではない。今日のテクノロジー専門家のなかには、何十年か先にケインズの予測が実現するかもしれないと考える人たちもいる。ロボットが生産性を向上させる結果、私たちは長時間の仕事と家庭の雑用から解放されるというのである。

ケインズの予測ははずれたと、あなたは思うかもしれない。過剰な余暇時間が人類にとって最大の問題になるとは、現在も未来も信じ難い。しかし、予測が全面的に間違っていたわけではない。余暇時間が増えるという予測は正しかった。所得効果は確かに現れたのだ。ただし、ケインズが予測したほど強い影響は生まれなかった。ケインズは、20世紀の消費主義の高まりを十分に考慮に入れていなかったのである。人々は余暇も含めて大半のものを多く消費したがるようになったが、人々が主に欲しがったのは物質的なモノだった。余暇時間よりずっとそれを強く欲した。その結果、労働時間は、ケインズが予測したほど急激には減らなかった。たくさん消費し、物理的なモノを所有したがる人ほど、その購入費用を得るために、長時間働かなくてはならないからだ。

それでも、ケインズの予測は大げさすぎたが、所得効果が現実化したことは事実だ。実際に、平均労働時間は減少してきた。所得と生産性が上昇し続ければ、余暇時間がさらに増え、1週間の労働時間はいっそう減ると予想できる。

抽象論としてはともかく、自分に当てはめて考えると納得できない人もいるかもしれない。いまのあなたの人生を考えてみてほしい。あなたは、労働時間が減り、自由に使える時間が増えたと思えるだろうか？　多くの人は、自分が「時間貧乏」だと感じ、時間に追われるようになる一方だと思っている。(2)　1965年、「いつも慌ただしい」と感じているアメリカ人は全体の約25％だったが、1995年には約35％に増えた。結婚生活の困難、睡眠不足、ストレス関連の病気が増えているというデータもある。こうした時間貧乏という実感が前述の「オンディーヌの呪い」への不安を増幅させていると、著者たちには思える。長く生きられるようにはなるけれど、働く年数も長くなる――そう言われれば、自分が時間貧乏だと感じている人は気が滅入って当然だ。

それにしても、労働時間が減っているのに、どうしてこれほど多くの人が時間貧乏だと感じているのか？

『ダウントン・アビー』効果

一つの説明は、平均労働時間が減っても、すべての人の労働時間が減ったわけではないというものだ。この点に関しては、20世紀の間に興味深い逆転現象が起きている。1世紀前、長時間働いていたのは貧困層・低スキル層だった。産業革命により生まれた工場で長時間働くのは、そうした人たちだったのだ。一方、富裕層・高スキル層は短時間しか働かなかった。アメリカの経済学者ソースティン・ヴェブレンの言う「有閑階級」はその究極の形だ[3]。有閑階級の暮らしぶりは、テレビドラマ『ダウントン・アビー』を見ればよくわかる。

しかし1990年代頃、貧困層・低スキル層と富裕層・高スキル層の労働時間が完全に逆転する。低賃金の人たちが短い時間しか働かず、高賃金の人たちがそれより少し長く働くようになったのだ。しかも、賃金が高い人ほど、労働時間が長くなる傾向がある[4]。

この変化は、最上位の高所得層にとりわけはっきり見て取れる。1979年、アメリカの男性の高所得層上位20%のうち、週50時間以上働いている人は15%にすぎなかったが、2006年には27%に上昇した。ほぼ2倍増である。一方、低所得層では逆のことが起きた。1979年には、低所得層下位20%の男性のなかに、週50時間以上働いている人が22%いた。2006年、この割合は13%まで下落している。こちらはほぼ半減だ。

どうして、高所得層はヴェブレンの有閑階級にならず、長時間働くようになったのか？　この点を理解するためには、「代替効果」という別の要因を考慮する必要がある。これが所得効果の影響を相殺しはじめたのだ。

代替効果の考え方によれば、賃金が上昇すると、余暇の（言い換えれば、働かないことの）コストが高まるとされる。労働時間を減らすことの代償は、減った労働時間分の所得が減ることだ。この点では、賃金が高い人ほど、労働時間を減らしたときの所得減が大きい。したがって、高所得者ほど、余暇のコストが大きいということになる。だから、高所得者は長時間働くことを選択するのだ。

税金の影響も無視できない。貧困層・低スキル層と富裕層・高スキル層の労働時間の逆転が起きた一因は、最高税率が引き下げられたことにもあった。税率が高いほど、働いた場合に得られる手取りが少ないため、余暇のコストが小さい。ヨーロッパ人の労働時間が少なく、休暇の日数が多いのは、税率が比較的高いからでもあるのだ。

人々がケインズの予測よりも長時間働いている理由は、これだけではない。ステータスの問題も関係している。長時間働く人は、自分が必要とされていると本人も感じるし、他人にもそう思われる。自分に自信がもて、他人から高く評価される可能性があるのだ。そのため、人々は長時間働くことを好む場合がある。

労働時間の長さは、労働市場の環境にも左右される。中程度の雇用の空洞化（第3章参照）がもたらす影響の一つは、いわば労働市場の勝者総取り化が進むなかで高スキル層がますます強い不安を感じるようになることだ。企業のリーダーも、長時間労働への要求を強めるかもしれない。世界の市場を制するための競争戦略として長時間労働が不可欠だと、経営者は考えるからだ。1日24時間、週7日の対応が要求されるビジネス環境では、労働時間が不足すれば、単にいくつかのビジネスを失うだけでなく、膨大な量のビジネスを失うリスクがある。

おそらく、それ以上に興味深いのは、長時間労働を求められる高賃金の仕事がときに楽しいということだ。そのような職にストレスと重圧がついて回ることは否定できない。しかし、さまざまな研究によれば、高賃金の職に就いている人ほど、仕事に満足していることがわかっている。(5) 高い給料が満足感を高めるのかもしれないし、主に頭を使う非定型的な仕事が満足感の源になっているのかもしれない。いずれにせよ、ほかの条件が同じなら、仕事への満足度が高い人ほど、長時間働いてもいいと感じるようだ。

余暇時間と空き時間

しかし、人々が時間貧乏だと感じる理由はほかにもある。労働時間が減っても、余暇時間が増えるとは限らない。仕事も勉強もしていない時間がすべて余暇時間というわけではないからだ。たとえば、1日の労働時間は8時間だとしても、それ以外に通勤に2時間かけているかもしれない。その時間は、勤務時間ではなくても「仕事時間」に含めて考えるべきだろう。余暇とは苦役から解放された状態だと、古代ギリシャの哲学者アリストテレスは定義づけた。そうした「苦役」の時間に該当するのは、職場で過ごす時間だけに限られるものではない。

仕事をしていなくても、家事や雑用をしたり、宿題をしたりする時間は、余暇の時間と考えるべきではない。余暇とはなにかを定義するときはつねに、時間を自由に使えるという点が重んじられる。しかし、自由に使える時間を余暇時間と定義するのは正確さを欠く。たとえば、6時間寝る代わりに8時間寝ることを自由に選ぶことはできるが、2時間増えた睡眠時間を余暇時間と呼べるだろうか?

余暇と時間配分を論じるときは、その時間におこなう活動をどの程度楽しく感じるかを考えてもいいだろう。アメリカのある調査結果によれば、人々がとくに楽しいと感じる活動の上位を占めるのは、セックス、スポーツ、釣り、アートと音楽、バーやラウンジでの社交、子どもとの遊び、子どもとの会話と読み聞かせ、睡眠、教会通い、映画鑑賞などだ。一方、下位には、仕事、赤ちゃんの世話、宿題、副業、料理と家事、子どもの世話、通勤、雑用、家の修繕、洗濯、子どもの病気への対応などが並ぶ。(6) 仕事の時間は減ったかもしれないが、最も喜びを感じられるような活動に費やす時間は、果たして増えているのか?

いま、人々はどれくらい余暇時間をもっているのか? ある研究によると、1900年には1週間当たりの余暇時間は推計で約30時間だった。それが1950年代には40時間になり、80年代には45時間まで増えた。そしてその後、余暇時間は減少に転じ、2000年には40時間に逆戻りしたという。しかし、ほかのさまざまな研究によれば、余暇時間はもっと大幅に延びている。1965年から2003年にかけて、男性の余暇時間は1週間に5~8時間、女性は1週間に4~8時間増加したという研究もある。[7]

要するに、ケインズの予言は正しかった。予測には遠く及ばないにせよ、多くの人の余暇時間は増えている。20世紀には、週末と休日などの余暇時間が増えた結果、レジャー産業が目覚ましく成長した。増えた余暇時間から利益を得ようとして、スポーツ、旅行、映画、テレビなどの産業が台頭したのだ。

余暇時間の長さをめぐる議論の核心にあるのは、こうしたレジャー活動の増加だ。いま、ほとんどの人は20世紀はじめに比べて自由に使える時間を多くもっている。それでも、多くの人が時間貧乏だと感じているのは、自由に使える時間が足りないからではなく、「空き時間」が足りないからだ。人々はさまざまな選択を重ねてスケジュールを立て、自由に使える時間を埋めていく結果、空き時間がほとんど残されていないのかもしれない。

経済学者のゲーリー・ベッカーとスタファン・リンダーが示したように、消費をするには時間がかかる。[8] そのため、人々が豊かになって消費を増やすと、余暇時間がますます慌ただしくなる。余暇時間の増加ペースが消費の増加ペースに追いついておらず、ますます短い時間にますます多くの余暇活動が詰め込まれているように感じられている。お芝居を見に行ったり、フェイスブックをチェックしたり、パーティーに参加したり、釣り旅行に出かけたり、ネットフリックスで公開されたばかりの新作ドラマを楽しんだり……盛りだくさんのスケジュールをどのようにすべてこなせばいいのか？

100年ライフの時間配分

労働時間を減らし、休暇を増やす

長寿化により勤労人生が長くなる未来について考えるとき、多くの人は、1日8時間働いて週2日休む日々をイメージしているかもしれない。しかし、そうした時間配分を見直すべき時期に来ていると、著者たちは考えている。所得効果に関するケインズの考え方が引き続き当てはまるとすれば、今後は余暇時間がさらに増え、労働時間はさらに減る可能性が高い。

多くの先進国では、産業革命を境に労働時間が大幅に増えた。1200〜1600年の400年間、イギリス人の年間労働時間は1500〜2000時間程度だったが、産業革命最盛期の1840年には3500時間前後まで跳ね上がった。イギリスとアメリカでは、年52週間にわたり毎週70時間働くのが当たり前だった。当然、こうした工業国では、19世紀を通して労働時間の短縮が労働運動の目標であり続けた。

労働者の抵抗により、まず土曜日が半休になったが、1週間の労働時間はまだ40時間を大きく上回っていた。週休2日と1日8時間労働が標準になったのは、20世紀前半になってからだった。アメリカでは１９１４年に自動車王ヘンリー・フォードが工場で週40時間労働を導入したが、労働時間の制限が法制化されたのは１９３８年のことだ。それに対し、ヨーロッパではもっと早く労働時間の短縮が進んだ。20世紀に入る頃にドイツが労働時間の制限を決定し、そのあと１９１７年にロシア、１９１９年にポルトガル、１９３６年にフランスが続いた。２０１５年、ドイツの週平均労働時間は35時間、フランス、イタリア、イギリスは37時間となっている。

労働運動は有給休暇の拡大も要求し、それを実現してきた。もっとも、企業が従業員に何日の有給休暇を認める必要があるかは、国によって大きな違いがある。欧州連合（ＥＵ）では、フルタイムで働く人の有給休暇を最低でも年間20日としているが、もっと日数が多い国が少ない。フランスとイギリスは25日、スウェーデンは33日だ。ヨーロッパ以外の国はもっと日数が少ない。アメリカは12日、日本は20日となっている。

週休２日制の導入と有給休暇の拡大がいかに大きな変化だったかを考えてみてほしい。週という概念は自然界の現象に基づくものではないが、太古の昔から1週間は7日間で構成するものとされてきた。一方、月や年という単位は、古代バビロニアに由来する。これらの時間の単位はきわめて長い歴史をもち、フランス革命期の合理化の動き（1週間を10日、1月を3週間に変更しようとした）も生き延びた。週1日の休息の日（安息日）の歴史はこれより浅いが、それでも何世紀も前までさかのぼる（ただし、それが何曜日かは国によって違うし、どの程度厳格に休息が実践されるかは時代によって違った)。要するに、1週間を7日で構成し、そこに1日の休息の日を含めるという慣習は、非常に古くから存在したのだ。それに対し、「週末」はずっと新しい発明だ。オックスフォード英語辞典によれば、週2日の仕事をしない日という意味での「ウィークエンド」という言葉が広く用いられるようになったのは、1878年以降だという。つまり、週休2日は歴史上比較的新しい概念であり、私たちの心理に深く根を張ったものではないのだ。

このように、1週間をどのように構成するかは時代とともに変わってきた。今後、労働時間が減り続ければ、1週間の仕事時間の構成の仕方も変わる可能性が高い。労働時間を減らす場合、現状で1日の労働時間が7時間だとして、その時間をもっと短くするのは好ましくないかもしれない。仕事をするには、言ってみれば時間の「固定費」がかかる。1日何時間働こうと、通勤時間、朝の支度の時間、帰宅後に仕事モードから家庭モードに切り替えるための時間は同じだけかかるのだ。この点を考えると、1日の労働時間を減らすより、休日を増やし、勤務日の労働時間を長くするほうが賢明なのかもしれない。本書のテーマとの関係で重要なのは、100年ライフに合わせて時間の構成を変えることは可能なのかという点だ。それが可能だと主張する論者もいる。たとえば、メキシコの実業家で大富豪のカルロス・スリムは、週休3日、1日11時間労働への移行を提唱している。(9) そして、余暇時間の多くを引退後に取っておくのではなく、人生全体に分散させ、代わりに75歳まで働くようにすべきだと主張する。

時間の再構成を突き動かす要因となるジレンマは、ジェーンの人生のシナリオにはっきり見て取れる。ジェーンの世代には、3・0シナリオも3・5シナリオもそのままでは機能しない。これまでの標準的な働き方どおりに、ジェーンが年2~5週間程度の休暇を挟みつつ、朝9時から夕方5時まで週5日働いて、80歳まで仕事を続けるとすれば、生産性資産と活力資産を維持することは不可能だろう。これでは、スキルを習得し直し、活力を取り戻すために使える自由な時間が足りない。そこで、本書では、4・0シナリオと5・0シナリオを示し、エクスプローラーのステージとインディペンデント・プロデューサーのステージを導入した。

個人と企業の衝突

しかし、もしジェーンが勤労人生の多くを会社員として生きたいと考える場合は、どうなるのか? 3・0シナリオと3・5シナリオを機能させるためには、1週間に働く日数を5日より少なくし、キャリアに長い中断期間を挟まなくてはならない。スキルを習得し直し、活力を取り戻す時間が必要だからだ。余暇時間の増加という歴史的潮流が続き、1週間の時間の構成が大きく変われば、ジェーンが選べる人生のシナリオは増える。3ステージ型のキャリアを実践しつつ、1週間の労働時間を減らし、休暇を増やすことも可能になる。

つまり、本書で描いたジェーンの人生のシナリオはすべて、仕事と時間に関して、現在ほとんどの企業で実践されているよりも柔軟な考え方を土台にしてはじめて成り立つものなのだ。

したがって、スキルを新しく習得し、活力を取り戻すための時間を勤労人生に取り入れる動きが活発化するにともない、社会で多くの実験がおこなわれることになる。その過程で、企業の時間に対する姿勢への逆風が強まっていく。

経済学者のクローディア・ゴールディンが指摘しているように、キャリアを中断する人（多くの場合は、幼い子どもがいる母親）は、そうでない人より生涯所得が大幅に少ない。[10]ほかの研究によれば、時間をコントロールするために自宅で仕事をしたり、柔軟なスケジュールで働いたりする人も、昇進の確率が低いという。[11]現状では、高出世・高所得のキャリアを目指す人にとって、仕事をしない期間を設けたり、柔軟な働き方をしたりすることは得策でない。別の章でも紹介したが、ウィリアム・フォークナーの小説にあるように、「一斉行進から脱落すれば、踏み殺されかねない」のである。[12]

しかし、柔軟な働き方を求める個人のニーズが高まれば、全員を同じスケジュールで長時間働かせたい企業のニーズとの間で激しい衝突が起きるだろう。明らかに、企業の発想と手法は大きな変化を迫られることになる。その変化がどのようなもので、どの程度の速さで進むかを正確に予測することは不可能だ。それでも、既存の働き方への圧力が強まる結果、時間の構成に関する多様性が増すこと、高スキルの職に就く人たちに特有の時間の構成の仕方が生まれること、そして、余暇時間がレクリエーション（娯楽）から自己のリ・クリエーション（再創造）の時間へ変わっていくことは間違いない。

時間の構成に関する多様性が増す

3ステージの人生に代わり、マルチステージの人生が標準になれば、人生で経験するステージの多様性が増すことは間違いない。それにともない、時間の配分方法に関するニーズも多様化する。金銭的資産の蓄積に重きを置くステージには、人々はおそらく今後も長時間働くだろう。その一方で、家庭の事情やみずからの教育のために、労働時間を減らし、余暇時間を増やす時期も出てくる。最初のうちは、柔軟な働き方とオーダーメイドのスケジュールを求める個人の欲求と、標準化と予測可能性を望む企業の欲求が激しくぶつかり合う。それでも、最終的には折り合いがつくだろう。企業が一人ひとりの働き手に、異なるスケジュールと職務内容を認めるようになる可能性が高い。

1週間の構成の仕方には、いろいろなパターンがありうる。1日の労働時間を短くしたり、夜の時間を長く取ったり、産業革命前の「聖月曜日」――職人が好きなときに月曜日を休みにできる――の伝統を復活させて、週休3日制を導入したりしてもいい。しかし、週休3日にするためには労働時間を大幅に減らさなくてはならないので、すぐには実現しないだろう。まず、産業革命の時代に土曜が半休になったように、金曜が半休になるのか？　あるいは、金曜が全休になり、ほかの勤務日の労働時間が増やされるのか？　すでに一部の企業は、1週間の構成の柔軟性と多様性を拡大するべく実験を始めている。さまざまな新しい提案もなされている。

もっとも、実験に乗り出している企業ばかりではない。柔軟性と多様性の拡大に抵抗する企業も多いはずだ。そこで、自由に使える時間を柔軟に確保するために、組織に雇われずに働いたり、柔軟性が認められやすい小規模な会社で働いたりする人も出てくる。同じ理由で、インディペンデント・プロデューサーという選択肢に魅力を感じる時期もあるだろう。

高スキルの職には5・0シナリオが理にかなう

時間の構成と順序に柔軟性があれば、3ステージの人生が機能しやすくなる。柔軟性は、新しく出現しつつある人生のステージのいくつかを後押しする要素にもなる。しかし、マルチステージの人生で金銭面の成功を手にするために、仕事に集中的に打ち込む時期を生きている人たちの場合はどうか？　ジェーンの5・0シナリオにも、企業に勤務して集中的に働く期間が二つある。イートウェル社時代とタレントファインド社時代だ。また、高スキルの職に就いたり、リーダーを務めたりすることを通じて、有形の資産を本格的に築きたい人たちの場合はどうか？　このタイプの人たちにとっても、3・0シナリオの人生を生きながら、週末を長くしたり、休日の日数を増やしたりすることが有効なのか？

おそらく、それは機能しないだろう。理由は二つある。まず、高スキルの職や高位のリーダー職は、つねに長時間の過酷な労働が要求される。それは今後も変わらないだろう。そして、そのような過酷な働き方を長く続ければ、程度の差こそあれ、燃え尽きてしまう。60年以上続く長い第二ステージは生き抜けない。このタイプの人たちには、3ステージの生き方は通用しないのだ。健康な100年ライフを生きられるように家族や活力に投資するためには、週末を長くする程度ではなく、自由に使える時間をもっとまとまって確保する必要がある。それに、高スキルの職に就き続けたければ、スキルとテクノロジーへの投資を継続しなくてはならない。多くの職種が急速に時代遅れになる時代に対処するためだ。細切れの時間に知識を補充するだけでは十分でない。スキルの再習得に取り組めるように、本格的な移行期間を設ける必要がある。新しい知識に投資するためには、週に1日ではなく、もっと集中的に取り組む期間が不可欠なのだ。

つまり、ある種の職種の人は、週末を長くしたり、休日の日数を増やしたりするだけでも効果があるかもしれないが、高スキルの職に就く人は5・0シナリオを実践するほうが理にかなっている。ジェーンの5・0シナリオでは、企業で過酷な仕事に従事する二つの期間の前後に移行期間が設けられている。この時期に、無形の資産を築くことに専念するのだ。

教育・所得レベルの高い人たちは、労働市場での立場が強く、多くの選択肢をもっている。しかし、誰もがそのように恵まれているわけではないし、そうした人たちが長寿化の恩恵に最大限浴することに苦労しないわけでもない。高度なスキルをもたず、選択肢が少ない人の場合は、労働時間を大幅に減らした3・0シナリオが基本形になる可能性もある。あるいは、政府がいわば移行手当制度を設けて移行期間を支援し、スキルの乏しい人が無形の資産に投資しやすくしてもいいだろう。これまで、政府の政策を通じて有給休暇や育児休暇の日数が増えてきた（近年は母親だけでなく、父親も育児休暇を取得するようになっている）。同じように、政府の移行手当制度により、裕福な人以外もキャリアの途中で変身を遂げ、100年ライフに対応できるようになるかもしれない。

新しい余暇の過ごし方

レクリエーションとリ・クリエーション

時間の構成だけでなく、時間の使い方、とくに余暇時間の使い方も変わる。100年ライフでは、家族と友人、スキルと知識、健康と活力などの無形の資産を充実させることの重要性が高まり、そのための投資が必要になる。家族や友人と過ごす時間、教育とスキルの再習得にかける時間、エクササイズをする時間に投資しなくてはならない。長い人生を生きる人には、これらの資産への投資、とりわけ教育への投資が不可欠だ。

週休3日制が導入されれば、無形の資産に投資する時間とゆとりは増える。しかし、それだけで足りるのか？　100年ライフに必要とされるだけの投資ができるのか？　長寿化の時代には、余暇時間に対する考え方が根本から変わることになると、著者たちは予測している。

余暇時間の位置づけと使い方も含めて、時間に関する今日の考え方の多くは、産業革命期に形成されたものだ。農業労働――突発的な出来事が多く、ペースがゆっくりしているのが特徴だ――における時間の概念のままでは、工場労働に対応できなかった。それに加えて、機械時計の精度が向上し、価格が下がったことにも後押しされて、この時期に勤務時間の時間割が明確に定められるようになった。[13] 工場労働が労働時間の画一化を生み、仕事と家庭の分離をもたらしたのだ。余暇時間もはっきり決められた。それまでは農閑期が余暇の期間だったが、産業革命以降は、余暇時間の塊がいくつか生まれた。子ども時代と引退期間、夜と週末、クリスマス休暇と夏休みである。

まとまった余暇時間を獲得した人々は、それをどのように使ったのか？　1週間当たりの労働時間の削減と週休2日制の導入を求めた労働運動は、長く過酷な仕事のあとで心身をリフレッシュするためにそうした時間が必要だと主張していた。仕事と家庭が分離され、工場での児童労働も禁止されたため、家族が一緒に過ごす時間を確保したいという欲求もあった。

余暇時間が増えるにつれて、レジャー産業が成長した。都市化の進行と余暇時間の標準化を追い風に、新しい形態の娯楽ビジネスが生まれたのだ。コンサートホールや映画館、プロサッカーは、そのわかりやすい例だ。産業革命以前の余暇活動は公共空間で野放図に実践されていたが、産業革命が進むにつれて、それが商業化され、規格化されていった。[14]

この100年間も、レジャー産業は目に見えて成長し続けてきた。余暇時間が増えて、レジャー産業の規模が大きくなると、人々が自由に使える時間は余暇活動に費やされることが多くなった。テレビを見たり、スポーツを観戦に行ったり、買い物をしたり、レストランで食事をしたり、豪華旅行をしたりといった活動である。これらはことごとく、時間を使うというより、時間を消費する活動だ。

しかし、平均寿命が延び、無形の資産への投資が多く求められるようになれば、余暇時間の使い方も変わる。時間を消費するのではなく、無形の資産に時間を投資するケースが増えるだろう。レクリエーション（娯楽）ではなく、自己のリ・クリエーション（再創造）に時間を使うようになるのだ。「労働時間の節約は自由時間を増やす。つまり、個人の発達を完成させるための時間をもたらすのである」と、カール・マルクスも述べていた[15]。リ・クリエーションは個人単位で実践されることが多く、一人ひとりが自分なりにリ・クリエーションとレクリエーションを組み合わせて余暇時間を形づくるようになるだろう。過去１００年間は、商業化された娯楽の消費活動を中心とするレジャー産業が台頭したが、今後は、個人レベルでの自己改善への投資活動に力を入れるレジャー産業が発展するかもしれない。

ポスト工業化時代の「時間」

長寿化が進めば、それに合わせて時間の再構成が始まる。人生の新しいステージが出現するだけでなく、本章で論じたように、1日や1週間の構成も変わる。劇的な変化に思えるかもしれないが、人類の歴史では、過去にも時間の構成が大きく変わったことがあった。産業革命期にも、私たちは大きな変化を経験した。実際、前述したように、時間に関する今日の社会慣習の多くはその時期に形づくられたものである。

誰もが同じスケジュールで長時間働くというのも、産業革命の産物だ。産業革命は、仕事と余暇、職場と家庭の間に明確に線を引いた。男女の役割が大きく変わり、子育てに関して教育機関が果たす役割も拡大した。そして、子どもが仕事の世界から排除され、企業が高齢者に引退を促すようになって、3ステージの人生が定着した。

この20年ほど、これらの慣習や制度の多くに異が唱えられ、その影響力が弱まり、人々の支持も縮小しはじめている。昔ながらの男女の役割、仕事と余暇の分離、画一的な労働時間は、ことごとく変革の圧力にさらされ、大きく変化してきた。こうした社会の潮流は、100年ライフの到来と、いま多くの人が直面しているテクノロジーの激変に対応するために、いっそう強まると思われる。産業革命は、時間の構成を劇的に変えた。これから訪れる新しい時代は、それに輪をかけて大きな変化をもたらすだろう。

第9章

未来の人間関係

私生活はこう変わる

寿命が長くなれば、人生のあらゆる側面が変わる。夫婦やパートナー同士の関係はより長期のものになり、その間により多くの変化を経験するようになる。破局を避けるために、これまで以上の柔軟性が必要になるだろう。一方、家族の子どもの数は減るが、祖父母や曾祖父母の数は増える。そうした四世代家族は、高齢者が若者の思考を刺激し、メンター役を務め、若者が高齢者を支える機会をつくり出す。親が子どもを育て上げたあと、友だちづきあいを中心に据えた人生を送ることも可能になる。さまざまな世代の人と知り合い、アイデアと情熱を共有するようになり、交友関係の幅も広がるかもしれない。

家庭生活の変容を土台に、仕事の世界も変わっていく。家族の多くのメンバーが職をもち、70代や80代で働き続ける人も増える。職に就く女性が増えれば、伝統的な家族のあり方がさらに崩れ、家族のメンバーが担う役割も大きく様変わりするだろう。とくに、育児の責任をもっと果たそうとする父親が多くなる。マルチステージの人生を生きるために男性たちがより柔軟な働き方を求めるようになれば、変化にいっそう拍車がかかる。

本章では、長寿化が私たちの私生活に及ぼす影響を検討し、以上のような問題を論じたい。家庭の中でどのような変化が起き、仕事と家庭の境界でなにが起き、多世代同居がどのように実践されるかに、とくに光を当てる。

家庭

経済学者のゲーリー・ベッカーは1981年、著書『家族論』を発表し、「生産の補完性」という考え方を土台にした家族の経済理論を提唱した。夫と妻がそれぞれ市場と家庭での活動に特化することにより、別々に生活するよりも生産性を高めているという考え方だ。(1)

結婚

ジャックと妻のジルは結婚したとき、それまでの世代と同様、ベッカーが指摘したような古典的な役割分担のモデルに当然のごとく従った。ペンシルベニア大学ウォートン・ビジネススクールの心理学者スチュワート・フリードマンはこう指摘している。「以前の世代の男性たちは、自分を一家の主たる稼ぎ手と位置づけ、家族の生計を立てることを目指してキャリアを追求していた。この思考様式はそれで完結していて、それにいっさい疑念はもたれなかった」(2)。ジャックは、家族の生活を支えるために仕事でお金を稼ぐ役割に特化し、ジルは、子どもを育て、温かい家庭を築く役割に特化していた。単純化して言えば、ジャックの仕事は有形の資産（お金やマイホーム）を築くこと、ジルの仕事は無形の資産（情緒的支援や広範な友人関係）を築くことだった。

1945年生まれのジャックは、昔ながらの夫婦の役割分担モデルに従って結婚生活を始めたが、その生涯の間に既存の常識の多くが変わっていった(3)。ジャックが大人になって以降、結婚率が下がり、事実婚の割合が上がり、結婚と子づくりの年齢が高くなった。離婚率は上昇したのちに、再び下落し、再婚する人の割合は上昇した。これらの変化をもたらした要因はいろいろある。避妊法の進歩、法律の変更、ジェンダーの不平等に対する社会と経済の姿勢の変化、そしてもちろん長寿化の進行などである。

ジミーの生涯の間に、変化はいっそう力強く加速した。それが恋人との関係に大きな影響を及ぼし、パートナーとどのような関係を望むかにも色濃く反映された。1971年生まれのジミーが生きる社会では、社会学者のアンソニー・ギデンズが指摘するように、結婚などの現代的制度が強力なダイナミズム（つまり既存の慣習を突き崩す力）とグローバルな影響力をもちはじめる。そのダイナミズムと影響力は、それ以前のどの社会秩序をも凌駕する。(4)

そうしたダイナミズムは、ジミーの人生のシナリオにはっきり見て取れる。それまでの時代に比べて、家族と夫婦に関する社会規範が変わり、日々の私生活と社交関係のあり方も根本から変わった。ジミーが欧米に生きていれば、若者時代に性革命の洗礼を受けたはずだ。女性の性的自立と同性愛の法的承認が進んだのである。家族観と夫婦観が変容するのと時を同じくして、地理的な移動手段とマスメディアが発達したことにより、伝統的な社会生活を構成する多くの要素が弱体化していった。シェア・ハイトの著書『女性と愛』が出版されたのは、15歳のとき。この調査報告書をきっかけに女性の役割をめぐる大論争が持ち上がり、その後、再調査がおこなわれ、さらなる議論に発展した。そうした議論を通じて、セクシュアリティ、男女の役割、家族の定義に関する考え方も変わりはじめた。(5)

ジェーンが生まれたのは1998年。母親は仕事をもっており、両親は彼女がティーンエージャーのときに離婚した。そんなジェーンは、どのような私生活を送るのか？　第5章で示した5・0シナリオでは、やや伝統的な生き方を想定した。世界中の多くの女性たちと同じように人生のほとんどの時期に仕事をもち、パートナーのジョルジェとの間に2人の子どもをつくる。夫婦の両方が長期にわたりキャリアを追求することは、女性たちとそのパートナー、さらには雇用主である企業にも大きな影響を及ぼす。

ジェーンの世代は、以上のような社会的・経済的潮流に加えて、長寿化の進行とマルチステージの生き方の一般化がもたらす影響にも適応していく。さまざまな選択肢に対する考え方もその影響を受ける。前述のように、長い人生を生きるようになれば、選択肢を残しておくことの重要性が大きくなるので、とくに女性が結婚の時期を遅らせはじめていることは意外でない。しかし、長寿化が個人の私生活と家庭生活に及ぼす最も大きな影響は、おそらく人生における子育て期間の割合が縮小することだろう。子育ての責任を負わない期間が長くなるのだ。これは、すでに現実になっている。1880年には全世帯の75%に子どもがいたが、2005年の時点でその割合は41%まで下がっている。子育てをせずに人生のかなりの期間を生きることは、昔に比べてはるかに当たり前になっている。(6) その結果、前述の生産の補完性と男女の性別役割分担の重要性と説得力がゆっくりと、しかし大幅に低下してきた。

性別役割分担の弱体化を突き動かしてきた要因は、ほかにもある。掃除機、冷蔵庫、洗濯機、食器洗い機、調理済み食品の普及により、女性たちはかならずしも家事に専念しなくても済むようになった。男女の賃金格差が次第に縮小していることも、性別役割分担を揺るがせている一因だ。夫婦の二人が同程度の所得を得られると期待できれば、片方がもっぱら家庭内の活動に専念することの機会費用は大幅に高まる。

家庭のパートナー同士の関係で生産の補完性が以前ほど重要でなくなっているとすれば、それに代わって重要性が増しているのはなにか？ ギデンズの言葉を借りれば、いま起きているのは「親密さの変容」だ。パートナー同士の間に、言うなれば純粋な関係が生まれつつある。それは、取引的性格をもつ旧来の夫婦関係とは異なり、その関係自体が双方に恩恵をもたらすからこそ維持される夫婦関係のことである。そのような関係は、内省を土台とし、つねに再検討と再構築を受け入れる。それは、不変の関係でもなければ、惰性で継続されるような関係でもなく、二人の間で調整を重ねていく関係だ。

この種の関係では、相手と深く関わろうという意思が重要になる。「なにかに対して深く関わろうという意思をいだいている人は、それ以外の選択肢を放棄することにともなうリスクを受け入れられる」からだ。[7] 基盤を成すのは、相互の信頼だ。双方が互いの信頼に足る振る舞いをし、将来降りかかるダメージを乗り越えられるだけの絆をもっていなくてはならない。おそらく最も重要なのは、それぞれが自己探求を通じてみずからのアイデンティティを形づくる一方で、共通の経験を積み重ねることにより相手との親密な関係を発展させることだろう。ただし、純粋な関係には大きなジレンマがある。相手と深く関わろうという強い意思をもつためには、その関係が永遠に続くことをある程度信じられる必要がある。しかし、純粋な関係は、いつでも、そしてどちらからでもほぼ自由に関係を終了させられるものでなくてはならない。こうした矛盾をはらんでいるため、二人の間に緊張と不和が生じる余地が大きい。そこで、関係を長続きさせるためには、それを乗り切る能力が重要になる。

一方、経済的な面では、生産の補完性に代わり、いわば「消費の補完性」の重要性が高まっている。新しいパートナー関係がうまく機能するのは、内省をしやすい環境をつくり出し、二人の共通の経験を築けるからでもあるが、経済的な面でそのほうが割安だからでもある。二人の人間が別々に大きな家を買ったり、休暇を楽しんだり、生活に必要なものを調達したりするより、二人で一緒のほうが安く済む。

それに、リスク分散の効果も見過ごせない。なんらかの理由で所得が途絶えたとき、経済的に互いを支えることができるのだ。ジェーンとジョルジェの人生でも、それが大きな意味をもっていた。このように、パートナー関係を通じてリスク分散をおこなう夫婦が増えるだろう。この点は、第3章で触れた「同類婚」[8]（自分と教育・所得レベルが近い人を結婚相手に選ぶこと）が増えている一因でもあるのかもしれない。ベッカーが論じた生産の補完性は、二人の稼ぐ力に大きな差があるときほど大きな効果を発揮する。経済学で言う比較優位がものを言うからだ。それに対し、稼ぐ力にあまり差がない場合は、リスク分散を考えたほうが理にかなっている。結婚によるリスク分散は、二人の稼ぐ力が近いほうがうまくいく。

ジミーの生涯の間に夫婦関係のあり方は大きく様変わりしたが、ジェーンの長い生涯の間には、それに輪をかけて大きな変化が待っているに違いない。ジェーンのマルチステージの人生では、活力資産だけでなく、生産性資産も築かなくてはならない。その結果、ある意味で生産の補完性が再び大きな意味をもち、パートナーが役割分担をするようになるだろう。ただし、ベッカーのモデルのように、家庭生活に専念する妻がもっぱら無形の資産の構築を担うわけではない。そうした固定的な役割分担ではなく、二人が主な稼ぎ手の役割を交互に担い、相手がキャリアの途中で仕事を中断して生産性資産を築くのを助けるのだ。

長い人生の間でこうした役割交替を成功させるためには、二人に高度な相互補完性があり、徹底的にすり合わせをおこなう必要がある。マルチステージの人生を生きる人は多くの移行を経験するが、移行を成功させるのは簡単でなく、サポートが欠かせない。その点、スキルを更新し、新しい試練に挑み、新しい人的ネットワークに投資することは、パートナーとの緊密な協力関係があれば格段に実行しやすくなる。質の高いパートナー関係が重要になるのは、そのためだ。そうしたパートナーがいれば、長い人生を通じて情緒面での支えになり、難しい決断をする際に意見と率直な批判を聞かせてくれる。[9] そして、二人で助け合いながら、本当に大切なことに注意を払い、時間とエネルギーの割り振りを決め、健康な生活を送り、仕事、旅行、家計、地域コミュニティへの関わり方について慎重に選択をおこなえる。ときには、厳しい選択もする。このような関係を機能させるためには、長期にわたって相手と深く関わろうとする意思と、資源の分配の仕方を交渉して決めるためのスキルと能力がひときわ必要になる。

こうした長期のパートナー関係が機能すれば、二人の間で徹底した調整をおこなうことによって、世帯の所得を絶やさずに、無形の資産を再創造・再生できる。3ステージの人生でパートナーの両方が所得を得る場合は、一方が主な稼ぎ手になるケースと、両方がキャリアを追求して同等の所得を得るケースがある。マルチステージの人生では、パートナーの両方が所得を得るケースが増えるだろうが、二人の間の調整のあり方も大きく変わる。人生のステージごとに、主な稼ぎ手の役割を交替しやすくなるのだ。不慮の出来事に対応するために役割交替がおこなわれる場合もあるが、主体的に計画を立てて二人で話し合いを続け、相手と深く関わろうとする意思をはぐくむ結果として、それが実現する場合のほうが多いだろう。3ステージの人生でパートナーの両方がキャリアを追求する場合は、毎週の家事負担に関して互いの役割を調整する必要があった。それに対し、マルチステージの人生の場合は、週単位ではなく、数十年単位で役割の調整をしなくてはならない。そのためには、高度な信頼関係と徹底した計画が必要とされる。

この点は、ジェーンの5・0シナリオに明確に表れている。ジェーンはパートナーやその他の家族を大切にし、家族と一緒に多くの移行を経験していく。生き方に関する常識や固定観念が急速に変わる時代に対応し、新しい生き方や働き方を実験し、その後の長い人生に影響を及ぼす決断をくださなくてはならない。このように多くの移行を経験する時代にパートナー関係を機能させるためには、なにが必要なのか?

100年ライフの多くのものごとと同様、重要なのは主体的に選択することだ。そして、どのような選択がどのような結果をもたらすかを理解する必要がある。パートナーと長期にわたって深く関わり続けることを決断し、その決断を貫くことも不可欠だ。そこで、交渉することが重要になる。

フェイスブックのCOOを務めるシェリル・サンドバーグは大学を卒業する女性たちに対して、「キャリアに関する最も大きな決断は、パートナーをもつかどうか、パートナーをもつとしてどういう人物を選ぶかという決断である」という言葉を送っている。(10) この考え方に誰もが全面的に同意するわけではないだろうが、パートナー選びが非常に大きな決断であること自体は間違いない。サンドバーグに言わせれば、良質なパートナー関係とは、長い目で見た公平を実現し、家族の一人だけでなく、家族全員が成功を手にするための方針を共有する関係だ。(11) 長く生産活動に携わる時代には、男女ともに互いに対する見方と態度を変えることが避けて通れない。そのためには、多くの調整が必要になる。

本章の議論では、今後も多くの人が結婚を選択することを前提に話を進めてきた。さまざまな結婚のあり方が出現する可能性や、事実婚やシングルファザー、シングルマザーなど、結婚に代わる選択肢を選ぶ人が増える可能性を否定するつもりはない。しかし、法律上の婚姻関係がもつ長期的な性格、権利の法的保護の強さ、そして離婚時の財産分与の仕組みが確立されていることの利点は、多くの調整が必要とされるマルチステージの人生ではむしろ大きくなると、著者たちは考えている。

子ども

ジャック、ジミー、ジェーンの人生のシナリオでは、子どもをもつことについて突っ込んで論じてこなかった。言ってみれば、勝手に子どもが生まれてくるかのように描いていた。寿命が長くなれば、人生全体に占める子育て期間の割合が小さくなるとはいうものの、これはおざなりな議論で済ませられるテーマではない。そこで、ここで子育てについて考えたい。

本書では、長寿化時代に人生の選択肢が広がる側面に光を当ててきた。しかし、相変わらず融通が利かない要素が一つある。それは、女性の妊娠可能年齢だ。卵子凍結など生殖医療の急速な進歩により、妊娠できる年齢が延びることは間違いないが、何歳でも妊娠できるようにはおそらくならない。少なくとも当分の間、子どもをつくれる期間は年齢の制約を受け続ける。この点がもつ意味は大きい。女性たちは比較的短い期間内に、子どもを産むか、いつ産むか、誰と子どもをつくるかを決めなくてはならないのである。しかも、人生が長くなれば、こうした選択が人生に及ぼす影響はいっそう大きくなる。

子づくりに関する選択が人生にどのような影響を及ぼすかを考えるために、ジェーンとジョルジェが子どもをつくる時期を変更して検討してみよう。第5章のシナリオでは、30代後半で子どもをつくるものとしていた。この時期を20代に早めると、どうなるだろう? その場合は、30代でキャリアを築くチャンスが広がる。しかし、二人が20代で出会えた可能性は、どれくらいあるだろう？　それに、20代で子どもをつくった場合、エクスプローラーのステージを生きるチャンスを失わないか？　このステージは、二人が人生の選択肢を見いだすための重要な日々になりうる時期だ。また、人生のそんなに早い段階で生涯のパートナーを選ぶことなどできるのか？

第5章のシナリオでは、こうした点を考慮して、二人が30代後半に最初の子どもをつくるものとした。この選択の利点は、じっくり時間をかけて相性のいい仕事や人物を探せることだ。そして20代と30代の時期に、キャリアの確立に着手できる。一方、弊害は、30代後半になると、もっと若いときに比べて妊娠しにくい場合があること、そして子どもが生まれれば、比較的高齢で子育てをしなくてはならないことだ。

パートナーとの関係と子づくりには、これ以外にも多くのシナリオがありうる。どのようなシナリオが選ばれるかは、どのようなパートナーを求めるかによって決まる面もある。ジェーンは、伝統的な性別役割分担どおりに主な稼ぎ手の役割を果たせる男性を見つけて、自分は子育てに時間を割いてもいい。夫婦の両方がキャリアを追求することを望む男性を探してもいい。パートナーをもたずに、両親や祖父母、ことによると曾祖父母の助けを借りて子どもを育てる道も選べる。若い時期に子育てをし、そのあとキャリアを追求し、60代になって結婚してパートナーと暮らすという選択肢も開ける。ジャックと妻のジルはこのような選択をする機会すらなかったが、ジェーンの世代はさまざまな選択肢に注意を払い、それぞれの選択肢がもたらす結果を知ろうとするだろう。

心理学者のスチュワート・フリードマンは何十年にもわたり、教鞭を執るペンシルベニア大学ウォートン・ビジネススクールの学部学生たちを対象に、パートナーに関する願望を調査してきた。言うまでもなく、ここはエリートが集まる教育機関だ。その学生たちの調査結果から世界の若者全般の傾向を導き出すのは無理がある。それでも、1992年卒業生から2012年卒業生までの20年間の変化は特筆すべきだ。

20年前に比べて、いまの若い男女は、子どもをつくりたいと考える人の割合が減っている。長期のパートナー関係や子づくりと同じくらい、活力の維持と友人関係を大切にしたいと答える人も多い。1992年の調査では子どもをつくりたいと答えた人の割合が78%に達していたが、2012年には42%まで下がっている。学生たちが22歳のときに述べたとおりの人生を送るとは限らないが、学生たちの意識が大きく変わったことは興味深い。

もう一つ注目すべきなのは、いまの若者たちが未来のパートナーとどのような関係を望んでいるかという点だ。女子学生の約3分の1は、パートナーをもち、伝統的な性別役割分担どおりに主として育児を担いたい。約3分の1は、パートナーの両方がキャリアを追求すべきだと思っている。そして約3分の1は、パートナーは欲しいが、子どもはつくりたくない。フリードマンによれば、女子学生の多くは、「自分が母親になること、決められた道に疑問をいだかずに進むことを当然とは思わなくなっている。その半面で、バラ色の眼鏡を通して未来を見ることもしていない」[12]。

こうした変化は、男女両方に大きな影響を及ぼす。男女の役割も変わり続けるだろう。フリードマンによれば、男女の役割の変化は、男性によっても推し進められる。教育レベルの高い若い男性の多くは、母親が仕事をもっていて、女性のロールモデルとしてワーキングマザーを身近に見て育ってきた。そして、父親であることを通じて社会に貢献できると思っている。そのため、年長世代に比べると夫婦の両方がキャリアを追求することに前向きで、一家の主な稼ぎ手の役割をひたすら貫くのではなく、子どもと多くの時間を――自分の父親が自分と過ごしてくれたよりも多くの時間を――過ごそうと考える[13]。このような変化はすべて、100年ライフに対応した結婚生活を送るために欠かせないものだ。

女性が何歳でも妊娠できる時代は訪れないだろうが、マルチステージの人生の一般化と社会制度の変化により、子づくりに関する選択肢がいまより広がる可能性が高い。おそらく、これまでより高い年齢で少数の子どもをつくる人が多くなる。経済的要因がそのような選択をさせる面もある。大学の学費ローンの返済に苦しみ、貯蓄を増やす必要性を感じている人は、子どもをつくって経済的負担を増やすことに慎重になるケースも多いだろう。一方、家庭を築くことに専念する前にさまざまな選択肢を探索・発見したいと考えて、子づくりの時期を遅らせる女性もいる。こうした選択は、経済的にも理にかなったものだ。さまざまな研究によれば、出産の時期が遅い女性ほど生涯所得が多いことがわかっている。その恩恵を最も受けているのが大学卒の女性たちである[14]。

ほかにも多くの選択肢が生まれ、生き方の多様性が増すだろう。前述のように、子育てに両親や祖父母の助けを借り、インディペンデント・プロデューサーの道を選ぶことにより、シングルマザーとして生きてもいい。パートナーと協働し、みずからがキャリアを追求する期間はパートナーに子育てを主に担ってもらうこともできる。あるいは、パートナーがキャリアを追求する間は自分が子育てを担い、子どもが独り立ちしたあと、パートナーの経済的支えを得て新しいキャリアのステージに乗り出してもいいだろう。母親たちだけではない。父親たちの選択肢も広がる。伝統的な性別役割分担に従ってフルタイムで働いてもいいし、子育てに専念してもいい。パートナーと交渉し、長い人生の間に何通りもの役割を経験してもいい。

仕事と家庭

家庭生活を左右する重要な要素の一つは、仕事だ。とくに、女性がどの程度働くかが大きな影響を及ぼす。20世紀には、仕事の世界での女性の役割が大きく変化した。その点は、ハーバード大学のクローディア・ゴールディンの著作によくまとめられている[15]。ゴールディンによれば、仕事に就いている人の割合、(職場と自宅で)仕事に費やす時間、業種や職種、賃金の水準の面で、男女の違いは小さくなっているという。

女性と仕事

しかし、男女の違いが縮小したとはいえ、女性を不利な立場に立たせているギャップや壁はまだ多い。そうした違いがあるかぎり、100年ライフにおける男女の選択肢は異なるものになる。思い描ける将来の人生が男女で違えば、性別ごとに異なる人生のシナリオを考えなくてはならない。もちろん、今後男女の違いがさらに小さくなれば、男女のシナリオの違いも小さくなる。これらの点はそれ自体としても重要な問題だが、家庭と夫婦の関係にも影響を及ぼす。仕事の世界で経済的な役割やキャリアの選択が変われば、家庭でのパートナーとの関係も変わってくる。また、夫婦の役割を最初に話し合う時点では、将来の状況がまだすべて見えていない場合が多いことも見落とせない。

この点に関して、世界の現状はどうなっているのか？　経済協力開発機構（OECD）加盟国ではこの数十年間、働く女性が明らかに増えている。1980年、25～54歳の女性で職に就いているか、職を探している人の割合は、OECD諸国の平均で54％だった。この数字は、2010年には71％まで上昇している。とくに目を見張らされるのは、子どもをもっている女性の変化だ。アメリカでは1970年、5歳未満の子どもがいる女性の70％は、金銭的報酬が発生する仕事に就いていなかった。おそらくジャックとジルのように性別役割分担を実践し、家事と育児に専念していたのだろう。2007年には、この割合は36％まで下がっている。[16] そ

図9-1　男女の労働参加率の格差（2014年）

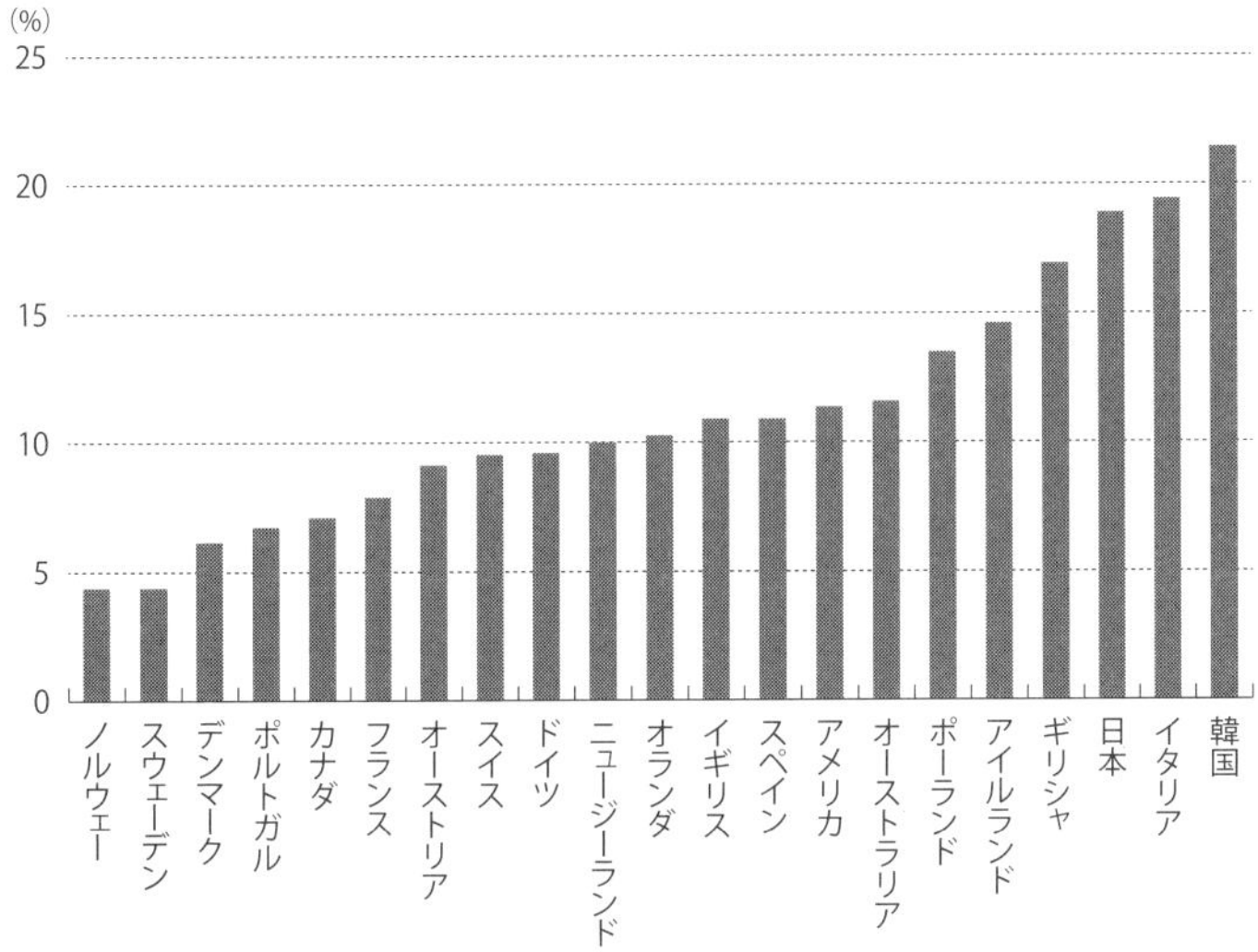

（出典）OECD.

れでも、いまだに、女性はパートタイムで働いている人の割合が不釣り合いに大きい。ＯＥＣＤ諸国の平均では、パートタイム労働者のなんと80％が女性なのである。これは、女性のほうが家事と育児に割く時間が多いためだ。問題は残っているにせよ、女性の働き方の変化は結婚生活と家庭生活を大きく様変わりさせてきた。

働く女性の割合はほとんどの国で増えているが、国による違いは大きい。図9―1を見れば一目瞭然だが、男女の労働参加率の格差が大きいのは、韓国、イタリア、日本、格差が小さいのは、ノルウェーとスウェーデンだ。あなたの国では、この点に関する社会常識がどのくらいの速さで変わりそうか？　たとえば、日本の政府は、職をもつ女性を増やすためにさまざまな施策を打ち出している。そのような取り組みにより、多くの国で男女の労働参加率の格差が狭まっていくだろう。この格差が残っている国では、女性が100年ライフを設計する際の選択肢が乏しいままになる。その結果として、パートナー同士の関係がより伝統的なものになる可能性が高い。

どうして、国による違いがあるのか？　そこには、さまざまな要因が絡み合っている。長い歴史を通じて形成されてきた社会的・文化的要因も作用しているし、政府の政策（家族向けの給付、税制優遇措置、子育て支援策など）の影響も受ける。しかし、もっと直接的な経済的現実の影響を受けている面もある。夫婦が人生設計を立てるとき、柱を成すのは、次の二つの要素だろう。一つは、どちらが家事や育児を主に担うのかという点。もう一つは、どちらのほうが高所得を期待できるのかという点である。難しいのは、将来どのように状況が変わるか不明な段階で、これらの重要な意思決定をしなくてはならないことだ。

最初の点に関しては、現状では家事と育児をほとんど女性が担っている国が多い。2013年のアメリカの調査によれば、夫婦の両方が仕事をもっている家庭でも、家事と育児に割く時間は女性のほうが多いという。[17]アメリカだけでなく、大半の国で同様の傾向が見られる。夫婦の両方がキャリアを追求していても、男性が仕事に多く時間を割き、女性が家庭に多く時間を割く傾向があるのだ。[18]さまざまな研究によれば、男性は女性に比べて、金銭的報酬をともなう仕事に費やす時間が週に11時間、娯楽に費やす時間が週に4・5時間多いことがわかっている。その一方で、家事と育児に割いている時間は女性のほうが多いのだ。

将来、家事と育児を男女がより平等に担うようになれば、男女のキャリアには――とくに夫婦の両方が高スキルの職に就き、過酷な仕事に携わっている場合に――どのような影響が及ぶのか？　男女が家庭に等しく関わるようになれば、伝統的な性別役割分担のあり方が変革を迫られることは確実だ。長い人生の間には、二人の意見がぶつかり合い、互いの役割を再交渉することがおそらく避けられない。ジミーの４・０シナリオでは、夫婦で家庭内の役割を熱心に話し合い、妻のジェニーが新しいスキルを身につけてフルタイムで働けるようにした。５・０シナリオの人生を生きるジェーンの場合は、パートナーとの話し合いがさらに必要とされる。あらゆるステージで平等を実現する必要はないが、キャリア全体では、家事と育児の負担の平等化がいっそう求められる。もちろん、マルチステージの人生では、家事と育児を主に担う役割をステージごとに交替してもいい。

そこで、前述の二つ目の問いが重要になる。伝統的な異性同士のパートナー関係の場合、多くの所得を期待できるのは、男性か、それとも女性か？　この点について、将来どうなるかを予測するのは難しい。ＯＥＣＤ諸国で男女の労働参加率の格差が狭まっていることは前述したとおりだ。一部の国では、格差がほぼなくなりつつある。エンジニア、ＩＴ関連、投資銀行などでは、女性の割合がいまだにかなり少ないが、薬剤師や教師など、新たに職に就く人の50％以上を若い女性が占めている職種も多い。ジェーンの世代の女性は、勤労人生の間に男女の格差がさらに縮小し、男性と同じように一家の稼ぎ手の役割を担うようになるかもしれない。

図9-2　男女の賃金格差

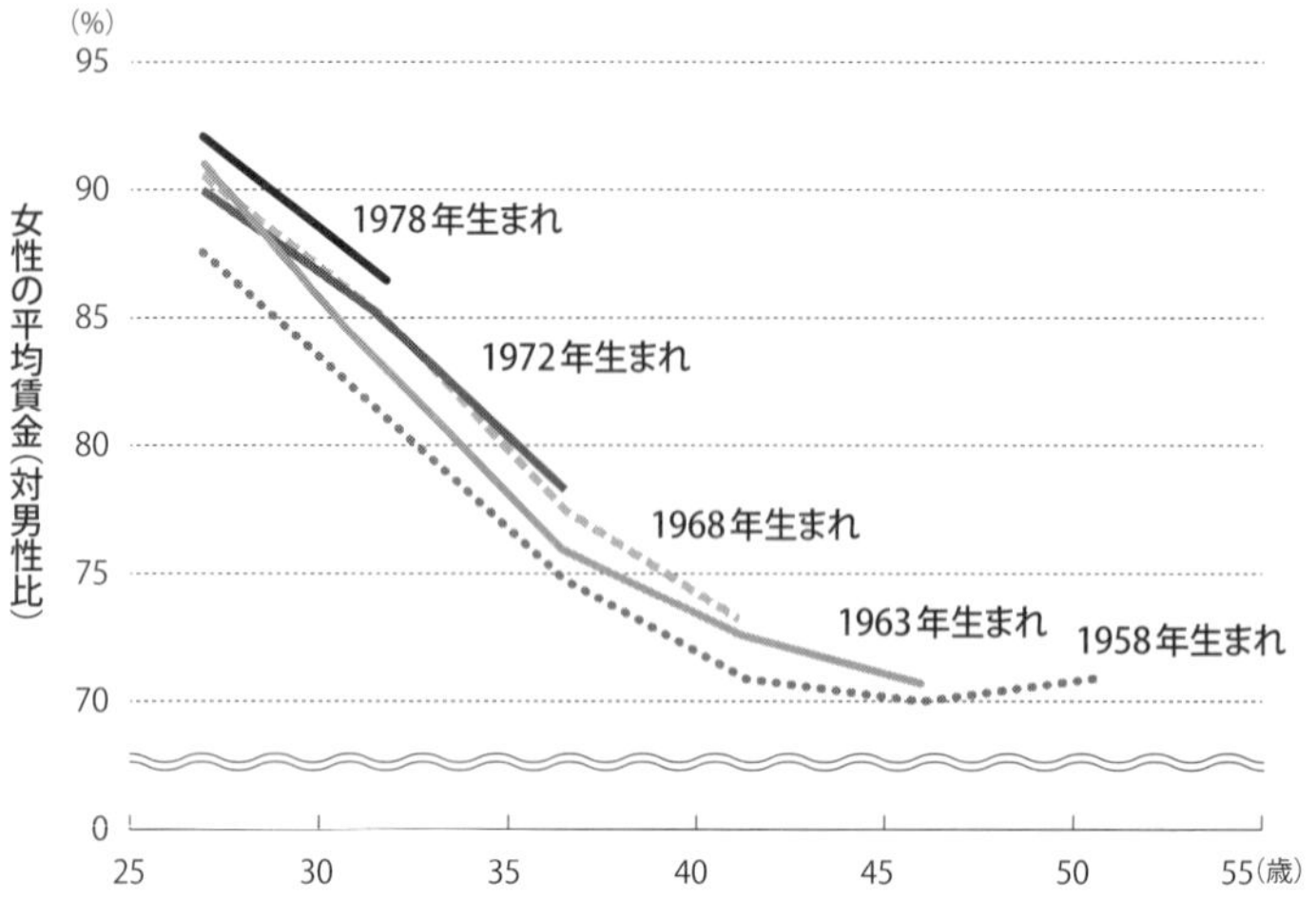

（出典）Goldin, C., 'How to Achieve Gender Equality', *Milken Institute Review*
http://www. milkeninstitute.org/

問題は、労働参加率の格差こそ縮小しつつあるが、賃金の格差が残っていることだ（その格差は、教育レベルと職務経験の違いを考慮に入れてもなお存在する）。図9－2は、アメリカの男女の年齢ごとの賃金格差を、世代別に示したものだ。これを見れば明らかなように、男女の賃金格差が小さくなりつつあることは間違いない。また、フルタイムで働く女性（25～69歳）の平均年間所得の対男性比は、1980年は0・56、2010年は0・72、2014年は0・77と上昇してきた。このように改善はしているが、格差はまだ大きい。しかも、勤労年数が長い人ほど、格差が大きくなる。その原因の一端は、高い地位に就いている女性の数が少ないことにある。2014年の時点で、多くの大企業で中級管理職の約30％を女性が占めているが、多くの産業では、上級管理職に占める女性の割合はもっと小さく、15％程度にすぎない[19]。

若い世代の女性は年長世代以上の前進を遂げており、変化の兆しが見えはじめている。しかし、大きな格差が残っていることは否定できない。シカゴ大学ブース・ビジネススクールのMBAプログラム卒業生を対象にした調査によれば、卒業1年後、男性は女性に比べて給料が平均して1万7000ドル近く多い[20]。卒業10年後になると、その差は15万ドルに開く。この調査結果をまとめた論文によれば、こうした格差を生む大きな要因は、労働時間数の違い、キャリアの中断期間の有無、そしてビジネススクール入学前のキャリアの違いだという。

では、ゴールディンが指摘するように「(男性と比べた女性の所得水準が）数十年にわたり、とくに1980年代に際立って上昇したにもかかわらず、この10年ほど伸び悩んでいる[21]」ことも、これらの要因で説明できるのか？　言い換えれば、男性との差を縮めてきていた女性の賃金水準は、ついに天井にぶつかったのか？　問題は、この「伸び悩み」がいつまで続く可能性が高いのかだ。おそらく、ジェーンが最初の職に就く頃には、新人レベルの職での男女の賃金格差は解消されている可能性が高い。しかし、勤労年数が長くなったときも平等は維持されるのか？　前出の2014年の女性たちと同じく、ジェーンも上級管理職への昇進に苦労するのか？　国際労働機関（ILO）が2015年に発表した報告書『女性と仕事の未来』によれば、現在のペースでいくと、男女の賃金格差が完全になくなるまでには、少なくとも70年かかるという[22]。2085年まで待たなくてはならない。そのとき、ジェーンは87歳になっている。あまりに暗い見通しと言うほかない。

柔軟性

ゴールディンの詳細な研究は、どうして女性が男性ほど稼げないのかという理由をかなり解き明かしている。それによれば、男女の賃金格差を生んでいる主たる要因は、歴史的に男性が携わってきた仕事と女性が携わってきた仕事が同等に評価されていないことにあるという。

私たちは仕事を選ぶとき、次の五つの重要な選択をしているように思える。

- 時間のプレッシャーが厳しい仕事に就くか?
- 勤務時間をあまり自由に決められない仕事に就くか?
- スケジュール変更に柔軟に対応しなくてはならない仕事に就くか?
- チームのメンバーとつねに一緒にいなくてはならない仕事に就くか?
- 自分にしか担当できず、ほかの人に代わってもらえない仕事に就くか?

これらの問いの答えがイエスの仕事は、高給の職であり、現状では女性(とくに子どもがいる女性)より男性が就くことが多い。ひとことで言えば、これらの仕事の特徴は柔軟性の乏しさにある。

弁護士を例に、五つの点を具体的に見てみよう。弁護士は、一般的には五つの点でことごとく極端に柔軟性の乏しい職種だ。時間のプレッシャーは厳しいし、勤務時間の自由裁量も小さい。突発的な予定変更にも柔軟に応じなくてはならない。チームのメンバーといつも一緒にいる必要性が大きいし、同僚に仕事を代わってもらうことも難しい。

ジェーンが弁護士として働きはじめるとしよう。最初の研修のあと、まだ子どもが小さいことなどを理由に、柔軟な働き方をしたいと考える。すると、すぐに思い知らされる。顧客が望むときにいつでも会えなければ、法律事務所にとっての彼女の価値はたちまち下がってしまうのだ。それに、柔軟な働き方をすれば、暗黙知など、無形の資産も弱体化していく。オフィスにいない時間が多く、同僚や顧客と会議や打ち合わせ、雑談などで意見交換する機会が少ないためだ。オフィスにいないと、みんなの会話でなにが話題になっているかがわからない。ゴールディンが指摘しているように、法律やコンサルティング、投資銀行など、知識が重要な仕事では、労働時間を少なく抑えたり、柔軟な働き方をしたりする人たちが重いペナルティを課されるのである。

現状で柔軟な働き方を実践しているのは、もっぱら女性だ。幼い子どもの世話をしたり、高齢の親や親族の介護をしたりする必要上、そのような選択をすることが多い。女性たちはキャリアを中断させることが多く、しばしば男性より柔軟な働き方を選んでいるために、労働市場で不利な立場に置かれているのだ。将来的には、男性もこのような働き方を実践するのか？

その場合、それは男性にどのような影響を及ぼすのか？

ジェーンが若き弁護士になったとして、どのようなキャリアの選択肢があるのか？　そして、どのような二律背反に直面するのか？　同世代の男性の場合はどうなのか？　ジェーンには、さまざまな選択肢がある。どの道を選ぶかによって、もたらされる結果も変わってくる。いずれの選択肢を選ぶにせよ、メリットだけでなくデメリットもついて回ることを覚悟しなくてはならない。法律事務所のパートナー（共同経営者）を目指すとしよう。そのためには、1日24時間、週7日仕事に対応するために、柔軟性の乏しい働き方をせざるをえない。時間のプレッシャーは厳しく、スケジュールは不規則、働く時間と場所の自由裁量も小さい。出産などで仕事を離れれば、大きなペナルティをともなう。一方、うまくいけば手に入るのは、高額の報酬、そして魅力的でやり甲斐のある仕事だ。

選択肢はほかにもある。働き方の柔軟性を優先させて、大手法律事務所の高給の職を断念してもいい。方法はいろいろある。長時間絶え間なく働くことが評価される大手法律事務所を離れて、企業の法務責任者として勤めることも可能だ。これなら、労働時間を減らし、柔軟な働き方を実践しやすい。あるいは、大手ではなく、長時間絶え間なく働かなくても大きなペナルティを受けない中小の法律事務所で働いてもいい。インターネットを活用した在宅勤務への抵抗が薄まり、必要なテクノロジーが進歩すれば、バーチャルな法律事務所に参加し、自宅で働けるかもしれない。(23)　ジェーンがどのような二律背反を突きつけられるかは明白だ。働き方の柔軟性と自由が拡大すれば、それと引き換えに、報酬が少なくなるのである（さらに、仕事の多様性も乏しく、刺激も小さくなりかねない）。

あるいは、弁護士とはまったく別のキャリアを選んでもいい。時間の使い方の柔軟性が高く、担当顧客の数と接触時間が少なく、担当業務を自分で決められる余地が大きく、自由裁量で仕事を進めやすい――そんな職に就くのだ。ゴールディンはこれらの条件を満たす職のことを「融通性」の高い仕事と呼び、テクノロジーとサイエンスの分野にそういう職が多いと指摘している。この種の職では、男女の賃金格差が小さく、格差が広がってもいない（現状では、これらは概して女性の多い職種ではない）。

融通性の高い職種の一つに薬剤師がある。ゴールディンが指摘するように、薬剤師の仕事はかなり代替性が高い。ある薬剤師が不在でも、別の薬剤師が代役を務めやすいのだ。ただし、弁護士やコンサルタントや投資銀行職員に比べれば、所得がだいぶ低いことは否定できない。法律事務所のパートナーがこのような代替性を実現しようと思えば、事務所のほかのパートナーでも代わりが務まることを顧客に納得させる必要がある。弁護士たちは、互いに代役を務められるようにして高い報酬を取るために、緊密に連携して働かなくてはならなくなる。

ゴールディンのデータは2014年のものだ。ジェーンの生涯の間に、状況は大きく変わるのだろうか？　それは、さまざまな要因に左右される。柔軟な働き方に対する人々の考え方、バーチャルテクノロジーが進歩するペース、業務が標準化される程度、高い地位にある男性が子どもと多くの時間を過ごすロールモデルになる度合いなどに影響を受ける。

男性の場合はどうなのか？　柔軟な働き方をすると所得に悪影響が及ぶのは、女性だけではない。男性は子どもが生まれたあと、それまでより長時間働き、所得を増やすケースが多い。それに対し、さまざまな研究によると、家庭に関する理由で労働時間を減らした男性は、所得が減り、将来のキャリアの機会が狭まる。いわゆる「柔軟性の烙印（フレキシビリティ・スティグマ）」を押されるのだ。(24)

パートナーの役割交替の影響

別の角度から見てみよう。ジェーンの5・0シナリオでは、パートナーのジョルジェと両方がフルタイムの仕事をもつ時期だけでなく、片方がフルタイムの仕事を離れて、育児や、知識の習得、移行への準備に時間を割く時期もある。二人とも勤労人生のどこかの段階で、キャリアを中断したり、柔軟な働き方を実践したりするのだ。その過程では、仕事で多くの所得を獲得する立場、家事や育児を主に担う立場、無形の資産の構築に打ち込む立場を交替で担ったりすることもある。このような生き方をする人が何百万人も出現したら、どうなるだろう？　キャリアの過程でパートナー同士の役割交替が当たり前に実践されるようになったとき、どのような影響が生まれるのか？

現状では、柔軟な働き方を実践すれば、男性も女性も「柔軟性の烙印」に苦しめられる。男女を問わず、キャリアを中断させることがもっと一般的になったとき、それは変わるのか？柔軟な働き方をする人が「烙印」を押されて金銭面で不利になる状況は、緩和されるのだろうか？　もしそうなれば、マルチステージの人生を生きてキャリアを中断する男性が増えることの影響とあいまって、男女の賃金格差が縮小する可能性がある。柔軟な働き方も選びやすくなるかもしれない。マルチステージの人生の下、柔軟な働き方を追求する男性が増えたら、なにが起きるのか？　可能性は二つある。

一つは、男性たちが柔軟な働き方を選択しはじめ、「柔軟性の烙印」を押されて賃金が下がるという可能性だ。この場合、柔軟な働き方をする人が男女ともに低所得に甘んじざるをえなくなり、結果的に男女の賃金格差が縮小する。もう一つは、もっと大胆なシナリオだ。柔軟な働き方が企業や個人に課すコストを減らすために、仕事のあり方自体が大きく変革されるという可能性である。これまでより柔軟な働き方をする男女が増えれば、仕事のあり方が根本から変わる可能性が高まるのかもしれない。

では、キャリアの過程で男女が役割交替する夫婦が増えることは、どのような影響をもたらすのか？　キャリアのある段階では、片方が1日24時間、週7日多忙な仕事に携わり、もう片方が柔軟な働き方をして子育てに時間を割く。そして別の段階では、男女が役割を交替する。このように二人で複雑に入り組んだマルチステージの人生を生きようと思えば、二人の間で徹底的にすり合わせをおこなうことと、強い信頼関係と協力関係を築いていることが不可欠だ。

そして、勤務先の企業も仕事と年齢とジェンダーについて大きく発想を転換する必要がある。簡単な道ではない。しかし、それが実現すれば、男女の生涯所得の格差が縮小に向かうだろう。どちらかが多く稼ぐ時期はあるにしても、キャリア全体では、男女が家計に寄与する金額が同等になるのだ。楽観的な見通しではあるが、100年ライフのさまざまな要素の相互作用を、そして人生のマルチステージ化とジェンダーの平等がもたらす影響を最大限うまく生かせば、それを実現できる。

離婚

本書では、ジェーンがパートナーのジョルジェと生涯連れ添うものとした。ジャックとジミーの場合も同様だ。このような想定にしたのは、離婚を経験すると、無形の資産の増減に関して話が複雑になりすぎるからだ。ただでさえ込み入った議論をこれ以上複雑にしたくなかったのだ。しかし、言うまでもなく、夫婦が離婚しないと決めつけるのは現実的でない。

もちろん、順調な結婚生活を続け、パートナーと添い遂げる人もいる。実際、65歳以上の人のうち結婚している人の割合は、いま歴史上最も高い。その割合は、16~65歳の層と肩を並べるまでになっている。この背景には、男女両方の寿命が延びていることに加え、夫婦の年齢差が縮小傾向にあり、しかも再婚する人が増えているという要因がある。再婚が増えているのは、離婚が増えて「再婚市場」がぶ厚くなり、再婚に対する社会的偏見も薄らいでいるためだ。

ジャックとジルは、結婚したとき、離婚の可能性をほとんど考えていなかっただろう。1950年代のアメリカでは、白人大卒女性の結婚生活が離婚という形で終わる割合は12％にすぎなかった。この割合は1960年代までに約2倍に跳ね上がり、ジミーが大人になるまでに離婚は珍しくなくなった。アメリカでは、20世紀の多くの時期を通して離婚が増え続け、1970年代には、すべての夫婦の約48％が結婚後25年以内に離婚するようになった。まさに、「すべての結婚の半分は離婚で終わる」時代がやって来たのだ。アメリカの社会学者アンドリュー・チャーリンは1981年、「結婚して、離婚して、再婚する」のが典型的な人生の道のりになったと喝破した。[25] チャーリンは、結婚制度の崩壊が始まったと考え、その潮流が続くことを疑わなかった。

しかしその後、離婚はそれ以上増えず、むしろ減少に転じた。図9-3にあるように、アメリカで離婚率が最も高いのは、1970〜79年に結婚した人たちだ。それ以降に結婚した夫婦は、離婚率が下落している。1970年代に結婚した人の離婚率が高いのは、結婚したあとに社会に大きな変化が起きたことが理由の一つだ。多くの人は、男女の役割を明確に区別する伝統的な夫婦形態に適した相手と結婚したが、その後に自分が望むようになった生き方をするには適した相手でないと気づいたのだろう。加えて、無過失離婚が法律で認められて離婚がしやすくなり、それまで離婚したくてもできなかった人たちがいっせいに離婚に踏み切り、離婚の数が一時的に跳ね上がったという事情もあった。

図9-3　アメリカの離婚率（結婚時期別）

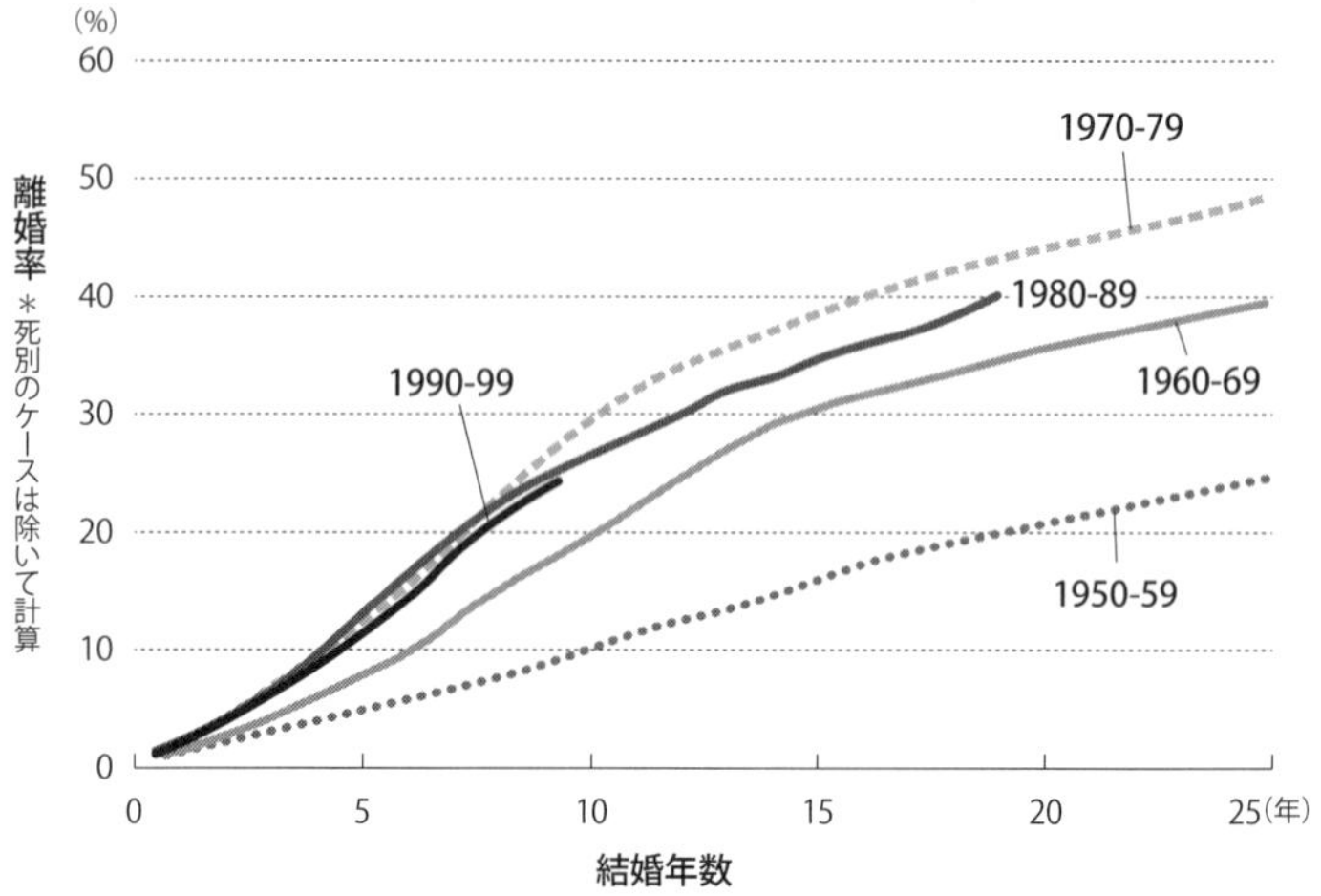

（出典）Stevenson, B. and Wolfers, J., 'Marriage and Divorce: Changes and their Driving Forces', *Journal of Economic Perspectives* 21 (2) (Spring 2007): 27-52.

今日は、結婚年齢が上がり、離婚の割合が減り、再婚の割合も減っている。アメリカでは、近年結婚した人たちは、両親の世代に比べて結婚生活を長続きさせる人が多い。なぜ、このような変化が起きたのか？　一つには、結婚生活の土台が「生産の補完性」から「消費の補完性」に変わったために、結婚相手を選ぶ基準が変わり、結婚が長続きするようになった可能性がある。結婚年齢が上昇し、人々が自分についての知識を多くもって結婚するようになった結果、結婚生活の安定した基盤を築きやすくなり、離婚が避けられるようになった面もあるだろう。

今後、100年ライフが到来することは、離婚率にどのような影響を及ぼすのか？　離婚を増やす要因と減らす要因の両方がありそうだ。

明らかに、長寿化は離婚率の上昇につながる面がある。長い人生ではさまざまなことが起き、人々が経験する移行や変化も多くなる。そのため、100年ライフでは、70年ライフより離婚率が上昇する可能性が高いように思える。それに、人生が長くなるという認識が浸透すれば、高齢になってから離婚し、さらに再婚しようと考える人が増えるだろう。100年ライフにおいて70歳で不幸せな結婚生活を送るのと、75年ライフにおいて70歳で不幸せな結婚生活を送るのでは、大違いだからだ。この点は、すでに現実になりつつある。社会全体の離婚率が下落するのをよそに、高齢者の離婚率は上昇しているのだ。アメリカでは、離婚の10件に1件は、当事者の少なくとも一方が60歳以上だ。60歳以上の離婚率は、1990年に比べて2倍に上昇している。イギリスでは、その割合が3倍以上に上昇した。人生が長くなれば、離婚してもそこから立ち直り、金銭的資産と無形の資産を築き直せる時間的余裕があると、人々は気づきつつあるのだ。

その半面、離婚率を引き下げる要因もある。本書で紹介した人生のシナリオのいくつかでは、離婚することのコストがきわめて高い。ジェーンがパートナーのジョルジェと役割を調整しながら生きる5・0シナリオを思い出してほしい。このシナリオを実践する場合は、二人が良好な関係を維持することの価値が長い目で見て非常に大きい。そうした関係を築くことは一筋縄ではいかないし、多くのリスクもついて回る。互いの役割についてフェアに交渉し、互いと深く関わる意思を強くもち、深く信頼し合わなければ、うまくいかないからだ。破局は多大なコストをともなう。金銭的資産は均等に分配するにしても、無形の資産に大きな格差が生まれることは避けられない。二人とも人生の計画を大きく見直さなくてはならなくなる。5・0シナリオでは、離婚のコストが増大するのだ。

以上の点を総合して考えれば、長寿化時代には、別離や離婚をして生涯に複数のパートナーとの生活を経験する確率が高まりそうだ。しかし、離婚がもたらす金銭面の影響はいっそう大きくなる。具体的にどの程度の影響があるかは、パートナー関係の性格に加えて、国の法制度によっても変わる。離婚後の資産分配のあり方は、今後変わっていくだろう。伝統的な夫婦関係ではたいてい、男性が主な稼ぎ手の役割を担い、離婚後も一定期間は元妻の生活を支えた。両方に所得がある夫婦の場合、話はそう単純でない。

100年ライフでは、離婚合意の内容はいっそう複雑なものになるかもしれない。今後考えなくてはならない問題も多い。たとえば、現在のステージではジョルジェが働いてお金を稼ぎ、ジェーンが家事と育児を主に担当し、次のステージで役割を交替する計画を立てているとしよう。この場合、次のステージに移行する前に離婚したら、どうなるのか？　低所得の時期を迎えるジョルジェを支えるために、ジェーンがお金を稼がなくてはならないのか？　離婚時の財産分与は均等にすべきなのか、それとも、それまでのさまざまなステージでの貢献度に基づいて決めるべきなのか？

多世代が一緒に暮らす時代へ

長寿化が進めば、異世代の関わり方が大きく変わることは明らかだ。これまでの3ステージの人生では、同世代の人たちが一斉行進するように人生のステージを進むため、年齢層ごとに人々が隔離されて生きる欧米型の社会が出現した。子どもは学校に通い、高齢者は引退して余暇を楽しむ。そして、それ以外の世代は、職場で互いに接し合うという形態だ。しかし、マルチステージの人生では、エイジ（＝年齢）とステージが一致しなくなり、大人が若々しく生きるようになる結果、世代間の関係に大きな変化が生まれる。

家族

インドのようなアジアの国を訪れると、欧米ではめっきり見なくなった家族のあり方に目を見張らされる。子どもと両親と祖父母が一緒に暮らしている家庭が多いのだ。多世代同居を実践しているアジアの友人たちは、その利点をいろいろ語る。たとえば、子どもたちは祖父母と多くの時間を過ごせ、勤労世代は親の支えを頼もしく感じられ、高齢者はみずからが役割をもって貢献できていると実感できる。異世代との触れ合いが寿命を延ばす可能性を示唆する研究結果も増えている。高齢での孤独は寿命を縮める。高齢者が家族のなかで生きることには、確かなメリットがあるのだ。[26] もちろん、アジアの友人たちは弊害も認めている。プライバシーを確保できないことや、世代間で衝突が起きる場合があることなどがそうだ。

40～50年前までは、欧米でもアジアのように多世代同居型の家族が当たり前だったが、家族の形態はすっかり変わった。小規模な家族が一般的になったのである。近年は子どもが長く親元にとどまるケースが（住宅コストや生活コストの高い都市部ではとくに）増えているが、独立したあとは比較的規模の小さな家庭を築くことが多い。

たとえばデンマークでは、家族の構成員の数は平均してわずか2・1人にすぎず、高齢者とほかの世代が一緒に暮らす家庭は少ない。年齢による隔離は、社会で大々的に進行してきた。アメリカでは1910年から1980年の間に、65歳以上の人口のうち、一人暮らし、もしくは配偶者と二人だけで暮らしている人の割合が20％から74％に上昇した。自分の子どもと暮らしている人の割合は、61％から16％に減っている。[27] 高齢者は子どもや孫と頻繁に触れ合ってはいるが、昔のような異世代間の濃密な関わり合いは姿を消した。この潮流が逆転し、欧米でも再びアジアのような家族形態が増えていくのか？

1998年前後に生まれたジェーンとジョルジェに目を向けてみよう。二人が35歳になる2033年頃には、双方の両親（1973年頃の生まれ）が健在である可能性が高い。四組の祖父母（1948年頃の生まれ）も存命かもしれない。ジェーンとジョルジェの子どもたちがティーンエージャーになる頃には、両親と祖父母、そして曾祖父母がそろっている可能性がある（一方、1950年代以降、出生率が低下していることを考えると、ジェーンとジョルジェに大勢のきょうだいはいないだろう。つまり、二人の両親の世代がすでに小さな家庭を築いていた可能性がある）。また、第5章のシナリオと異なり、二人が離婚してその後に再婚すれば、家族の構成はさらに変わる。義理の親や義理の祖父母が関係してきて、家族の広がりと複雑性が増す。

こうした家族のメンバーたちは、どのような人生を送るのか？　ジェーンとジョルジェの親は60代前半。フルタイムで働いているかもしれないし、ポートフォリオ・ワーカーとして活動しているかもしれない。ジェーンの両親は、彼女がティーンエージャーのときに離婚し、その後再婚しているので、ジェーンの子どもたちには、母方の祖父母が二組いることになる。ジェーンとジョルジェの祖父母は80代。おそらく引退生活に入っていて、あと10～20年は健康に生きられるかもしれない。ある意味でひ孫たちと同じような日々を生き、大学で勉強したり、世界を旅したり、新しいスキルを学んだりしている可能性もある。そうした若々しさは、世代間交流の強力な懸け橋になるかもしれない。祖父母や曾祖父母たちが長く健康に生きれば、家族全体の幸せも大幅に高まる。

参考になる前例がほとんどないので、世代間の複雑な関わり方を見いだすために、多くの実験がおこなわれる。家族のメンバーの年齢が高くなり、祖父母世代が若々しくなることを受けて、世代間交流の実験が始まるのだ。誰もが最善の振る舞い方を見つけ、社会学者のアンソニー・ギデンズの言葉を借りれば、一人ひとりが日々の行動の指針となる倫理規範を新しく確立しなくてはならない。家族や親戚の間での役割を決めるときは、それがとくに重要になる。親戚にお金を貸すべきか、父親はどのように振る舞うべきかなど、家族や親戚に対してどのような役割を担うべきかは、昔は伝統によって決まっていた。しかし今後は、多くの問いの答えを自力で見つけなくてはならない。たとえば、次のような問題がある。四世代の生活をどのように支えるべきか？　義理の親と義理の息子や娘は、互いにどのような金銭的責任を負うべきなのか？

家族が多世代で構成されるようになれば、異なる世代が理解を深め合う素晴らしい機会が生まれる。前述したように、工業化がもたらした影響の一つは、人々が年齢ごとに隔離されるようになったことだ。国が一定年齢の子どもを学校に通わせて職場から排除し、一定年齢以上の高齢者に年金の受給権を与えたことにより、年齢による隔離が社会に根づいていった。[28]制度面で年齢による隔離が進むと、居場所も分離されるようになった。異なる世代が同じ場を共有しなくなり、直接対面しなくなったのである。世代間の交流に重要な役割を果たしうる場は、家庭、近所、日常の活動の場（仕事や勉強、娯楽、信仰などの場）の三つだが、近所づき合いは年齢層ごとにわかれて実践される場合が多い（たいていは意図されたことではないが、ときには意図的にそうされている場合もある）。子どもオーケストラ、高齢者が対象の活動、高齢者向け観光ツアーなど、日々の活動の多くも年齢別だ。その結果として、しばしば年齢層ごとに別々の文化が形成されている。年齢別の制度が定着しているために、世代の垣根を越えて安定した関係を築くチャンスが狭まっているのだ。異世代が触れ合い、互いのことを知り、私的な知識を共有できる場を見つけることは難しい。もしかすると、多世代同居型の家族がそのような場になるのかもしれない。

世代を越えた人間関係が築かれれば、年齢に関する固定観念や偏見も弱まる。おそらく重要なのは、互いに親しみをいだき、世代間の触れ合いを長期的・安定的に続けることだ。アジアのように多世代が同居するケースも増えるだろうし、異なる世代が関心を共有し、支え合い、顔を合わせる機会も増えるだろう。はっきり言えるのは、このように世代間の交流が活発になれば、若者にも高齢者にも大きな恩恵があるということだ。

友人

健康に生きられる年数が延びれば、核家族はいまほど主流の生活形態ではなくなるかもしれない。人類の長い歴史を通じて、人生の最大のイベントは出産と子育てだった。そのような時代には、長生きすることに進化上のメリットはなかった。しかし、寿命が延びれば、人生のなかで子育てに費やされない期間が長くなる。その結果、友だちづき合いが生活の中心になる時期が新たに出現するかもしれない。そうした友人関係が新しい生活の「核」になり、友人同士で共同生活をしたり、一緒に遊びに出かけたりするケースが増える可能性もある。

前出のスチュワート・フリードマンは、ペンシルベニア大学ウォートン・ビジネススクールの学生を20年間調べてきた結果、20代の学生の間でそのような潮流がすでに形を成しはじめていることに気づいた。最近の学生は、主たる人間関係として友だちを重んじる傾向が強く、昔だったら家族に求めたような温かみのある関係を友だちとの間に築きたいと思っているという。

長寿化時代には、世代を越えた友人関係を通じて、若者と高齢者の社会的分断が解消される可能性もある。[29] 工業化以前、年齢は人の属性を判断する重要な要素ではなかったが、工業化により3ステージの人生が社会に定着すると、ある人がどのような経験をするかが年齢に大きく左右されるようになった。社会学者のグンヒルド・ハゲスタードとペーター・ウーレンベルクがアメリカとオランダのデータをもとに結論づけたように、半分以上の人は自分と同世代の人と友だちになりたがる。アメリカのデトロイトの男性たちがどのような血縁外の人的ネットワークを築いているかを調べたところ、親しい友人の72%は、本人との年齢差が8歳以内だったという。[30] これとは別に、人々が重要なことを相談する相手も調べてみた。すると、ティーンエージャーのうち、血縁外の53歳以上の相談相手がいると答えた割合はたったの3%、高齢者のうち、血縁外の36歳未満の相談相手がいる人は約25%にとどまった。

このように年齢的に均質な人的ネットワークの中でメンバー同士がつき合えば、その集団のアイデンティティが強化される。そして、生き方についてみんなが同じ考え方をし、同世代の人間を紹介し合う傾向が強まる。問題は、年齢による分断が高齢者差別につながることだ。異なる年齢層の人と交わらなければ、「我々対彼ら」という発想にはまり込み、固定観念と偏見をいだきがちなのである。

しかし、マルチステージの人生が一般的になれば、異なる年齢層の人たちが同じ経験をする機会が生まれる。心理学者のゴードン・オルポートの古典的な研究が明らかにしたように、固定観念と偏見を打破する手立ての一つは、集団間の接触を増やすことだ[31]。年齢層の異なる人たちが触れ合う機会が増えれば、人的ネットワークの年齢的な均質性が崩れはじめる。異なる年齢層の人たちが共通の経験をし、それを通じておそらくは友情をはぐくむからだ。こうして、高齢者が「別世界」の住人という状況は変わりはじめるだろう[32]。

終章 変革への課題

本書では、多くの人が100年ライフを生きる時代に、どのような変化が起きるのかを論じてきた。最も切実なのはお金の問題だが、金額に換算できない無形の資産に目を向けると、本当に重要なことが見えてきた。経済学と心理学の研究によれば、長寿化時代には人生の設計と時間の使い方を根本から見直す必要があるのだ。そうすることではじめて、長寿を厄災ではなく、恩恵にできる。

私たちが選択できる人生、シナリオ、ステージがすでに変わりはじめている部分もあるが、さまざまな局面でこれから変わるべきことも多い。個人や家庭が変わるべき点もあるし、企業とそのキャリア環境が変わるべき点もある。教育機関も変わる必要があるし、政府の政策も変わる必要がある。私たちが人生についてくだす決断は、政府の政策の影響も受けるからだ。長く生産的な人生を送りやすい立場にある人と、そこまで恵まれていない人の両方の人生を支えるためには、こうした変化すべてが必要とされる。

重要なのは、あとで変化を突きつけられるのではなく、いま変化を予期して行動することだ。積極的に計画を立てて行動しなければ、長寿化は厄災の種になりかねない。だからこそ、人々が自分の状況をもっと直感的に感じ取り、選択肢をよく把握できるように、幅広い議論をおこなう必要がある。

本書を締めくくるにあたって指摘したいのは、長寿化により私たちの自己意識が根本から揺さぶられるということだ。私たちは、長寿化が社会に及ぼす影響を案じ、教育機関と企業と政府の対応に関心をもち、変化の遅さに戸惑い、どうすれば変化を加速できるのかを考えずにいられない。好ましい材料もある。それは、平均寿命の上昇が非常にゆっくりと進んでおり、かなり早い段階で先のことを予測できるという点だ。この好材料を生かし、適切な準備をしなくてはならない。

自己意識

100年ライフでは、私たちは多くのことを成し遂げられる。ジミーとジェーンの人生のシナリオでも、人生をいくつかのステージと移行期間で構成されるものとして描いた。しかし、長い人生は基本的に一つの長い旅と考えるべきだ。それは、私たち一人ひとりの人生を性格づける旅である。その旅に乗り出すときには、次のような問いに答えなくてはならない。それはどのような形の旅になるのか？　それを真の意味で自分の旅にするためには、どうすべきなのか？　これらの問いの答えは、その人がどのような選択をし、どのような価値観で生きるかによって決まる面もある。一人ひとりの選択と価値観が人生の出来事やステージや移行の順序を決め、それが自己意識、つまりアイデンティティを築いていくのだ。

アイデンティティ

道徳哲学者のデレク・パーフィットは、アイデンティティの概念を心理的連結性と継続性（これを「R関係」と呼ぶ）という考え方で説明している。[1]長い人生で多くの変化を経験するとき、過去と現在と未来を結びつけ、自己意識を形づくるのは、その人がもつ単一のアイデンティティだ。3ステージの人生では、一本の線のように連結性と継続性のあるアイデンティティティを保つことは比較的容易だったが、マルチステージの人生ではそれが難しくなる。

人類の歴史の多くの時期、私たちは生き延びるための戦いを強いられてきた。寿命は短く、食料は足りず、病気と暴力の脅威につねにさらされていたからだ。しかし、（とくに先進国で）寿命が延び、暮らしが豊かになると、多くの人がわが子に安全と教育を与えることができ、働くことによって金銭面の安定を手にでき、ある程度は余暇を楽しめる引退生活を迎えられる時代が訪れた。そして今後、人生がさらに長くなったとき、私たちは3ステージの人生の一斉行進型モデルから脱却し、もっと多くの選択肢に向き合わなくてはならなくなる。

100年ライフの時代には、人生の時間は、繁殖という進化上の役割を果たすために必要とされるより長く、金銭面の安定を確保するにも十分すぎるくらいになる。子づくりと貯蓄に使わずに済む時間は、どのような活動に費やされるのか？　人生のさまざまな時期に時間的ゆとりが増えれば、自分がどういう人間かを探求する機会を得られるのだろうか？　それにより、自分が生まれた社会の伝統に従うのではなく、みずからの価値観や希望に沿った生き方ができるようになれば、それ以上の「長寿の贈り物」はおそらくないだろう。

100年以上にわたりアイデンティティを維持し、人生のさまざまなステージに一貫性をもたせることは、簡単でない。そのためにみずからを見つめることは多くの人の能力を超えていると、一部の論者は主張する。社会学者のマーガレット・アーチャーに言わせれば、そこまでの自律性と内省の能力をもっている人はごく一部にすぎない。大半の人は人生を受け身で経験することになる、というのだ。人生を自分で形づくれる人はほとんどいないと、アーチャーは述べている。[2] 著者たちの考え方は違う。新しいロールモデル（生き方のお手本となる人物）がたくさん出現し、一斉行進型モデルが弱まる結果、人々が否応なく自分の人生をみずから選び取るようになるだろう。そうした選択を通じて、人々は自分についての知識を深め、内省の能力をはぐくんでいく。このような変化をもたらす要素は、100年ライフの到来により大幅に強まる。

すでに起きている変化も多い。昔は、「どのように振る舞うべきか？」「なにを着るべきか？」「なにを望むか？」といったことの多くが社会の伝統によって決まっていた。人々は自分の親世代と同じように、そして自分が属する社会階層や職業にふさわしいと思われる行動を取っていたのだ。社会的に妥当とされる服装を身につけ、親と同じ願望をいだいていたのである。

いま、あなたはどのような心理的・社会的情報が手に入るだろう？　あなたはおそらく、グローバル化された世界で外の世界とつながり、ローカルなアイデアとグローバルなアイデアの両方に触れている。その結果、自分が何者で、自分になにが可能なのかを認識するうえで、伝統と慣習に従っていた両親や祖父母とは異なり、多くのロールモデルをお手本にできる。なにしろ、グローバル規模のメディアが登場したことで、ほとんどの人は遠い国の出来事を目の当たりにし、身近にいない人物もロールモデルにできるようになったのだ。ありうる自己像の選択肢も多くなった。

本書では、こうした問題を検討し、どのような未来が待っているかを論じてきた。しかし、

「私は何者か?」「私はどのように生きるべきか?」という問いに答えられるのは、結局のところは本人しかいない。人生が長くなれば、これらの問いは無視できないものになる。

計画と実験

100年以上にわたって生産的に生きる人生を設計するうえでは、計画と実験が重要になる。長い人生で経験する多くの変化によって金銭的資産と無形の資産を破壊されないためには、計画して準備することが欠かせないし、ありうる自己像について検討するためには、実験をおこなう必要がある。計画と実験は、人生に目的と個性を生み出し、アイデンティティを形づくる心理的連結性をもたらすのだ。

計画と準備の重要性が増すのは、個人の選択の幅が広がるからだ。一貫性をもたせなくてはならない人生のステージの数が増え、悲惨な結果につながりかねない選択をしてしまう機会も増える。しかも、万人向けのロールモデルを模倣することも難しくなる。100年ライフの計画を立てるためには、自分がなにをしたいのか、どのようにそれを達成したいのかという重要な決断をしなくてはならない。問題は、正しい決断ができる場合ばかりではないことだ。行動経済学者のダニエル・カーネマンが指摘するように、私たちはおうおうにして誤った楽観主義に流される。私たちが適切な準備や行動をしないのは、それがもたらす結果を恐れるからではなく、未来について愚かなほど楽観的な考えをもっているからなのだ。(3) 私たちは誰しも、マーガレット・ヘファーナンが言う「見て見ぬふり」に陥りやすいのである。[4] 長寿化時代の難しい点は、失敗を犯した場合、その悪影響を受ける期間が長くなる可能性があることだ（裏を返せば、窮地に追い込まれても少しずつ挽回できる時間的余裕もあるわけだが）。だからこそ、計画と準備が大切になる。

実験が重要な理由もここにある。昔のように特定のロールモデルに従っていればいい時代ではなくなり、ありうる自己像の選択肢が大きく広がる時代には、実験を通じて、なにが自分にとってうまくいくのか、自分がなにを楽しく感じ、なにに価値を見いだすのか、なにが自分という人間と共鳴するのかを知る必要があるからだ。実験は、若者だけのものではない。それは、あらゆる年齢層の人にとってきわめて大きな意味をもつ。私たちを次の地点に導き、どのように移行を成し遂げればいいかを明らかにするのは、実験なのだ。実験と探求は、一人の人間の人生を貫く要素の一部を成すものである。

ジェーンの人生には、自己意識を一つの旅としてとらえる姿勢がよく表れている。「私はどういう人間か？」という問いに対するジェーンの答えは、長い人生の間に変わっていく。基本的には、人生のどの時点でも未来のありうる自己像を多数もっているのだ。この世代の行動が年長世代と大きく異なる理由は、この点にある。世代による行動様式の違いを生んでいる要因は、誕生年の違いではない。それは、「ミレニアル世代だから」「Y世代だから」といった怪しげな世代論で説明すべきものではないのだ。その真の要因は、寿命が延びていることだと、著者たちは考えている。この世代は、無責任だとか、権利意識が強すぎるなどと批判されることが多い。しかし、そうした行動は明らかに、人生という長旅を始めるにあたって自己意識に投資しようとする姿勢とみなせる。ジェーンたちは、人生のさまざまなステージと移行期間の構成を決めるうえで、自己意識が非常に大きな意味をもつとよく理解しているのだ。

習熟

長い人生を生きるうえでは、なにかに打ち込むことが重要だ。なにかに習熟しようと思えば、しばしば強い意志をもって、学習と練習と反復に何百時間、ことによると何千時間もの時間をつぎ込まなくてはならない。それを実践する覚悟の有無によって、学習への意欲が測れる面もある。わざわざ混乱をともなう移行に踏み切らなくても、もっと手軽な道がありそうに見える場合もあるだろう。しかし、ジミーの3・0シナリオで見たように、同じやり方や行動を繰り返すだけでは過酷な老年期が待っている。

前述したように、ものごとに習熟するうえでカギを握るのは、自己効力感（自分ならできる、という認識）と、自己主体感（みずから取り組む、という認識）だ。まず、自己効力感を高めるためには、世界でなにが起きていて、変化に対処するためになにができるかについて、誰もが理解を深める必要がある。本書のような書籍をきっかけに、人生設計というテーマを自由に語り合い、具体的に検討してほしい。教育機関、企業、政府も、未来について人々の理解を深め、人々が新しい環境を生き抜くための手段をつくるうえで大きな役割を果たせる。とくに重要になるのは、無形の資産についてもっと話し合うことだ。現状では、年金、老後の蓄え、住宅ローンなど、有形の資産にばかり議論が集中しすぎている。余暇時間の使い方、パートナー同士の深い関わり合いの意思など、ほかにも論じるべきテーマがある。

自己主体感に関して難しいのは、寿命が長くなれば、考慮しなくてはならない未来の自己像が何通りも出現することだ。100年ライフでは、お金を使うことより貯めることが重要になるし、余暇時間をレクリエーション（娯楽）から自己のリ・クリエーション（再創造）に振り向ける必要性も高まる。家庭内での役割と互いの関わり方について、パートナーと難しい会話をする能力と意志も強化しなくてはならない。ここで問われるのは、未来に得られるかもしれない恩恵のために、いま厳しい決断ができるかどうかだ。これは、一般にセルフ・コントロール（自己抑制）の問題と呼ばれるが、長い人生では何通りもの未来の自己像がありうることを考えると「セルフ・コントロール」という言葉ではわかりにくい。この試練を表現するには「いくつもの自己の並存」の問題と位置づけたほうがよさそうだ。

呼び方はともかく、研究によれば、セルフ・コントロールの能力は人によって異なり、その違いは幼いときから現れる。たとえば、3歳の子どもに、いまマシュマロを食べるのを我慢すれば、30分後にもう1個マシュマロをあげようと言うと、満足を味わうのを先延ばしにしてセルフ・コントロールができる子どもと、それができない子どもがいる。[5]ものごとに習熟するためには、満足を先延ばしできるかどうかが重要だ。なんらかのスキルを習得しようと思えば、長期の恩恵（たとえば、イタリア語を話せるようになること）のために、目先の快楽（たとえば、お気に入りの連続ドラマを見ること）を我慢しなくてはならない場合が多いからだ。

研究により、セルフ・コントロールは後天的に身につけられることがわかっている。ものごとに習熟するために快楽を先延ばしにする能力は、学習できるのだ。スタンフォード大学のキャロル・ドゥエックによれば、厳しい課題に向き合い、なにかに習熟したり、プロジェクトをやり遂げたりする能力をどの程度もっているかは、人によって異なる。(6)

ドゥエックの言う「成長思考」の持ち主は、快適なぬるま湯の外に出て行き、未来につながる道に思考を集中させることにより、将来の計画を貫くことができる。そうした人たちは、「現在の暴虐」——いつもすぐに手に入る果実ばかりを追い求めたり、手ごわい課題を与えられると動揺したりすること——をあまり経験しない。こうした思考習慣を身につけるためには、方法論を学ぶことが有効だと、ドゥエックは主張する。不可能とは言わないまでも困難な課題に取り組むよう指導・奨励された子どもは、成長思考をはぐくみやすいというのだ。もしドゥエックに助言を求めれば、長い人生を通して生産的でありたいと思う人は、困難な学習目標を立てて、強い覚悟をもち、目標に向けて脱線せずに忍耐強く努力し続けるよう言われるだろう。

100年ライフでは、人々に自己効力感と自己主体感をもたせ、計画と実験と習熟を後押しすることの重要性が高まる。教育機関と政府は、そのために貢献することができる。

教育機関の課題

長い人生では学習と教育がいっそう重要になり、それに多くの時間を費やす人が増える。大学の学部教育で経験学習の要素が増やされて大学教育の年数が長くなり、大学院に進む人や職業訓練を受ける人も多くなる。学習方法のイノベーションも進む。人生の早い段階での教育年数が増えるだけではない。人生のもっとあとの段階でも、教育への真剣な投資がなされるようになる。雇用環境の変化に対応したり、頭脳を刺激し、リフレッシュしたりするために、新しい専門知識を学ぶ必要性が理解されはじめるからだ。こうした変化を受けて、教育機関と、学術上の能力と職業上の能力の認定方法の多様性が大きく広がる可能性が高い。

新しい状況に教育機関がどのように対応するかは興味深い。教育産業は、どちらかと言えば保守的な産業だ。先人の思考が生み出した成果を現在の世代に伝えることが教育の基本なので、どうしてもそうなる。また、教育機関のサービスが経済的価値を生むためには、エリート主義と精鋭主義を維持することが重要と考えられている。とくに、名門校で教育を受けたという経歴が能力アピールの手段になっている。そのため、新しい教育機関や新しい能力認定方法が評価を確立するのは簡単でない。教育機関も変化は遂げる。しかし、歴史を振り返ると、その速度はたいてい遅い。提供されるサービスの変化は小規模にとどまり、教育機関が大きな変化を迫られることもあまりなかった。

テクノロジーのイノベーションと長寿化の進行の影響により、教育という古い産業が大きな脅威にさらされていることは明らかだ。新しい教育機関と新しい教育サービス、そして既存の教育目標を達成するための新しい方法が生まれるだろう。長い人生を生きる人たちのニーズに応えるために、教育機関は四つの課題を乗り越えなくてはならない。それは、新しい学習テクノロジーと経験学習を取り入れること、年齢の壁を壊すこと、創造性、独創性、やさしさ、思いやりを教える方法について深く考えること、そして、テクノロジーの進歩に対応するための実践的な専門教育を急速に拡大させることだ。

以上の点を考えると意外なことではないが、ハーバード・ビジネススクールのクレイトン・クリステンセン教授によれば、テクノロジーの進歩により、教育分野で「破壊的イノベーション」の機が熟しており、そのイノベーションが生涯学習にも好ましい影響を及ぼすという。デジタル・イノベーションへの投資が教室を様変わりさせ、オンライン授業、ＭＯＯＣｓ（大規模公開オンライン講座）、デジタル学位・能力認定が普及し、教育産業への新規参入も増える。クリステンセンの世代は、学習の形態、内容、場面、料金の選択肢が広がり続ける。クリステンセンの理論どおりなら、変化が遅い既存勢力は次第に劣勢に立たされ、やがて新興勢力に取って代わられるだろう。

デジタル・テクノロジーは、100年ライフを通して学習し続けるための頼もしい手段になる。たとえば、有力なMOOCsの一つである「コーセラ」の5万人を超す受講者を対象にした調査によれば、72%はキャリアへの恩恵を期待して受講しており、87%は実際に効果があったと答えている。[7] 登録している人の83%は大学卒もしくは大学院卒で、年齢の中央値は41歳だ。受講者の年齢分布で中央に位置する50%の人たち――つまり、最若年層4分の1と最高齢層4分の1を除いた人たち――は、31～55歳の年齢層に属している。この種の講座は柔軟に利用できるので、専門分野の学術的知識を学び直すのに理想的な手段になる。[8] 職場学習の必要性が高まっていることを背景に、MOOCsが職業教育指向になり、職場を移っても役立つスキルを認定する傾向が強まる可能性も高い。将来的には、大学やオンライン教育機関による能力認定証がエリート教育機関の卒業証書に匹敵する評価を受けるケースが増えるかもしれない。

言うまでもなく、旧来型の教育機関の大半は3ステージの人生を前提に運営されている。引退や老後資金は「人生の終わり」の問題、教育は「人生のはじめ」の問題という発想だ。現在のさまざまなコミュニティや友人グループと同様、教育機関の多くは「年齢階層化」されている。初等・中等教育、大学、大学院、「成人コース」という具合に、対象年齢がはっきり決められているのだ。その結果、教室にはほぼ同じ年齢の人だけが集まり、年齢の均質性が生まれている。そうすると必然的に、異なる年齢層の人たちを隔てる壁が高くなり、年齢層ごとの違いが大きくなって、異世代への固定観念や偏見が形成されてしまう。若者は年長者のメンタリングを受けたり、経験談を聞いたりする機会を失い、年長者は若者と有意義に関わる機会を失う。

こうした年齢層ごとの隔離の仕組みが揺らぎはじめることは間違いない。その要因はいくつもある。まず、マルチステージの人生を送る人は、人生のさまざまな時期にスキルを学び直し、活力を取り戻さなくてはならない。そのために教育機関を利用するだろう。それが教育の形を変えていく。数年単位の移行期間を設ける人なら、既存の標準的な学位システムでも問題ないだろうが、日々のレクリエーション（娯楽）の時間を自己のリ・クリエーション（再創造）に替える人の場合はどうか？　人生のさまざまなステージで日々に使える自由時間が増えるにつれて、言ってみればパートタイム教育の重要性が高まるに違いない。

こうした要因に後押しされて、年齢的な均質性の高い社会が解体に向かい、異世代が混ざり合う時代が訪れる。それは好ましいことだ。異世代の触れ合いが増えれば、年齢層の異なる人の間に深い友情が形成され、「我々」と「彼ら」の間の境界が崩れはじめる。そうなれば、人々はいくつもの視点をもてるようになり、世界に対する見方を広げられる。学校や大学は「あらゆる層の若者と中年と高齢者が互いのことを深く知り、相互の敬意と協力関係をはぐくみ、思いやりの精神を一つの社会規範として復活させるための場になりうる」と、社会科学者のヴァレリー・ブレイスウェイトは主張している[9]。

寿命が長くなれば、教育と仕事の境界のあり方も変わらざるをえない。3ステージの人生では、人々は短い教育期間を終えるとすぐに仕事の世界に入った。企業は、会社に骨を埋めるつもりでいて、フルタイムで働く人物を欲しがり、スキルと能力の道具箱を満たした「完成した」人材の供給を大学に期待した。しかし、この期待はすでに裏切られはじめている。企業の間では、学生が十分なスキルをもっていないという不満が広がりつつある。とくに物足りないと感じられている資質は、創造性とイノベーション能力、やさしさと思いやりだ。企業は教育機関に対して、こうした日々の問題に対処するためのスキルの育成にもっと力を入れることを望むようになった。ニーズの変化は、さまざまな形で教育のあり方を変えるだろう。カリキュラムの面では、経験学習にいっそう力が入れられる。思いやりや創造性の涵養に役立つ活動に取り組み、曖昧で不確実な状況での判断力と意思決定能力を身につけるためだ。

企業に加わる前の段階で、みずからの学習のあり方を自分で決めようとする人が増えることも予想される。具体的には、選択肢を狭めないようにエクスプローラーやインディペンデント・プロデューサーになり、さまざまな経験を積んだり、スキルに磨きをかけたりする。なかには、フルタイムの大学教育を受ける前に、こうしたステージを経験する人も出てくるだろう。既存の教育機関は、3ステージの人生における第一段階のニーズに応えるには最適だったが、今後はマルチステージの人生のニーズに応え、成長著しいMOOCsとの競争に負けないために、絶えず対応に追われることになりそうだ。

企業の課題

人々の勤労人生が形づくられる環境は、働き手の欲求や願望だけでなく、企業の制度や手続き、文化や価値観にも左右される。長寿化によりライフスタイルが変われば、企業と個人の間で交渉が始まり、企業は方針を根本から見直さざるをえなくなるだろう。

まず、企業が明らかに直面する課題を見ていこう。１００年以上生きる人たちのニーズに応えるために、企業にはなにが求められるのか？　以下の六つの提案をしたい。

無形の資産に目を向ける

第一は、有形の資産と無形の資産に関して企業が発するメッセージのバランスを取ることだ。現状では、雇用主と働き手の関係は、有形の資産によって結びついている。賃金がいくら支払われるか、企業年金や各種手当がどの程度支給されるかといったことだ。しかし、ジミーとジェーンの人生のシナリオから明らかなように、有形の資産は重要ではあるが、それは人生で重要な「資産」のすべてではない。キャリアのあらゆるステージで、お金が最大の問題になるわけではないのだ。

では、有形と無形の資産のバランスを変えるためにはどうすればいいのか？　まずは無形の資産に目を向け、どのような無形の資産があるかを考えるといいだろう。本書の記述がヒントになるだろうが、ほかにも個々の企業特有の重要な無形の資産があるかもしれない。社内の職種ごとに、無形の資産がどのような役割を果たしているか考えてみよう。その仕事を通して、生産性や活力などの無形の資産をはぐくめるのか？　働き手が職場外で無形の資産を築く後押しをできているか？　これらの点が明確になれば、従業員の選考や育成の際に、会社と働き手がどのような「契約」を結ぶのかを明快に説明できる。(10) そうした無形の資産に関するストーリーは、人々が人生の段階に応じた職選びをするうえで有益な情報になる。この点が重要なのは、人生のどの段階にある人も、多面的な人生と無形の資産を支えられるような仕事に対してモチベーションをいだくようになるからだ。

移行を支援する

第二の提案は、従業員が人生で移行を経験しなくてはならないこと、そして移行を成功させるために必要な変身資産を構築・維持するのが容易でないことを理解して、必要な支援を提供することだ。ほとんどの人は、キャリアのどこかで移行を経験せざるをえない。それを助けるために、企業にはさまざまなことができる。たとえば、変身に必要なスキルを訓練してもいいし、活力と多様性がある人的ネットワークを築くよう促してもいい。同僚からのフィードバックを通じて、自分についての知識を形成させてもいい。第6章で述べたように、変身資産は

「るつぼ」の経験を通じて強化される。そこで、企業は従業員の教育と育成の一環として「システムの端」に立たせることも考えるべきだ。こうした取り組みは、学校教育を終えたばかりの若者を引きつけるための売りになるだけでなく、人生のさまざまなステージで会社に加わってくる新メンバーを迎え入れるプロセスの一環としても必要とされる。

マルチステージの人生を前提にする

第三は、キャリアに関する制度や手続きを見直して、3ステージの人生を前提にしたものからマルチステージの人生を前提にしたものに改めること。ジミーとジェーンの人生のシナリオを見てのとおり、企業に加わる人たちの経験とニーズは多様化する。60歳を越えても仕事を続けたいと考え、実際そうせざるをえないジミーは、刺激のある日々を送りたいと考えており、人生の新しいステージとしてポートフォリオ型のキャリアを望んでいる。そのために企業と新しいタイプの「契約」を結びたい。具体的には、企業が引退や老いに関する考え方を改め、生産性を保つための支援をし、賃金の支払い方をもっと柔軟にしてほしい。その代償として、賃金が増えなかったり、下落したりしてもかまわないと思っている。

一方、ジェーンは、人生の初期段階にエクスプローラーのステージを生きる。企業に対して望むのは、自分のような高技能の人材を見いだすことと、サバティカル（長期間仕事を離れて、学校に通ったり、ボランティア活動などをしたりして過ごす期間）を取ったり、人生のさまざまな段階でキャリアのペースを上げたり下げたりできるようにすること。そして、キャリアの途中で移行を成功させ、活力を充実させるための支援もしてほしい。多くの企業はこうした課題にすでに直面しているが、対応はその場しのぎのものにとどまっている。引退する人や新たに加わる人のニーズに個別に応じているだけなのだ。将来的には、個別の対応ではなく、もっと透明性と予測可能性が高くて公正な仕組みをつくる必要性が高まるだろう。

仕事と家庭の関係の変化を理解する

第四は、仕事と家庭の関係の変化を理解すること。第9章では、長寿化がパートナー同士の関係と家族の構成に及ぼす影響を説明した。家族のあり方が多様化し、とくに夫婦の両方がキャリアを追求するケースが増えるだろう。こうした形態は、家計をやりくりするうえでも有効だ。過酷な仕事を通じて多くの所得を獲得する役割と、主に仕事以外のことに時間を割く役割を二人で交互に担えることには、大きな利点があるのだ。いずれにせよ、家族の形態が多様化し、マルチステージの人生を生きる人が増える時代になれば、企業は個々の職種ごとに働き手への要求事項を明確に、そして具体的に示すことが求められる。

たとえば、第9章でクローディア・ゴールディンの指摘を紹介したように、高給を受け取れる代わりに、きわめて過酷な労働を要求される仕事もある（時間のプレッシャーが厳しく、勤務時間の自由裁量が小さく、突発的な予定変更に柔軟に応じなくてはならず、チームのメンバーや顧客と顔を合わせなくてはならない時間が多く、同僚に仕事を代わってもらうことが難しい仕事だ)。男女を問わず、育児に積極的に関わる時期の人にこの種の職が適さないことは、はっきり示すべきだ。もう一つ、企業は能力評価や資源分配の判断を性別に関係なくおこなうよう転換する必要がある。最近の若い男性たちの傾向が続くとすれば、多くの男性は子育てに積極的に関わることを望み、それを軸に働き方を決めようとするだろう。柔軟な働き方は、性別に関係なく、多くの人が望むものになるのだ。

年齢を基準にするのをやめる

第五は、(企業にとっては非常に難しいだろうが)年齢に対する考え方を改めて、年齢を基準にするのをやめること。社会で若者と高齢者の隔離が定着する過程で大きな役割を果たしたのは、企業だった。企業が引退という制度を確立させたことの影響が大きかったのである。引退を制度化することにより、企業は対立を避けつつ、高齢の働き手をやめさせ、壮健な若者を雇うことができた。企業内の役職名も、年齢による区別を後押ししてきた。「シニア(=上級)」と「ジュニア(=下級)」というよくある肩書きは、そもそもは年齢の老若を表す言葉だ。こうした年齢による区別は、マルチステージの人生には適さない。この変化を理解し、受け入れなければ、企業は墓穴を掘ることになるだろう。

企業に年齢差別を禁じる法律が整備されはじめているが、企業が法律の規定を守るだけでは明らかに不十分だ。ステージの移行時期が一律に決まっている3ステージの人生と違って、長いマルチステージの人生では、年齢などの形式的な基準は大きな意味をもたない。３ステージの人生が一般的だった時代なら、企業の人事部が従業員の成果とインセンティブを手軽に把握するために、暗黙に年齢を基準にしても問題はなかった。しかし、エイジ（＝年齢）とステージが一致しないマルチステージの人生への移行が進めば、そうはいかなくなる。企業の立場に立てば、明示的な年齢差別はともかく、人材の採用、昇進、給与の決定における暗黙の年齢差別を取り除くのは、きわめて手ごわい課題だ。それでも、年齢による差別をなくし、年齢や年齢の影響を受ける同僚評価とは無関係の客観的な基準を導入する必要がある。３ステージの人生では、年齢は経験を推し量る材料として有効であり、それが昇進と給与に直接反映されるのは合理的だったが、マルチステージの人生では、年齢と経験は比例しないからだ。

実験を容認・評価する

第六は、従業員にどのような働き方を認め、人材採用時にどのような経歴の持ち主を評価するかに関して、実験を容認・評価すること。向こう数十年の間に、人々は新しい状況に適応していく。ジミーのように、キャリアの途中でそれを実践する人も出てくるだろう。その際に指針にできるロールモデルが乏しいため、人々は新しい試みを実験せざるをえない。それは、成功する場合もあれば、失敗する場合もある。実験がうまくいけば、新しい試みはすぐに脚光を浴び、模倣されて広がっていくだろう。企業はそうした実験に目を配り、実験を受け入れるように転換するべきだ。3ステージの人生の下では、実験にせよ、ほかの理由にせよ、履歴書に空白期間がある人物は疑いの目で見られる。しかし、無形の資産をマネジメントするためにそのような期間を経験する人が増えれば、企業は履歴書の空白期間にもっと寛容にならざるをえなくなる。

人事の一大改革が必要

以上の提案を実践しようと思えば、企業の人事部門の制度や手続きに一大改革が必要だ。抵抗は大きいだろう。一つには、画一的で予測可能性が高い現状を捨てたくないと思うからだ。従業員の年齢を見るだけで、その人物がなにを求めているかを判断できるのは、企業にとっては都合がいい。それが変わってしまうと、標準的な労働時間と退職年齢を数パターン用意するだけでは不十分になり、もっと幅広い選択肢を用意し、個別の交渉にも応じなくてはならなくなる。マネジメントが複雑になるし、従業員の間に手続き面で不平等が生まれる危険もある。交渉が上手な人ばかりではないからだ。企業が変化を遂げることは難しく、前進するための道ははっきり定まっていない。多くの企業が変革に抵抗することは避けられないだろう。

企業が変革に強く抵抗する理由はほかにもある。複雑性を受け入れることには、コストがともなう。とくに経済状況が苦しい時期には、標準化されたプロセスが好まれる傾向がある。

100年ライフにふさわしい柔軟性を保つことは、一部の人の目には非効率にしか見えないかもしれない。

この点が大きなテーマになるのは、歴史上はじめてではない。産業革命の大きな特徴の一つは、企業が労働時間の標準化と画一化を求めたことだった。ほとんどの企業は、産業革命前の不規則でケースバイケースの労働時間を非効率だと感じていた。企業は工場や機械に莫大な投資をしており、それを最大限有効に活用するためには、それらをつねに画一的に用いる必要があったのだ。このような企業のニーズに応える形で、週6日72時間労働が導入された。当然、労働者は反発した。働き方の変更を強いられ、柔軟性も奪われたからだ。私生活や家庭生活のあり方も変えざるをえなくなった。しかし、このときは企業側の意向が通った。その後も、企業と労働組合の間で労働条件の見直しが交渉されてきたが、企業はあくまでも標準化を望み、労働時間こそ減ったものの、働き方の柔軟性が認められることはなかった。

今後も、標準化を求める企業の意向が通り続けるのか？　ジミーやジェーンがなにを望もうと、企業はビジネス上の理由でその求めをはねつけるのかもしれない。しかし、ほとんどの企業はなんらかの形で働き手の要求を受け入れるだろう。

一つには、今日の経済の性格が産業革命の時代とは大きく変わっているからだ。いま最も付加価値の高い産業は、物的資本ではなく、人的資本に基礎を置いている。そのため、高いスキルをもつ働き手の交渉力が強まっているのだ。多くの高付加価値産業で柔軟な働き方と引退の形態が導入されはじめている理由は、まさにこの点にある。この流れは、さらに加速するだろう。人材争奪戦が激化し、創造性とイノベーションの重要性がいっそう高まる結果、多くの企業は優秀な人材の獲得とつなぎとめを強く望み、そうした人たちの要求に耳を傾け、それを受け入れることに前向きになる。

機械の性能がますます向上していくことも見落とせない。これにともない、中スキル・中賃金の雇用の空洞化が進むだけでなく、職種ごとの違いが広がり、働き方の多様性も拡大する。機械と人間が協働する職種では、柔軟な働き方を実践する余地が大きくなるかもしれない。仕事の定型的な側面を機械に任せればいいからだ。テクノロジーの進歩には、組織内での調整をしやすくする効果もある。データ分析の導入が進めば、企業側は標準化を放棄しても、多くのコストを負担せずに多様な働き方に対応できるようになるだろう。協働のためのテクノロジーにより、チームのメンバーが結びつき、一人ひとりの仕事ぶりがつねに監視・評価されれば、柔軟な働き方を実践しやすくなる。

それでも、標準化されたシンプルな制度――つまり、会社にとって都合がよく、働き手にとっては都合のよくない制度――を手放さない企業はけっしてなくならない。人材の重要性が高い高付加価値産業を中心に、多様な働き方の選択肢を示すことが戦略上の大きな強みになると気づく企業は増えるが、すべての企業がそれを採算上得策だと考えるわけではないのだ。そこで、政府と社会は大きな課題を突きつけられる。希少な才能の持ち主は、企業に対する交渉力が強く、充実した選択肢をもてるので、自分の人生を思いどおりに構築して、１００年ライフの恩恵に最大限浴することができる。しかし、このような交渉力と選択肢をもてる人ばかりではないのだ。

現在、どこまで変わっているか？

現在、企業はどこまで変わっているのか？　著者たちは、この面での企業の対応を知りたいと考えた。そこで、著者（グラットン）がロンドン・ビジネススクールで主催する「働き方の未来コンソーシアム（共同研究プロジェクト）」のテーマとして１００年ライフへの対応を取り上げ、世界中の企業幹部たちと話し合った。

具体的には、いくつかのインタビューとワークショップ（２０１４年10月にロンドンで開催）を通じて、企業が１００年ライフの恩恵に最大限浴するためにどのような計画を立てているのかを議論したのだ。そこから明らかになったのは、ごく一部の例外を別にすれば、企業はほとんどなんの準備もしていないということだった。

多くの企業は、ジミーやジェーンのような複雑な生き方に対応できる制度や手続きを採用していない。50年以上前の採用と人材育成のやり方を変えていない企業がほとんどだ。新卒採用を原則としているために、エクスプローラーのステージを経験したり、キャリアの途中で会社勤めを始めようとしたりする人を門前払いにしている。そして、従業員の学習のプロセスはたいてい前傾型だ。つまり、主としてキャリアの出発時に学習をおこない、30歳を過ぎると学習の機会は少なくなる。教育や社会的活動のために長期間仕事を休めるように、サバティカルや休職の制度を設けている企業は少なく、仕事を中断したい人は退職せざるをえない。

家庭との関係では、多くの企業はいまだに、主に女性が家族の世話をするものと暗黙に考えている。子育てで大きな役割を果たしたい男性は、ほとんど支援を得られていない。

おそらく最大の問題は、引退に関する考え方だろう。大半の企業は、働き手が60代前半でフルタイムの仕事を辞めたがっていると決めつけている。長く働き続けたい人は特殊な存在とみなされ、60歳以上の人はたいてい年寄り扱いされて、仕事の知的試練に対応できないと思われてしまう。要するに、引退とともにすべてが「急停止」し、年長の人たちが柔軟な働き方をしながら若い世代のメンターや支援者の役割に移行したり、ポートフォリオ・ワーカーとして活発に活動したりする道はいっさい閉ざされるのだ。

やがて、こうした状況は変わる。企業はエクスプローラーのステージを生きている人たちを採用し、キャリアのあらゆる段階の人たちに学習の機会を提供し、従業員にサバティカルの取得を奨励するようになる。父親が育児に積極的に関わることを支援し、従業員が長く働き続け、多様な働き方を選べるようにもする。そして、キャリアの終盤に「急停止」ではなく、「緩やかな停止」を迎えられるようにし、年長の人たちがなんらかの仕事を続ける道を開く。しかし、企業がこのような変化を遂げるためには、さまざまな障害を乗り越える覚悟が必要とされる。

政府の課題

人々の仕事の環境をつくるのは企業だが、もっと広い生活の環境をつくるのは政府の政策だ。この点に関して、政府は現在どのような立場を取っていて、長寿化という新しい現実に対応するまでにどれくらいの時間を要するのか？　政府がすべきことは多い。個人が人生設計の見直しを迫られるように、政府も法制度と税制度、社会保障制度、雇用制度、結婚制度、教育制度をつくり変えなくてはならない。人々が人生の再設計を成功させるためには、政府による法制度の再設計が不可欠だ。

財政の問題

ある側面については、政府がどのような長寿化対策を実施すべきかは数十年前から議論されている。引退年齢が引き上げられないまま平均寿命が延びて、年金・医療コストが増大すれば、財政はいずれ破綻する――そのような認識の下、マクロ経済学と財政学の分野で多くの分析と政策提言がなされてきた。第2章で述べたように、100年ライフの到来という可能性を突きつけられた各国政府が真っ先に示す反応は、財政支出の見直しだ。しかし、ここまで見てきたとおり、長寿化時代の真の課題は無形の資産のマネジメントであり、この点について各国政府の対策は後れを取っている場合が多い。

私たちが有形の資産と無形の資産に関する計画を立てるという難題に取り組む際に重要なデータの一つは、自分が何歳まで生きる可能性があるかというものだ。この点については、異なるデータが複数存在する。第1章で述べたように、平均寿命を推計する方法には、ピリオド平均寿命とコーホート平均寿命という二種類があるのだ。

政府や保険業界がピリオド平均寿命を予測の土台にするのは、やめにした方がいい。ピリオド平均寿命を採用すると、マクロ経済政策論議で誤解を生むだけでなく、人々の思考を混乱させ、誤った安心感を生み出すからだ。ピリオド平均寿命では、いま8歳の子どもが40歳、50歳、70歳になったときの平均余命が現在の40歳、50歳、70歳と同じとみなす。この推計は、向こう40年、50年、70年の間に栄養状況、国民への啓蒙、医療技術が前進する可能性を実質的に無視するものだ。したがって、豊かな国々の現在のピリオド平均寿命は80～85歳程度となっている。

それに対し、将来の平均寿命の上昇を考慮するコーホート平均寿命は100歳を上回る。なにしろ、図1-2を見れば一目瞭然だが、1800年代以降、平均寿命は右肩上がりで伸び続けてきたのだ。二種類の平均寿命の違いは大きい。ここには由々しき問題も潜んでいる。ピリオド平均寿命をもとに予測を立てている政府は、将来の国家財政の負担を軽く見てしまい、問題の深刻さを国民に十分に伝えられないのだ。

3ステージの前提から脱却

長寿化が政府に突きつける深刻な試練は、財政の問題だけではない。現在の制度や政策の多くは、年齢が大きな意味をもつ3ステージの人生を前提にしている。教育、官僚機構、企業に関する政策の軸を成しているのは、年齢だ。年齢を基準にしている制度は数知れない。たとえば、労働市場に関する政府統計を見てみよう。ほとんどの政府統計は、0～15歳を「子ども」、16～64歳を「勤労年齢」、64歳以上を「引退者」（暗に「老人」と言っているに等しい）と位置づけている。しかし、寿命が長くなれば、「若い」「老いている」という概念も変わる。年齢によるカテゴリーわけは、若々しい年長世代が増えたり、「エイジ」と人生の「ステージ」が一致しなくなったりしている現象（いずれも別の章で詳しく論じた）を反映できていない。教育機関が変わるまでに時間を要するのと同じように、政府も対応に時間がかかるだろう。

3ステージの人生を前提にして考えることの危うさは、財政破綻回避策に関するマクロ経済政策議論を見ればよくわかる。ほとんどの国の政府は、引退年齢の引き上げを試みているが、図10-1にあるように、多くの国にとっては、55～64歳で仕事をもっている人が少ないことが大きな問題なのだ。

人々が平均して何歳で引退するかは、国によって大きく異なる（経済協力開発機構〔OECD〕は、その年齢のことを「経済的不活動状態への平均移行年齢」と呼んでいる）。たとえば、

図10–1　55-64歳の就業率

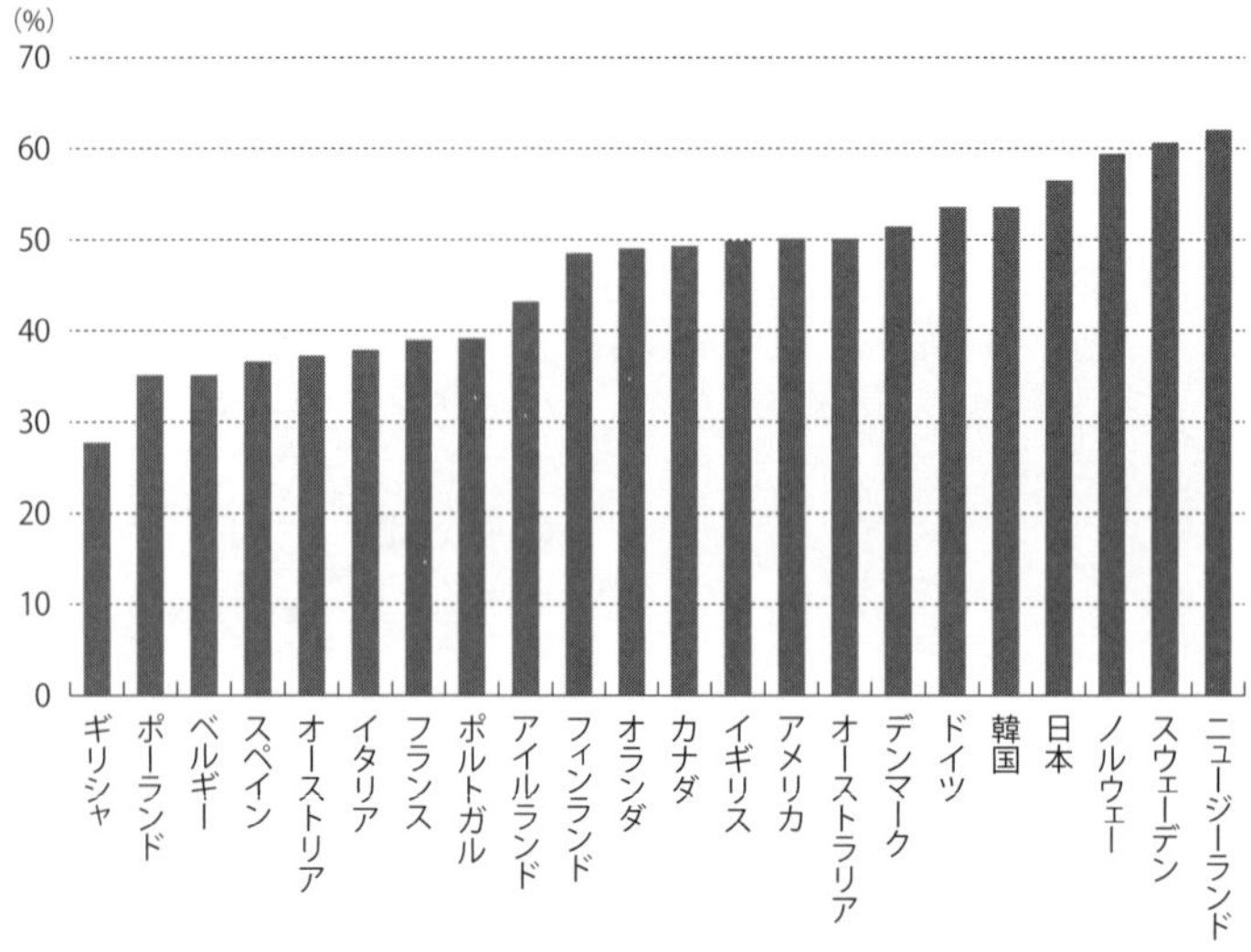

（出典）OECD.

ギリシャ、イタリア、フランスの人たちは、ノルウェー、スウェーデン、ニュージーランドの人たちより10年ほど早く引退している。さまざまな研究によれば、引退年齢は法律と財政政策の影響を強く受ける。引退を遅らせれば遅らせるほど、年金受給額が増えるのか？　それとも、上限が決まっているのか？　老後資金の積立金と年金は、税制上どのように扱われるのか？　引退前に年金以外の社会保障給付をどのくらい受給できるのか？　こうした点が大きな影響をもつのだ。ほとんどの国の政府は、財政破綻を避けるために、人々に早期の引退を思いとどまらせるための施策を打ち出しているが、問題はそんなに単純ではない。マルチステージの人生では、引退年齢はあまり大きな意味をもたなくなり、あらゆる年齢層に対して柔軟な働き方を支援することのほうが重要になる。政府は、人生における主要な移行の時期を固定せず、人々が自分で時期を決められる仕組みをつくるべきだ。

マルチステージの人生の出現、エイジとステージの分離、一斉行進型モデルの終焉はすべて、自分の人生をどのように組み立てるかについて個人の選択の機会を生み出す。それを受けて、企業だけでなく、政府も方針を変えなくてはならない。引退年齢と年金の掛け金（現状では、いずれも3ステージの人生を前提にしている）を変えるだけでは不十分だ。税制と社会保障制度に関して、いま政府が考えているよりも大きな改革に踏み出す必要がある。たとえば、現在のように年齢を基準にした人生のスケジュールと引退直前の10年間をことさらに重んじるのではなく、生涯を通じて利用できる給付金や融資枠にもっと力を入れるべきだろう。そのような制度を利用できれば、人生のさまざまなステージのマネジメントに関して個人の選択肢と柔軟性を拡大できる。政府には、年金制度と貯蓄制度の柔軟性を高めることが求められる。

誰もが生涯の資金計画を成り立たせ、貯蓄するようになるために、政府が国民に貯蓄を奨励し、金融リテラシーの強化を後押しする必要もある。もちろん、金融業界も変わらなくてはならない。3ステージの人生からマルチステージの人生への移行が進めば、資金計画のあり方が変わり、金融商品も変わる。それに合わせて、政府の規制も大きく変わらざるをえない。

既存の分類は役に立たない

3ステージの人生の解体が政府に突きつける課題はほかにもある。多くの国の政府は、人生の第二ステージ、つまり仕事のステージに関する法規制をつくる際に、すべての働き手がフルタイムとパートタイムのどちらかに分類できるという前提に立ってきた。そして、この両者の間に明確な線引きができるものとみなしている。しかし、本書で論じてきたように、政府はもっと多様な生き方と働き方を受け入れなくてはならなくなる。フルタイムかパートタイムかという二者択一があまり意味をなさない時代が訪れるのだ。

その傾向は、すでにシェアリング・エコノミーの世界で現実になりはじめている。タクシー配車サービスのUber（ウーバー）や民泊斡旋サービスのAirbnb（エアビーアンドビー）のようなシェアリング・エコノミー系のビジネスの台頭は、「従業員の定義とは？」「医療保険や年金などの給付には、誰が責任をもつのか？」といった複雑な問題を表面化させている。昔は、労働組合が労働者全体の利益を代弁した。新しいシェアリング・エコノミーの世界では、労働運動がまだ始まったばかり。今後はこうしたビジネスで柔軟に働く人たちの権利が裁判で争われるなど、さらなる戦いが待っているだろう。

キャリアの途中での移行と新しいパートナー関係も、政府が解決すべき課題を生み出す。現状の法制度は、従来の典型的な形態の世帯を前提につくられている。しかし、家族構成が多様化し、キャリアの途中で移行を経験する人が増える時代には、金融、税、雇用に関する法律において、人生のあらゆる時期で柔軟性を認めることに加えて、旧来の標準とは異なるパートナー関係と子育ての形を実践している人すべてに柔軟性を認める必要がある。

政府が取り組むべき課題は、複雑で多岐にわたる。産業革命のとき、働き方の変化に対応するための法律が整備されるのに何十年も要したように、長寿化時代の新しい働き方に法律が対応するにも何十年もかかるかもしれない。しかも、法律を変えるだけでは解決しそうにない問題もある。一方、長寿化がもたらす魅力的な要素の一つは、四世代同居家族が増加することだ。さまざまな世代が混ざり合う結果、人々はみずからの行動や政府の政策の影響を考えるとき、これまでより長期的な視野に立てるようになるかもしれない。

ランペドゥーサの小説『山猫』に登場する君主は、自分が実際に触れて愛せる人たち（つまり、自分の子どもたち、そしておそらく孫たち）が生きている間のことしか心配できないと思っていた。同じように考えている人も多いだろう。まだ生まれてもいない世代の幸せを考えて行動するのは難しい。しかし、長寿化が進めば、人々は多くの世代と触れ合うようになる。たとえば、ジミーは2031年に孫が生まれる。その子は50％の確率で2140年まで生きる。気候変動の予測に取り組んでいる科学者のなかには、2100年までに地球温暖化が深刻な状況になる可能性があると考える人たちもいる。2100年と言われると遠い先の話に思えるが、それは私たちが実際に触れて愛せる人たちが生きているうちに経験するかもしれない問題なのだ。(11)

不平等という試練

長寿化時代に政府が直面する難題の一つは、不平等の問題だ。二つの大きな問題がある。第一に、平均寿命が上昇しているといっても、すべての人の寿命が等しく上昇しているわけではない。所得レベルによる寿命格差が広がっているのだ。豊かな人は、貧しい人よりかなり長く生きている。誰もが100歳まで生きるわけではないのだ。第二に、100年ライフを厄災ではなく恩恵にしたければ、自分についての知識、スキルと教育、移行を成功させるための資金、雇用主との交渉力がなくてはならない。問題は、これらの資質をふんだんにもっているのが主に所得上位25％の層、とくに専門職と技術職の人たちだということだ。すべての人が等しくそうした資質をもっているとは限らない。つまり、現在の政策の下では、本書で論じた選択肢を誰もが選べるわけではないのである。

図10-2は、第一の課題を表現したものだ。アメリカで1920年に生まれた人と1940年に生まれた人の平均寿命の違いを男女別・所得階層別に示してある。見てのとおり、すべての人の平均寿命が等しく上昇しているわけではない。高所得層と低所得層の間に大きな格差が生まれていることがわかるだろう。これは、アメリカだけの現象ではない。同様のことが世界規模で起きている。それに輪をかけて問題なのは、低所得層の女性の場合、平均寿命が20年の間に下落していることだ。全体として見ても、高所得層の平均寿命は低所得層より12年以上長い。

図10-2　所得階層別の平均寿命の増減（1920年生まれと比較した1940年生まれの寿命）

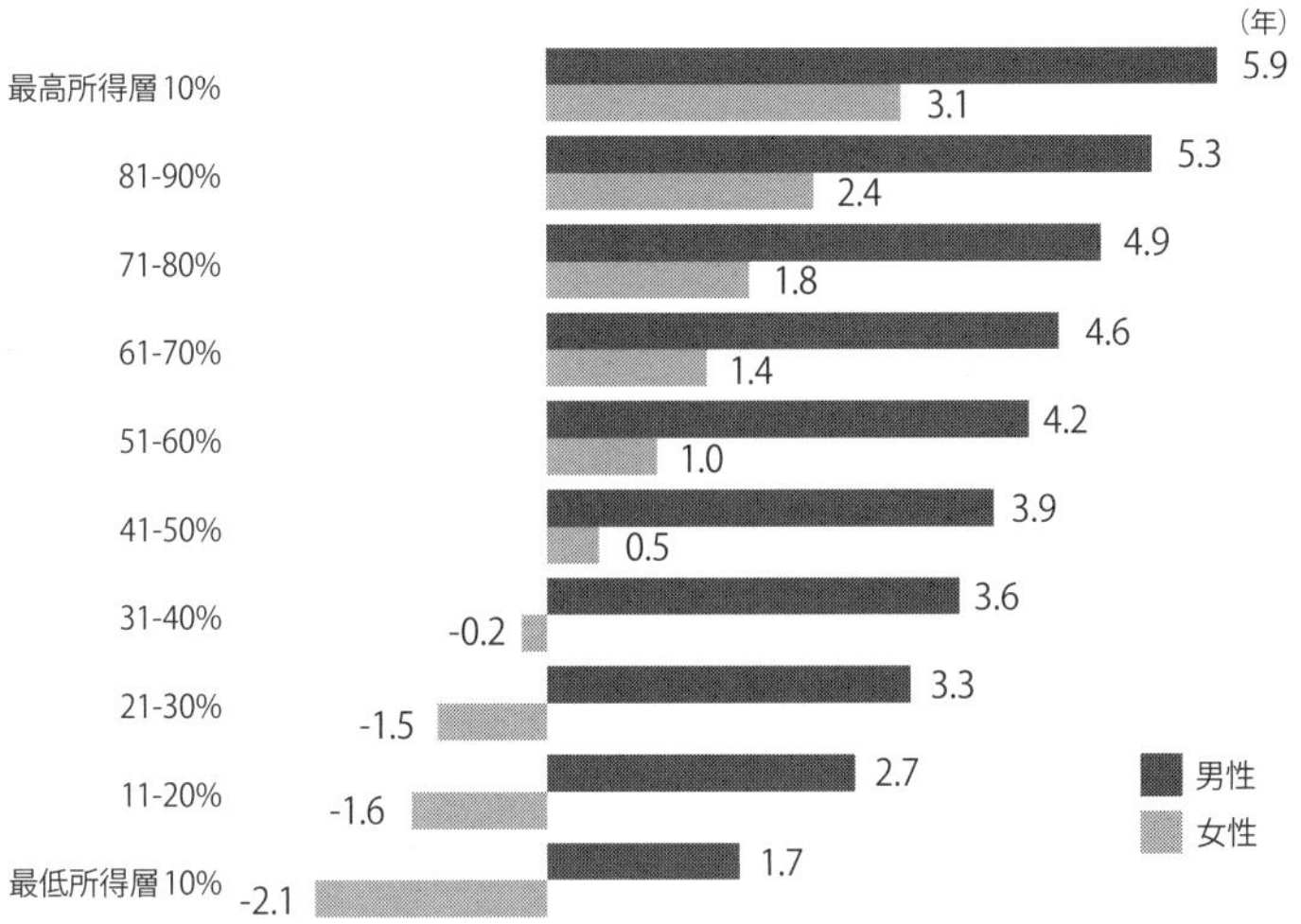

（出典）Bosworth, B. and Burke, K., 'Differential Mortality and Retirement Benefits in the Health and Retirement Study', Brookings Institution (mimeo 2014).

平均寿命の上昇ペースに格差があるということは、健康格差がさらに広がると予想される。健康格差の問題は次第に大きな議論になり、政策的対応の対象になりそうだ。政府がどのように対応するかはまだ定かでないが、貧困層に資源を振り向け、啓蒙活動を強化するなど、大がかりな政策が実行されるだろう。それで格差が解消されるわけではないが、格差を縮小させることはできる。長寿の恩恵を一部の特権層だけのものにしてはならない。

　第二の課題は、繰り返しになるが、生涯所得の少ない人ほど、３ステージの人生を解体するために必要な柔軟性とスキルをもちにくいという点だ。序章で紹介したトーマス・ホッブズの言葉を一部借りれば、貧しい人たちは、「不快で残酷で長い」人生を強いられる危険がある。スキルと知識が不足している人は、長い引退生活を支えられず、キャリアの途中で移行を成し遂げることも難しい。長寿化の恩恵に浴することができず、むしろ損失をこうむるリスクが切実だ。そのような人たちは、昔の人たちと同じような人生を送ることになるかもしれない。すなわち、人生の終わり近くまでほとんどの時期を働き続け、老いるにつれて所得が減り、生活水準が下がる可能性があるのだ。

政府は、引退制度の導入がもたらした恩恵を維持しようと努めるだろう。人々がお金の面で不安がなく、余暇を楽しめる老後を過ごせるようになったことは、大きな社会的進歩だったからだ。その恩恵を維持するための一つの方法は、年金制度で豊かな人と貧しい人の扱いを変えるというものだ。貧しい人向けには、公的年金を維持するのが理にかなっている。貧しい人たちは3ステージの人生を送り続け、これまでより勤労期間と引退期間の両方が長くなる可能性が高いからだ。一方、豊かな人たちは、自分で老後資金を蓄えることを求められるようになり、老後資金に関する制度もマルチステージの人生にふさわしい柔軟なものに変わっていくだろう。残念ながら、低所得者は高所得者に比べて平均寿命が短いので、引退年齢の引き上げは小幅で済むし、引退期間も比較的短期にとどまる。

こうした方策が実施される可能性が高いが、100年ライフで選択肢が大きく広がることを考えると、それが社会的に望ましい解決策とは思えない。70歳やそれ以降まで中断なく勤労人生が続くことは、どのような所得レベルの人にとっても好ましいことではない。無形の資産に大きなダメージをこうむるからだ。所得の少ない人の平均寿命が短い理由の一つも、おそらくこの点にある。もちろん、燃え尽きや肉体的消耗、精神的退屈、仕事と家庭や友人関係のバランスを取ることの難しさといった問題には、豊かな人たちも悩まされる。しかし、富裕層のほうがこうしたストレスにうまく対処する手立てをもっている。資金力があるし、健康的な生活を送る能力も高いからだ。

低所得層が不利な点はまだある。テクノロジーのイノベーションが進んだとき、職を失いやすいのは、高スキルの人よりも低スキルの人だ。そのため、勤労人生が長くなる時代には、所得の低い層ほど、テクノロジーの進歩によってスキルが時代遅れになる経験を頻繁に味わわされるのだ。

そこで、政府が支援の手を差し伸べ、低所得層が移行に必要な資金を確保し、新しいステージへの準備をし、無形の資産を築く時間を取れるようにする必要が出てくる。多くの国では、20世紀に失業保険、疾病・傷害手当、出産・育児休暇（育児休暇の対象は次第に男性にも広がっていった）、公的年金の制度が導入された。これらの制度は、人生の移行期間を乗り切ったり、思わぬ打撃に対処したりする手立てを貧困層に与えた。そうした手段は、それまでは金持ちにしか手に入らないものだったのである。今後、キャリアの途中での移行がいっそう重要になり、人生を再創造するうえで不可欠な要素になれば、生涯を通じて利用できる公的給付金の仕組みが設けられるかもしれない。仕事を中断するとき、一定期間もしくは一定金額までそこからお金を引き出せるようにするのだ。労働運動が再び活発になり、低所得層が自由な時間を確保できるようにし、中断なく長期間働き続ける苦しみを味わわずに済むよう支援する法律の制定を求めはじめるかもしれない。

長寿化は、不平等の克服につながる大きな可能性を秘めている。人生が多くのステージで構成されるようになれば、キャリアの滑り出しで失敗したり、初期に挫折を経験したりしても挽回のチャンスを得られるからだ。しかし、不平等の原因が（健康、教育、人的ネットワーク、貯蓄への）投資量の違いにあるとすれば、さまざまな資産への投資の重要性が増す長寿化時代には、むしろ不平等が拡大する恐れもある。20世紀には、政府が無償の教育と子どもの健康に大々的な投資をするようになった。子ども時代は、3ステージの人生では重要な投資の時期だからだ。平均寿命が延びてマルチステージの人生が出現すれば、投資が必要とされる時期がもっと増える。将来的には、そうした投資に政府がどの程度関わるべきかという議論が活発になるだろう。

以上の話は推測にすぎないが、基本的な発想は本書で繰り返し述べてきたことの延長線上にある。長寿化の議論では、所得や貯蓄の問題ばかりが注目を浴びているが、真の試練は、長い人生を支えるのに必要な無形の資産をどのようにマネジメントするかという点なのだ。現状では、不平等の解消に向けた社会政策はお金の面が中心になっている。しかし、寿命が長くなれば、格差是正策をもっと幅広いものにする必要が出てくる。難しい課題ではあるが、長寿を恩恵と感じられる人を増やすためには、それがきわめて重要だ。多くの国で現在実践されている社会政策は、3ステージの人生を確立することを通じて、人々の幸福を高めるというものだった。その3ステージの人生が揺らげば、20世紀に生まれた看板政策も揺らがざるをえない。

なぜ、変化は遅いのか?

驚くべきなのは、長寿化の時代に社会に訪れる変化の大きさと、企業や政府が打ち出す対応の規模の小ささの落差があまりに大きいことだ。そして、それにも増して驚かされるのは、直面している課題への理解がおおむね不足していることである。企業や政府の対応が「遅れを取っている」という表現では手ぬるいくらいだ。

長寿化は経済と社会にきわめて大きな変化をもたらすものなのに、どうしてこれまでのところ大きな変化が起きていないのか? 一つの理由は、きわめて単純なものだ。社会が変わるには、長い時間がかかる。長寿化はある日突然起きたわけではなく、何十年もかけて少しずつ進行してきた。これは、有名な「ゆでガエルの寓話」そのものだ。煮えたぎった熱湯の中にカエルを放り込めば、驚いて鍋の外に飛び出す。けれども、鍋の中に入れて少しずつ加熱していっても、カエルはそのまま動かない。ものごとがゆっくり進行しているとき、人は思い切った行動を取りづらい、というわけだ。

そう考えると、法制度の後押しにより社会が変わるまでに時間がかかる場合が多いのは、別に不思議なことではないように思える。産業革命期のイギリスで、議会が児童労働に関する法律をはじめて成立させたのは1802年。8~12歳の労働時間を1日6時間半に制限する工場法が制定されたのは、その約40年以上あとだった。このように、すぐに対策が打ち出されるより、数十年かけてさまざまな法律が制定されて、個人と社会が長寿化に適応できるようになる可能性が高い。

変化が遅い理由のもう一つは、おそらくもっと深刻な問題だ。それは、環境のサステナビリティ(持続可能性)にも共通する問題である。その問題とは、人間の短期指向の強さだ。温室効果ガスの排出量を減らすための措置と同様、長寿化に対応するために踏み出すべき変化のコストはいま生じるが、変化の恩恵がもたらされるのはずっと先なのだ。幸い、長寿化への対応では、環境のサステナビリティの問題ほどは短期指向の影響が深刻でない。サステナビリティの問題では、いま変化を実現することにより恩恵を受ける人の多くは、まだ生まれていない世代だ。長寿化の問題では、いま18~30歳の世代が選挙での投票を通じて政府を動かし、自分の将来に恩恵をもたらすような変化を起こすことができる。

しかし問題は、多くの国でこの世代が年長世代より人口が少なく、たいてい政治にあまり関わろうとしないことだ。たとえば、2012年のアメリカの国政選挙の投票率は、45歳以上は3分の2、25~44歳は半分なのに対し、18~24歳は3分の1をかろうじて上回るにすぎない。若い世代は政治への幻滅を強めているように見える。1964年には、この年齢層の半分が投票していた。それが2012年には3分の1あまりまで下がってしまったのだ。人口が少なく、しかも選挙の投票率が低い世代の声は、政治に届きにくい。もっと人口が多く、政治的にも活発なベビーブーム世代が、政府の関心を引退期間と高齢者医療に向けさせるだろう。

これでは、生涯教育、スキル開発、柔軟な働き方、キャリアの途中での移行などの問題で、若い世代の主張が通らない恐れがある。長寿化の影響を受けるのは高齢になってからの人生だけではないと、本書では主張してきた。しかし、高齢の有権者の声ばかりが政治に届くようだと、全世代のための改革は遅々として進まず、おそらく不十分なものにとどまるだろう。

政府と企業の対応に時間がかかると予想できる理由はほかにもある。新しいステージや移行期間の出現を受けて社会が変わるためには、まず実験をへなくてはならない。新しい人生のステージに合わせて企業と政府の方針や制度をどのように変えるべきかが明らかになるまでには、時間がかかるのだ。

しかし、この点に関してなんらかのコンセンサスが形成されなければ、大きな変化が起きることは考えにくい。今後10年の間に、現在のやり方や法制度ではうまくいかないという認識は広がるだろうが、どのような対応が最善かという明確なコンセンサスは形成されないかもしれない。政策立案者にとっては、もう一つ問題がある。一人ひとりの状況の違いがきわめて大きいことだ。社会の非同質性が妨げになるのである。3ステージの人生における一斉行進型モデルでは、人生のさまざまなステージを経験する順序は一つしかなかったが、マルチステージの人生では、一人ひとりの好みや環境によってさまざまな順序が可能になる。そうした多様性があるために、どのような変化を起こすべきかというコンセンサスに達することがひときわ難しくなる。

変化の担い手は？

そうだとすれば、希望はないのか？　私たちは、新しい現実に適合しない企業の方針や政府の規制の下でますます長く生きるしかないのか？　著者たちが思うに、変化の担い手になるのは、企業でもなければ政府でもない。煎じ詰めれば、その担い手は私たちだ。長寿化の試練とチャンスを前にして、個人や夫婦、家族、友人グループが実験し、既存のやり方を壊し、それを再構築し、意見を交わし、議論を戦わせ、苛立ちを覚える必要がある。

多くの人が行動を起こし、議論することによって生まれるのは、生産的な人生を送るための新しい模範的なモデルではない。柔軟性と個人の自由を求める思いが人々に共有されるようになるのだ。企業が変化に迅速に対応できない理由の一つは、まさにこの点にある。ここで、長寿化時代の大がかりな社会的闘争が起きるだろう。企業と政府が標準化されたシンプルなモデルを好むのに対し、個人は柔軟性と選択肢を拡大させようとする。画一性がもたらす効率か、個人の選択肢の多さか――社会は、この二律背反に関してどこでバランスを取るかを決めなくてはならない。おそらく組織より個人重視の傾向が強まるだろうと、著者たちは予測している。

その傾向は、高付加価値産業でとくに際立つ。それらの産業で企業が成功できるかどうかは、やる気がある献身的な働き手の有無に左右されるからだ。

では、変化はどのようにして起きるのか？　政府はすでに対応に乗り出しはじめている。ただし、これまでの取り組みは、主として人生の第三ステージに向けられてきた。引退年齢を引き上げたり、年金の支給額や受給資格を変更したり、高齢者差別をなくすための法律をつくったりといったことだ。しかし、それだけでなく、政府は税と財政の制度変更にも着手している。所得、資産、給付を年単位で考えるのではなく、一生涯単位で考える方向に転換しようとしているのだ。このように個人の選択の柔軟性を高める動きは、産業界にも歓迎される。とくに金融業界は、人々が資金計画を見直す手伝いをするというビジネスチャンスに気づく。政府は、生涯を通じた人生の柔軟性を高めるのと並行して、３ステージの人生が支えてきた暗黙の高齢者差別を取り除くために法律の修正も始めるだろう。

企業の取り組みはどうか？　企業は、本書で論じてきた新しい現実のいくつかを遠ざけておく手立てを多くもっている。たとえば、大学卒業後ただちに会社に加わりたい若者が大勢いれば、エクスプローラーのステージを生きている人材に目を向けずに済む。育児の大部分をパートナーに任せ切りにしてもいいと思う父親が大勢いれば、上級幹部向けに男女の平等性が高い働き方を導入する必要もない。十分なスキルをもった若者が大勢いれば、60代以上の人たちを引退させても問題なく、この世代の人たちを活用するための創造的な方法を考えるまでもない。

したがって、変化はゆっくりと進む。たとえば、既存のやり方を維持しつつ、個人の要望に応えるために例外や多様性を認めはじめるかもしれない。すでにそれを実践している企業もある。引退年齢の選択肢を広げたり、仕事を中断して数カ月後に復帰する道をつくったり、週休3日制や半日勤務制を選べるようにしたりしているケースだ。やがて、そうした例外扱いが増えていき、人々がますます自分なりの希望を主張するようになれば、企業の人事部は本格的に制度を変更するだろう。人材争奪戦が激化すれば、有能で経験豊富な人たちは、要求が受け入れられなければ会社を辞めると脅せる。こうして、古い仕組みにヒビが入りはじめるのだ。このような状況が現実になってはじめて、企業は労働時間とキャリアの道筋に関する制度を変更することにメリットを見いだす。

変化の兆しは見えている。最近の才能豊かな人たちは、自分の会社を築き、その後に大企業に加わることを望む場合がある。企業としては、そうした人材を活用しない手はない。有能な男女のなかには、家庭で育児や介護の役割を果たせるような働き方を企業に要求する人たちも増えている。また、いまベビーブーム世代が大勢引退しはじめており、航空宇宙や製薬などの分野で人材不足が深刻な危機を引き起こしている。

以上のような要因が、やがては変化をもたらすだろう。しかし、その歩みは、多くの人が望んでいるより遅く、足元が危なっかしく、ためらいがちなものにとどまりそうだ。結局は、一人ひとりがはっきり意思表示をし、自分の希望とニーズを明らかにすることにより、企業の変化を後押しすることが必要になる。一方、企業のリーダーたちは、3ステージの人生の働き方を前提に築かれた企業では変化に十分に対応できないことに気づくべきだ。

政府と企業のルールへの苛立ちを強めた人々は、個人単位と集団単位で新しい働き方と生き方を実験したいと思いはじめるだろう。それは、間違いなく好ましい材料だ。そのような実験のプロセスを通じて、多くの人が自分にとって真に大切なものを探索するようになり、一人ひとりの個性と多様性が奨励され、称賛されるようになる。こうして、人々は多様な働き方と生き方を選べるようになり、それが100年ライフの果実を生むのだ。

【訳者紹介】
池村千秋（いけむら　ちあき）
翻訳者。リンダ・グラットンの前作『ワーク・シフト』のほか、ミンツバーグ『私たちはどこまで資本主義に従うのか』『MBAが会社を滅ぼす』、モレッティ『年収は「住むところ」で決まる』、キーガンほか『なぜ人と組織は変われないのか』、ピンク『フリーエージェント社会の到来』、コーエン『大停滞』など、ビジネス・経済書の翻訳を数多く手がける。

LIFE SHIFT《ライフ・シフト》

2016年11月3日発行

著　者――リンダ・グラットン／アンドリュー・スコット
訳　者――池村千秋
発行者――山縣裕一郎
発行所――東洋経済新報社
〒103-8345　東京都中央区日本橋本石町 1-2-1
電話＝東洋経済コールセンター 03(5605)7021
http://toyokeizai.net/

装　丁…………橋爪朋世
D T P…………アイランドコレクション
印　刷…………東港出版印刷
製　本…………大観社
編集担当………佐藤朋保
Printed in Japan　　ISBN 978-4-492-53387-1

著者紹介

リンダ・グラットン (Lynda Gratton)

ロンドン・ビジネススクール教授。人材論、組織論の世界的権威。リバプール大学にて心理学の博士号を取得。ブリティッシュ・エアウェイズのチーフ・サイコロジスト、PAコンサルティンググループのダイレクターなどを経て現職。

2年に1度発表される世界で最も権威ある経営思想家ランキング「Thinkers50」では2003年以降、毎回ランキング入りを果たしている。2013年のランキングでは、「イノベーションのジレンマ」のクリステンセン、「ブルー・オーシャン戦略」のキム＆モボルニュ、「リバース・イノベーション」のゴビンダラジャン、競争戦略論の大家ポーターらに次いで12位にランクインした。

2008年、フィナンシャルタイムズ紙より「次の10年で最も大きな変化を生み出しうるビジネス思想家」に選出。2011年、英タイムズ紙の「世界のトップ15ビジネス思想家」の一人に選出。2015年、ロンドン・ビジネススクールのベスト・ティーチャーに選出。

組織のイノベーションを促進する「Hot Spots Movement」の創始者であり、85を超える企業と500人のエグゼクティブが参加する「働き方の未来コンソーシアム」を率いる。

邦訳された『ワーク・シフト』(2013年ビジネス書大賞受賞)、『未来企業』のほか、*Living Strategy, Hot Spots, Glow*などの著作があり、20を超える言語に翻訳されている。

著者のサイト：http://www.lyndagratton.com/

本書のサイト：http://www.100yearlife.com/

アンドリュー・スコット (Andrew Scott)

ロンドン・ビジネススクール経済学教授、前副学長。オックスフォード大学を構成するオール・ソウルズカレッジのフェローであり、かつ欧州の主要な研究機関であるCEPR(Centre for Economic Policy Research)のフェローも務める。2005年より、モーリシャス大統領の経済アドバイザー。財政政策、債務マネジメント、金融政策、資産市場とリスクシェアリング、開放経済、動学モデルなど、マクロ経済に主要な関心を持つ。

注

序　章

1　Oeppen, J. and Vaupel, J., 'Broken Limits to Life Expectancy', *Science* 296(5570) (2002): 1029–31.

2　'A Letter to Jean-Baptiste Le Roy (13 November 1789)'. *The Private Correspondence of Benjamin Franklin* (1817) に最初に収録。

第1章

1　Deaton, A., The Great Escape: Health, Wealth and the Origins of Inequality (Princeton University Press, 2013).（アンガス・ディートン著、松本裕訳『大脱出：健康、お金、格差の起源』みすず書房、2014年）

2　Preston, S. H., 'The Changing Relation Between Mortality and Level of Economic Development', *Population Studies* 29(2) (July 1975): 231–48.

3　公式に確認されている史上最高齢者は、フランス人のジャンヌ・カルマン。122歳まで生きた。

4　Kurzweil, R. and Grossman, T., *Fantastic Voyage: Live Long Enough to Live Forever* (Rodale International, 2005).

5　Fries, J., 'Ageing, Natural Death and the Compression of Morbidity', *New England Journal of Medicine* 303(3) (July 1980): 130–5.

6　Freedman, V. A., Martin, L. G. and Schoeni, R. F., 'Recent Trends in Disability and Functioning Among Older Adults in the United States: A Systematic Review', *Journal of the American Medical Association* 288(24) (December 2002): 3137–46.

7　188カ国を対象にした最近の調査によると、ほとんどの国では、平均健康寿命より平均寿命のほうが速いペースで延びているようだ。たとえば、日本では過去40年間に平均寿命は4歳上昇したが、平均健康寿命の上昇は3歳にとどまっている。この数字は、韓国では7歳と6歳、アメリカでは3.5歳と2.5歳、西ヨーロッパでは5歳と3.5歳だ。以下を参照。'Global, Regional and National Disability Adjusted Life Years (DALYs) for 306 Diseases and Injuries and Healthy Life Expectancy (HALE) for 188 Countries, 1990–2013: Quantifying the Epidemiological Transition', GBD 2013 DALYS and HALE Collaborators, *The Lancet* (2015).

8　Lafortune, G., Balestat, G. and the Disability Study Expert Group, 'Trends in Severe Disability Among Elderly People: Assessing the Evidence in 12 OECD Countries and the Future Implications', OECD Health Working Paper no. 26.

第2章

1　たとえば、以下を参照。Campanale, C., Fugazza, C. and Gomes, F., 'Life-Cycle Port-

folio Choice with Liquid and Illiquid Assets', *Journal of Monetary Economics* 71 (2015): 67–83; Cocco, J., Gomes, F. and Maenhout, P., 'Consumption and Portfolio Choice over the Life Cycle', *Review of Financial Studies* 18(2) (2005): 491–533.

2 本書で採用した簡素なモデルの利点は、シンプルさにある。それにより、計算が理解しやすくなっていることを願いたい。ただし、これがきわめて単純化されたモデルであることは留意しておくべきだ。本書では、勤労人生を通して毎年同じ貯蓄率で貯蓄を続けるものと便宜上想定したが、そんなことは現実にはありえない。経済学界で一般的なライフサイクル／恒常所得仮説によれば、人は所得が多いときに貯蓄をし、所得が少ないときに借金をするものだからだ。また、勤労人生を通して一定のペースで所得が上昇するものとしたが、これも現実的でない。勤労年数ごとの賃金の推移（経済学者は「賃金プロファイル」と呼ぶ）をグラフ化すると、ラクダのコブ状の曲線を描く。最初は急速に上昇し、その後横ばいになり、やがて下降する。本書では、計算を簡単にし、3人の登場人物を比較しやすくするために、この点もわきに置いた。さらに、本章の議論では、住宅ローンやその他の債務の返済なども度外視している（理由は第7章を参照）。以上のような点で単純化されたモデルを採用したために、いくつかの重要な議論が抜け落ちていることは否定できない。本書が個人向けの財務アドバイスを意図していないと繰り返し強調しているのはそれが理由だ。それでも、単純化されたモデルを用いることにより、大きな構図は見えやすくなっているだろう。著者たちの主張を理解してもらうためには、むしろその必要があると考えたのである。

3 https://publications.credit-suisse.com/tasks/render/file/?fileID=AE924F44-E396-A4E5-11E63B09CFE37CCB

4 ここでも大幅に話を単純化している。実際には、所得の伸び率は業種によっても違うし、時期によっても違う。ジャック、ジミー、ジェーンの所得がどのくらいのペースで上昇していくかは、どこで働くかに左右される。年齢によって所得がどう変わるかを職種ごとに論じた資料としては、以下を参照。本書では、これをもとに計算を調整した。 Miles, D., 'A Household Level Study of the Determinants of Incomes and Consumption', *Economic Journal* 107 (1997): 1–25.

5 ジャックは架空の人物だが、現実から乖離した設定にはしていない。アメリカ政府の推計（http://www.ssa.gov/oact/NOTES/as120/LifeTables_Body.html）によれば、1945年生まれの男性の「コーホート平均寿命」は72歳前後となっている。本書では、あたかも厳密な印象を与えることを避けるために、あえて70歳というキリのいい数字を用いた。

6 前述のように、本書では、勤労人生を通して所得が上昇し続け、毎年所得の一定割合を貯蓄に回し続けるものと便宜上想定している。しかし、ジャックが毎年所得の4.3%を貯蓄し続けることはまずありえない。実際には、所得が最も高い時期と、子どもが独立したあとの時期に集中的に貯蓄をおこなうだろう。言うまでもなく、貯蓄をしない時期があれば、ほかの時期には4.3%より多くの貯蓄をしなくてはならない。

ただし、働きはじめた時期より、中年期のほうが所得は高くなるので、若いときに貯蓄をしなかったとしても、それを埋め合わせるために中年期の貯蓄率を単純に2倍に増やすことまでは必要ない。

7 以下を参照。Office for National Statistics, 'Pension Trends', Chapter 7: Private Pension Schemes Membership 2013 Edition, http://www.ons.gov.uk/ons/dcp171766_314955.pdf

8 Ellis, C. D., Munnell, A. H. and Eschtruth, A. D., *Falling Short: The Coming Retirement Crisis* and *What to Do About It* (Oxford University Press, 2014).

9 イギリス国家統計局のデータによれば、1971年生まれのジミーの「コーホート平均寿命」は87歳。

10 Crossley, T. and O'Dea, C., 'The Wealth and Savings of UK Families on the Eve of the Crisis', Institute for Fiscal Studies Reports (July 2010).

11 イギリス国家統計局のデータによれば、1998年生まれのジェーンの「コーホート平均寿命」は、中程度の予測で93歳、楽観的な予測で99歳となっている。いずれにせよ、これらは社会全体の平均値だ。所得上位4分の1に属する家庭に生まれた人の場合、予測される寿命はこのどちらの年数よりも長くなる。

12 こうしたシンプルな計算を採用しても、いくつもの問題が出てくる。本書で便宜上想定したとおりに、年を追うごとに所得が上昇し続ければ、蓄えに回せる資金が増える半面、最終所得の50%に相当する生活資金を確保することを目指す以上、蓄えなくてはならない金額も増える。当然、所得の上昇ペースが速ければ速いほど、最終所得は高くなる。そのため、本書のシミュレーションでは、所得の伸び率が高いほど、多くの貯蓄が必要となる。本書の想定とは異なり、引退する年齢に関係なく、誰もが65歳時の所得の50%に相当する生活資金を確保しようとするものと想定するという方法もありうる。この前提に立てば、長く働き続けるほどたくさん貯めなくてはならないという状況を避けられる。ジェーンの場合は、年間約10%の貯蓄をすれば、65歳時の所得の50%相当の生活資金を確保しつつ、75歳で引退できる。ただし、難しい問題がある。75歳の引退時の生活資金が10年前の所得の50%、100歳時の生活資金が35年前の所得の50%にとどまれば、ほかの世代の人たちに比べてかなりひもじい暮らしを強いられる。それに、実際には65歳以降は、所得が減る可能性のほうが高い(「賃金プロファイル」のグラフの曲線は、高齢になると下降しはじめる場合が多い)。これを前提にすると、ジェーンは老後の生活資金を確保するために、勤労期間にさらに多くの蓄えをしなくてはならなくなる。65歳以降も所得が減らず、65歳時の所得の50%に相当する老後の生活資金を確保するものとし、勤労期間の貯蓄率を10%に抑えるとすれば、77歳まで働けばよかった。しかし、同じ条件で、65歳以降に所得が減ると仮定すれば、基本的に80歳までは仕事を続けなくてはならない。再確認しておこう。冒頭で述べたように、本書のモデルはきわめて単純化されたものだ。この注からも明らかなように、本書の記述は、専門家による個人ごとの詳細な財務アドバ

イスに代わるものではない。

第3章

1　長寿化に関する経済分析の大半は、労働人口の減少と、社会の高齢化にともなう年金・医療コストの増大に注目している。実際、少子高齢化のマクロ経済的影響はきわめて大きい。労働コストは上昇圧力に、投資利益率は下降圧力にさらされ、貯蓄と投資が減る。世界の国々の経常収支にも影響が及ぶ。以下を参照。Magnus, G., *The Age of Aging: How Demographics are Changing the Global Economy and Our World* (Wiley, 2008).

2　Gratton, L., *The Key: How Corporations Succeed by Solving the World's Toughest Problems* (Collins Business, 2015). (リンダ・グラットン著、吉田晋治訳『未来企業：レジリエンスの経営とリーダーシップ』プレジデント社、2014年)

3　たとえば、以下を参照。Florida R., *Who's Your City?: How the Creative Economy Is Making Where You Live the Most Important Decision in Your Life*、また*The Rise of the Creative Class* (Basic Books, 2002). (リチャード・フロリダ著、井口典夫訳『クリエイティブ都市論：創造性は居心地のよい場所を求める』ダイヤモンド社、2009年)

4　Deloitte, *London Futures: London Crowned Business Capital of Europe* (UK Futures, 2015).

5　Moretti, E., *The New Geography of Jobs* (Mariner Books, 2013). (エンリコ・モレッティ著、安田洋祐解説、池村千秋訳『年収は「住むところ」で決まる：雇用とイノベーションの都市経済学』プレジデント社、2014年)

6　Costa, D. and Kahn, M. E., 'Power Couples: Changes in the Locational Choice of the College Educated 1940–1990', *Quarterly Journal of Economics* 115(4) (2000): 1287–315.

7　Johns, T. and Gratton, L., 'The Third Wave of Virtual Work', *Harvard Business Review* (2013).

8　ロボットと人工知能（AI）に関して噴出している不安は、雇用の問題だけにとどまらない。2015年1月、著者（グラットン）は、スイスのダボスで開催された世界経済フォーラムで「機械は人間より優れた意思決定ができるようになるか？」というテーマのパネルディスカッションの司会をした。人工知能、神経科学、心理学を専門にするカリフォルニア大学バークレー校の研究者4人が議論を戦わせた。デイリー・テレグラフ紙はこのパネルディスカッションを記事で取り上げ、「1世代以内に、社会病質者的なロボットがヒトを追い抜くかもしれない」という見出しをつけ、凶暴なロボットの恐ろしげな写真を添えた。この見出しは、議論の内容を正しく反映するものとは言えないが、人々の間で広がりつつある不安はうまくとらえていた。ロボットと人工知能が雇用にどのような影響を及ぼし、人間にはどのような仕事が残されるのかと、不安を感じている人は多い。あの宇宙物理学者のスティーブン・ホーキングまで、人

工知能の台頭が人類の未来に根本的な脅威を及ぼすと恐れているくらいだ。社会に不安が広がっているのも不思議でない。

9　たとえば、以下を参照。Ford, M., *Rise of the Robots* (Basic Books, 2015)（マーティン・フォード著、松本剛史訳『ロボットの脅威：人の仕事がなくなる日』日本経済新聞出版社、2015年）; Brynjolfsson, E. and McAfee, A., *The Second Machine Age* (W. W. Norton & Company, 2014).（エリック・ブリニョルフソン／アンドリュー・マカフィー著、村井章子訳『ザ・セカンド・マシン・エイジ』日経BP社、2015年）

10　Ford, *Rise of the Robots.*

11　Brynjolfsson and McAfee, *The Second Machine Age.*

12　Autor, D. H., Levy, F. and Murnane, R. J., 'The Skill Content of Recent Technological Change: An Empirical Exploration', *Quarterly Journal of Economics* 118(4) (2003): 1279–333.

13　Beaudry, P., Green, D. A. and Sand, B. M., 'The Great Reversal in the Demand for Skill and Cognitive Tasks', NBER Working Paper 18901 (2013).

14　Frey, C. B. and Osbourne, M. A., *The Future of Employment: How Susceptible are Jobs to Computerization?* (Oxford University mimeo, 2013).

15　Polanyi, M., *Personal Knowledge: Towards a Post-Critical Philosophy* (Routledge, 1958/98).（マイケル・ポラニー著、長尾史郎訳『個人的知識：脱批判哲学をめざして』地方・小出版流通センター、1985年）

16　Moravec, H., 'When Will Computer Hardware Match the Human Brain?', *Journal of Evolution and Technology* 1(1) (1998).

第4章

1　たとえば、以下を参照。Johns, T. and Gratton, L., 'The Third Wave of Virtual Work', *Harvard Business Review* (2013).

2　「皮肉屋とは、あらゆるものの値段を知っているが、いかなるものの価値も知らない人間のことである」という、オスカー・ワイルドの小説『ウィンダミア卿夫人の扇』（1892年）の有名な一節が思い起こされる。この言葉は、しばしば経済学者に向けられる。

3　新約聖書の「マタイによる福音書」には、次の有名な一節がある。「重ねて言うが、金持ちが神の国に入るよりも、らくだが針の穴を通る方がまだ易しい」（19章24節、新共同訳）。イスラム教の聖典コーランも「信仰する者よ、あなたがたの富や子女にかまけて、アッラーを念じることを疎かにしてはならない。そうする者（アッラーを念わない者）は、自らを損う者である」と記している（63章9節、日本ムスリム教会版）。本書では信仰や宗教の問題には踏み込まないが、信仰の篤い人にとっては、信仰こそ、明らかに最も重要な無形の資産だ。よい人生を生きるためには、この「資産」を支え、はぐくみ、それに投資する必要があるだろう。

4 Vaillant, G. E., *Adaptation to Life* (Little, Brown, 1977).

5 ただし、最近の研究のなかには、この仮説の妥当性に疑問を呈しているものもある。以下を参照。Stevenson, B. and Wolfers, J., 'Economic Growth and Subjective Well-Being: Reassessing the Easterlin Paradox', *Brookings Papers on Economic Activity* 1 (2008): 1–87.

6 Hamermesh, D. S., *Beauty Pays: Why Attractive People are More Successful* (Princeton University Press, 2011). (ダニエル・S. ハマーメッシュ著、望月衛訳『美貌格差：生まれつき不平等の経済学』東洋経済新報社、2015年)

7 Schick, A. and Steckel, R. H., 'Height as a Proxy for Cognitive and Non-Cognitive Ability', NBER Working Paper 16570 (2010).

8 Greenstone, M. and Looney, A. http://www.hamiltonproject.org/assets/legacy/files/downloads_ and_links/06_college_value.pdf

9 Goldin, C. and Katz, L., *The Race Between Education and Technology* (Harvard University Press, 2008).

10 たとえば、1955年頃にカリフォルニアで生まれた人の多くは、早い時期にコンピュータに触れていた。父親がパロアルトにあるゼロックス社の研究施設で働いていて、新しい知識や機器を家に持ち帰っていたからだ。ビル・ゲイツやスティーブ・ジョブズなどの「天才」たちも、同様の特殊な環境で育ったことの恩恵を受け、きわめて価値の高いスキルを身につけた。

11 Kremer, M., 'The O-Ring Theory of Economic Development', *Quarterly Journal of Economics* 108 (1993): 551–75.

12 Groysberg, B., *Chasing Stars: The Myth of Talent and the Portability of Performance* (Princeton University Press, 2012).

13 Coleman, J. S., 'Social Capital in the Creation of Human Capital', *American Journal of Sociology* 94(supp.) (1998): S95–120.

14 Gratton, L., *Hot Spots: Why Some Companies Buzz with Energy—and Others Don't* (FT Prentice Hall, 2007).

15 Gratton, *Hot Spots.*

16 Polanyi, M., *Personal Knowledge: Towards a Post-critical Philosophy* (Routledge 1958/98). (マイケル・ポラニー著、長尾史郎訳『個人的知識：脱批判哲学をめざして』地方・小出版流通センター、1985年)

17 Sennett, R., *The Craftsman* (Yale University Press, 2008), 62.

18 Burt, R., 'Bandwidth and Echo: Trust, Information and Gossip in Social Networks', in Ranch, J. E. and Casella, A. (eds.), *Networks and Markets* (Russell Sage Foundation, 2001).

19 ソーシャルメディアで撒き散らされる悪評については、以下を参照。Ronson, J., *So You've Been Publicly Shamed* (Riverhead Books, 2015).

20 Aleman, A., *Our Ageing Brain* (Scribe Publications, 2014).

21 'Stressed Out? A Study of Trends in Workplace Stress Across the Globe', Regus Research Institute (November 2009).

22 Wolfram, H-J. and Gratton, L., 'Spillover Between Work and Home, Role Importance and Life Satisfaction', *British Journal of Management* 25(1) (2014): 77–90.

23 Gratton, L., *The Shift: The Future of Work is Already Here* (HarperCollins Business, 2011).（リンダ・グラットン著、池村千秋訳『ワーク・シフト：孤独と貧困から自由になる働き方の未来図〈2025〉』プレジデント社、2012年）

24 Buettner, D., 'Blue Zones: Lessons for Living Longer from the People Who've Lived the Longest', *National Geographic* (2008).（ダン・ビュイトナー著、仙名紀訳『ブルーゾーン：世界の100歳人（センテナリアン）に学ぶ健康と長寿のルール』ディスカヴァー・トゥエンティワン、2010年）

25 「リミナリティ（liminality）」は、「境界」を意味するラテン語に由来する言葉。

26 Ibarra, H., *Working Identity: Unconventional Strategies for Reinventing Your Career* (Harvard Business Review Press, 2004).（ハーミニア・イバーラ著、金井壽宏監修・解説、宮田貴子訳『ハーバード流　キャリア・チェンジ術』翔泳社、2003年）

27 Schein, E., 'Organizational Learning: What is New?', MIT Working Paper 3192 (1965).

28 Stroh, L. K., Brett, J. M. and Reilly, A. H., 'A Decade of Change: Managers' Attachment to Their Organizations and Their Jobs', *Human Resource Management* 33 (1994): 531–48. この論文によると、1979年から1989年にかけて雇用の流動性が高まっている。

29 たとえば、ダグラス・ホールが唱えた「プロテアン・キャリア」の概念を参照。Hall, D. T., 'Protean Careers of the 21st Century', *Academy of Management Executive* 10 (1996): 8–16; Hall, D. T., *Protean Careers In and Out of Organizations* (Sage, 2002).

30 Giddens, A., *Modernity and Self-Identity: Self and Society in the Late Modern Age* (Stanford University Press, 1991).（アンソニー・ギデンズ著、秋吉美都／安藤太郎／筒井淳也訳『モダニティと自己アイデンティティ：後期近代における自己と社会』ハーベスト社、2005年）

31 Kegan, R., *In Over Our Heads: The Mental Demands of Modern Life* (Harvard University Press, 1994).

32 Markus, H. and Nurius, P., 'Possible Selves', *American Psychologist* 41(9) (1986): 954–69.

33 Linde, C., *Life Stories: The Creation of Coherence* (Oxford University Press, 1993).

34 Granovetter, M., *Getting a Job: A Study of Contacts and Careers* (University of Chicago Press, 1974).（M. グラノヴェター著、渡辺深訳『転職：ネットワークとキャリアの研究』ミネルヴァ書房、1998年）

35 新しい経験に対して開かれた姿勢（曖昧な状況への前向きな姿勢と、新しいことを試

みようという意欲）は、人間の性格を構成する五つの基本的な要素「ビッグ・ファイブ」の一つと位置づけられてきた（Costa, P. T. and McCrae, R. R., *NEO-FFI: Neo Five-Factor Inventory* [Psychological Assessment Resources, Inc, 2003]）。

36 Giddens, *Modernity and Self-Identity.*

37 Hall, D. and Mirvis, P., 'The New Career Contract: Developing the Whole Person at Midlife and Beyond', *Journal of Vocational Behavior* 47 (1995): 269–89; Mirvis, P. H. and Hall, D. T., 'Psychological Success and the Boundaryless Career', *Journal of Organizational Behavior* 15 (1994): 365–80.

第5章

1 5.0シナリオを描くとなると、仮定しなくてはならないことが一挙に増える。本章の記述では、イートウェル社の初任給がインディペンデント・プロデューサー時代の2倍、タレントファインド社の初任給がイートウェル社の最終賃金の1.5倍、ポートフォリオ・ワーカーになってからの所得がタレントファインド社の最終賃金の半分と仮定した。確保する老後の生活資金の目標は、ポートフォリオ・ワーカーの時期の所得の50%とした。

第6章

1 Nachmanovitch, S., *Free Play: Improvisation in Life and Art* (Penguin, 1990), 150.（スティーヴン・ナハマノヴィッチ著、若尾裕訳『フリープレイ：人生と芸術におけるインプロヴィゼーション』フィルムアート社、2014年）

2 「子ども」という概念の形成過程については、以下を参照。Aries, P., *Centuries of Childhood* (Pimlico Press, 1960); Cunningham, H., *Children and Childhood in Western Society Since 1500* (Pearson Longman, 1995)（ヒュー・カニンガム著、北本正章訳『概説　子ども観の社会史：ヨーロッパとアメリカからみた教育・福祉・国家』新曜社、2013年）; Heywood, C., *A History of Childhood* (Polity Press, 2001).

3 「ティーンエージャー」という概念の形成過程については、以下が素晴らしい。Palladino, G., *Teenagers: An American History* (Basic Books, 1996); Savage, J., *Teenage: The Creation of Youth 1875–1945* (Pimlico Press, 2007).

4 意外なことに、経済学の分野でも社会学の分野でも「引退」の期間をテーマにした研究は多くない。おそらく、社会全体でこのステージに対する関心が乏しいためなのだろう。引退という制度が確立されてきた歴史については、以下を参照。Graebner, W., *A History of Retirement: The Meaning and Function of an American Institution 1885–1978* (Yale University Press, 1980); Costa, D., *The Evolution of Retirement: An American Economic History 1880–1990* (University of Chicago Press, 2000).

5 Harrison, R. P., *Juvenescence: A Cultural History of Our Age* (University of Chicago Press, 2014).

6 Hagestad, G. and Uhlenberg, P., 'The Social Separation of Old and Young: A Root of Ageism', *Journal of Social Issues* 61(2) (2005): 343–60.

7 Nachmanovitch, S., *Free Play*.

8 Miller, S., 'Ends, Means, and Galumphing', in *American Anthropologist* (1973).「はしゃいで跳ね回る（galumphing）」という言葉は、ルイス・キャロルの『鏡の国のアリス』所収の詩「ジャバウォックの詩」に由来する。

9 Rainwater, J., *Self-Therapy* (Crucible, 1989), 9.

10 Giddens, A., *Modernity and Self-Identity: Self and Society in the Late Modern Age* (Stanford University Press, 1991).（アンソニー・ギデンズ著、秋吉美都／安藤太郎／筒井淳也訳『モダニティと自己アイデンティティ：後期近代における自己と社会』ハーベスト社、2005年）

11 Scharmer, O., *Theory U: Leading from the Future as it Emerges* (Berrett-Koehler, 2009).（C. オットー・シャーマー著、中土井僚／由佐美加子訳『U理論：過去や偏見にとらわれず、本当に必要な「変化」を生み出す技術』英治出版、2010年）

12 Bennis, W. and Thomas, R., 'Crucibles of Leadership', *Harvard Business Review* 80(9) (2002): 39–46.

13 Mirvis, P., 'Executive Development Through Consciousness-raising Experiences', *Academy of Management Learning & Education* 7(2) (2008): 173–88.

14 Deal, J. and Levenson, A., *What Millennials Want from Work: How to Maximize Engagement in Today's Workforce* (Center for Creative Leadership; McGraw-Hill, 2016).

15 Scharmer, *Theory U*.

16 コリイ・ドクトロウの小説*Makers*は、このようなライフスタイルとスキル認定の仕組みについて見事に描いている（ただし、これらの潮流が既存の組織のあり方を突き崩すというストーリーだ）。

17 http://www.kauffman.org/~/media/kauffman_org/research%20reports%20and%20covers/2015/05/kauffman_index_startup_activity_national_trends_2015.pdf

18 このテーマについて、詳しくは以下を参照。Moretti, *The New Geography of Jobs*. 結びつきと規模と競争の効果により、都市がイノベーションと創造性の面で優位にあることについて、全般的には以下を参照。Glaeser, E., *Triumph of the City* (Macmillan, 2011).（エドワード・グレイザー著、山形浩生訳『都市は人類最高の発明である』NTT出版、2012年）

19 http://www.economist.com/news/leaders/21573104-internet-everything-hire-rise-sharing-economy

20 Ibarra, H., *Working Identity: Unconventional Strategies for Reinventing Your Career* (Harvard Business School Press, 2003).（ハーミニア・イバーラ著、金井壽宏監修・解説、宮田貴子訳『ハーバード流　キャリア・チェンジ術』翔泳社、2003年）

第7章

1 HSBC, *The Future of Retirement: A Balancing Act* (2014) https://www.google.co.uk/url?sa=t&rct=j&q=&esrc=s&source=web&cd=1&ved=0CCEQFjAAahUKEwi_usPx58nIAhUFShQKHf2zCVo&url=http%3A%2F%2Fwww.hsbc.com%2F~%2Fmedia%2Fhsbc-com%2Fabout-hsbc%2Fstructure-and-network%2Fretirement%2Fglobal-reports%2F150119-en-global.pdf&usg=AFQjCNHqnTTn6X-Ts8_kJH-F6btYYp2HQg&sig2=1rMAiGNK9r7QQbA6hgiFVg

2 Aguair, M. and Hurst, E., 'Lifecycle Prices and Production', *American Economic Review* 97(5) (2007): 1533–59.

3 以下から引用。Prelec, G. and Weber, R., 'What, Me Worry? A Psychological Perspective on Economic Aspects of Retirement', in Aaron, H. J. (ed.), *Behavioral Dimensions of Retirement Economics* (Brookings Institution Press, 1999), 215–46.

4 Skinner, J., 'Are You Sure You're Saving Enough for Retirement?', *Journal of Economic Perspectives* 21(3) (2007): 59–80.

5 Binswanger, J. and Schunk, D., 'What Is an Adequate Standard of Living During Retirement?', *Journal of Pension Economics and Finance* 11(2) (2012): 203–22.

6 HSBC, *The Future of Retirement.*

7 Mitchell, O. and Lusardi, A. (eds.), *Financial Literacy: Implications for Retirement Security and the Financial Marketplace* (Pension Research Council Series, 2011).

8 Venti, S. and Wise, D., 'But They Don't Want to Reduce Housing Equity', NBER Working Paper 2859 (1989).

9 Palumbo, M., 'Uncertain Medical Expenses and Precautionary Saving Near the End of the Life Cycle', *Review of Economic Studies* 66 (1999): 395–421.

10 平均が3%ということは、ウォーレン・バフェットのように大成功する投資家がいれば、その陰で3%を下回る成績しか残せない投資家もいることを意味する。そこで、優秀な投資運用専門家を見つけて資産運用を任せるだけでなく、平均以下の成績しか残せない人物を避けることも重要になる。問題は、誰が優秀かを事前に見極めるのが難しいことだ。過去の運用成績を調べても、それが好判断の産物なのか、幸運の産物なのかを見わけるのは簡単でない。

11 Clark, R., Lusardi, A. and Mitchell, O., 'Financial Knowledge and 401(k) Investment Performance', NBER Working Paper 20137 (2014).

12 Hastings, J. S, Madrian, B. C. and Skimmyhorn, W. L., 'Financial Literacy, Financial Education and Economic Outcomes', NBER Working Paper 18412 (2012).

13 Allen, S. G., Clark, R. L., Maki, J. and Morrill, M. S., 'Golden Years or Financial Fears? Decision Making After Retirement Seminars', NBER Working Paper 19231 (2013).

14 Campbell, J. Y., 'Household Finance', *Journal of Finance* LXI(4) (2006): 1553–604.

15 Samuelson, L. and Zeckhauser, R., 'Status Quo Bias in Decision Making', *Journal of Risk and Uncertainty* 1 (1988): 7–59.

16 この点は、ノーベル経済学賞受賞者のロバート・マートンが指摘している。Merton, R. 'The Crisis in Retirement Planning', *Harvard Business Review* (2014).

17 Heath, D. and Heath, C., *Switch: How to Change Things When Change is Hard* (Random House Business, 2011).（チップ・ハース／ダン・ハース著、千葉敏生訳『スイッチ！：「変われない」を変える方法』［新版］早川書房、2013年）

18 O'Donoghue, T. and Rabin, M., 'Doing It Now or Later', *American Economic Review* 89(1) (1999): 103–24.

19 割引の概念を正しく理解するためには、前出の「ビッグ5」の問いに正解するよりはるかに高度な金融リテラシーが必要とされる。この注を読むのは、ビジネススクールの金融専門の教員くらいかもしれない。指数割引の考え方では、N年先の出来事をe-rNという割合で割り引いて考える。rは割引率だ。もしr=0なら、その人は完全な忍耐心の持ち主ということになる。rの値が大きいほど、その人の忍耐心は弱い。一方、双曲割引は、e-rNという単純な指数ではなく、1/(1+rN)という双曲的な形式で表現される。標準的な指数割引では、二つの時点に実現する結果の相対的な重みをつねに同じと考える。それは、その時点がどんなに遠い先でも変わらない。したがって、新しい情報がもたらされないかぎり、あなたがいま、将来のある時点であることを実行すると約束するなら、その時点が訪れたときにあなたは実際にそれを実行する。それに対し、双曲割引では、将来の時点が近づくと、実現する結果の重みが約束時とは変わって感じられるため、あなたは前言をひるがえしてしまう。

20 1990年代のアメリカの人気テレビドラマ『となりのサインフェルド』の「大迷惑のメガネ騒動」という回で、主人公のジェリー・サインフェルドは、この現在の自分と未来の自分の問題を語っている。「いつも睡眠不足なんだ。夜更かしをせずにいられない。オレは、夜の男だからね。夜の男は、夜遅くまで起きていたい」「では、5時間しか寝ずに、朝を迎えたときは、どんな気分になるの？」「それは、朝の男の問題だ。それはオレの問題じゃあない。オレは夜の男だからね。朝起きるときには、疲れ切っていてふらふらだよ。夜の男なんて大っ嫌いだ。夜の男はいつも朝の男をひどい目にあわせる」

21 Hershfield, H. E., Goldstein, D. G., Sharpe, W. F., Fox, J., Yeykelis, L., Carstensen, L. L. and Bailenson, J. N., 'Increasing Saving Behavior Through Age-Progressed Renderings of the Future Self', *Journal of Marketing Research* 48(supp.) (2011): S23–37.

22 http://www.acorns.com

23 Thaler, R. and Benartzi, S., 'Save More Tomorrow: Using Behavioral Economics to Increase Employee Saving', *Journal of Political Economy* 112(supp.) (2004): S164–87

24 Salthouse, T., 'Executive Functioning', in Park, D. C. and Schwarz, N. (eds.), *Cognitive Aging: A Primer*, 2nd edn. (Psychology Press, 2008).（デニス・C. パーク／ノバート・シュワルツ編、口ノ町康夫／坂田陽子／川口潤監訳『認知のエイジング：入

門編』北大路書房、2004年）

25 Bernheim, D., Shleifer, A. and Summers, L., 'The Strategic Bequest Motive', *Journal of Political Economy* 93 (1985): 1045–76.

26 ただし、「戦略的遺産動機」の一部の側面がつねに作用してきたことは間違いない。その歴史については、以下を参照。Hartog, H., *Someday All This Will Be Yours: A History of Inheritance and Old Age* (Harvard University Press, 2012).

第8章

1 Ramey, V. and Francis, N., 'A Century of Work and Leisure', *American Economic Journal: Macroeconomics* 1(2) (2009): 189–224.

2 Schor, J., *The Overworked American* (Basic Books, 1993)（ジュリエット・B. ショア著、森岡孝二監訳『浪費するアメリカ人：なぜ要らないものまで欲しがるか』岩波書店、2000年）; *Plenitude: The New Economics of True Wealth* (Penguin, 2010).（ジュリエット・B. ショア著、森岡孝二監訳『プレニテュード：新しい〈豊かさ〉の経済学』岩波書店、2011年）

3 Veblen, T., *The Theory of the Leisure Class: An Economic Study of Institutions* (The Macmillan Company, 1899).（ソースティン・ヴェブレン著、高哲男訳『有閑階級の理論：制度の進化に関する経済学的研究』ちくま学芸文庫、1998年）

4 Costa, D., 'The Wage and Length of the Work Day: From the 1890s to 1991', *Journal of Labor Economics* (1998): 133–59.

5 たとえば、以下を参照。Grund, C. and Sliuka, D., 'The Impact of Wage Increases on Job Satisfaction: Empirical Evidence and Theoretical Implications', IZA Discussion Paper 01/2001.

6 Ramey, V. A. and Francis, N., 'A Century of Work and Leisure' (National Bureau of Economic Research, 2006).

7 Aguiar, M. and Hurst, E., 'Measuring Trends in Leisure: The Allocation of Time Over Five Decades', *Quarterly Journal of Economics* 122(3) (2007).

8 Becker, G., 'A Theory of the Allocation of Time', *Economic Journal* (1965): 493–517; Linder, S., *The Harried Leisure Class* (Columbia University Press, 1970).

9 http://www.ft.com/cms/s/0/4899aaf8-0e9f-11e4-ae0e-00144feabdc0.html#axzz3nJ2crVXm

10 Goldin, C., 'A Grand Gender Convergence: Its Last Chapter', *American Economic Review* 104(4) (2014): 1–30.

11 Elsbach, K. and Cable, D. M., 'Why Showing Your Face at Work Matters', *MIT Sloan Management Review* 53 (2012): 10–12.

12 Faulkner, W., *The Wild Palms* (Random House, 1939).（ウィリアム・フォークナー著、大久保康雄訳『野生の棕櫚』新潮社、1954年）

13 こうした歴史的潮流については、たとえば以下を参照。Cross, G. S., *A Social History of Leisure Since 1600* (Venture Publishing Inc., 1990); Cunningham, H., *Leisure in the Industrial Revolution* (Croom Helm, 1980).

14 たとえばイギリスでは、昔は1日がかりで無秩序で暴力的なフットボールの試合がおこなわれていたが、ルールの定められたアソシエーション・フットボール（サッカー）が普及し、多くの観客を集めるようになった。試合時間の長さと出場選手の人数が決められ、試合はスタジアムで開催されて、審判がゲームを裁くようになった。

15 Marx, K. *Grundrisse* (1858).（カール・マルクス著、高木幸二郎訳『経済学批判要綱（全5冊）』大月書店、1958-65年）

第9章

1 Becker, G., *Treatise on the Family* (Harvard University Press, 1981).

2 Friedman, S., *Baby Bust: New Choices for Men and Women in Work and Family* (Wharton Press, 2013), 33.

3 Stevenson, B. and Wolfers, J., 'Marriage and Divorce: Changes and Their Driving Forces', NBER Working Paper 12944 (2007).

4 Giddens, A., *Modernity and Self-Identity* (Stanford University Press, 1991).（アンソニー・ギデンズ著、秋吉美都／安藤太郎／筒井淳也訳『モダニティと自己アイデンティティ：後期近代における自己と社会』ハーベスト社、2005年）

5 Hite, S., *Women and Love* (Viking, 1988).

6 Stevenson and Wolfers, 'Marriage and Divorce'.

7 Giddens, *Modernity and Self-Identity*, 93.

8 Wolf, A., *The XX Factor* (Profile Books, 2013).

9 Groysberg, B. and Abrahams, R., 'Manage Your Work, Manage Your Life', *Harvard Business Review* (March 2014).

10 Friedman, *Baby Bust*.

11 Giddens, A., *The Transformation of Intimacy: Sexuality, Love and Eroticism in Modern Societies* (Stanford University Press, 1992).（アンソニー・ギデンズ著、松尾精文／松川昭子訳『親密性の変容：近代社会におけるセクシュアリティ、愛情、エロティシズム』而立書房、1995年）

12 Friedman, *Baby Bust*.

13 Friedman, *Baby Bust*, 33.

14 Buckles, K., 'Understanding the Returns to Delayed Childbearing for Working Women', *American Economic Review* 98(2) (2008): 403-7.

15 Goldin, C. 'A Grand Gender Convergence: Its Last Chapter', *The American Economic Review* 104(4) (2014): 1-30.

16 Isen, A. and Stevenson, B., 'Women's Education and Family Behaviour: Trends in

Marriage, Divorce and Fertility', NBER Working Paper 15725 (2010), http://www.nber.org/papers/w15725.

17 Pew Research Center, *Modern Parenthood* (2013).

18 Pew Research Center, *Modern Parenthood* (2013).

19 大手コンサルティング会社のマッキンゼーは、ジェンダーの多様性に関して調査をおこなっている。たとえば、以下を参照。'Gender Diversity in Top Management: Moving Corporate Culture, Moving Boundaries' (McKinsey, 2013); 'Unlocking the Full Potential of Women in the U.S. economy' (McKinsey, 2012); *Women Matter—Gender Diversity at the Top of Corporations: Making It Happen* (McKinsey, 2010).

20 Bertrand, M., Goldin, C. and Katz, L., 'Dynamics of the Gender Gap for Young Professionals in the Financial and Corporate Sectors', *American Economic Journal: Applied Economics* 2 (2010): 228–55.

21 Goldin, 'A Grand Gender Convergence: Its Last Chapter'.

22 'Women and the Future of Work', ILO (International Labour Organization) (2015), http://www.ilo.org/wcmsp-132/groups/public/@dgreports/@dcomm/documents/briefingnote/ wcms_347,950pdf

23 アメリカのクリアースパイアやイギリスのオベリスクといった法律事務所はすでに、弁護士が在宅で柔軟な働き方ができるようにオンラインシステムを構築している。

24 Coltrance, S., Miller, E., DeHaan, T. and Stewart, L., 'Fathers and the Flexibility Stigma', *Journal of Social Issues* 69(2) (2013): 279–302.

25 Cherlin, A., *Marriage, Divorce, Remarriage* (Harvard University Press, 1981).

26 Buettner, D., *The Blue Zones: Lessons for Living Longer from the People Who've Lived the Longest* (National Geographic, 2008).(ダン・ビュイトナー著、仙名紀訳『ブルーゾーン：世界の100歳人（センテナリアン）に学ぶ健康と長寿のルール』ディスカヴァー・トゥエンティワン、2010年)

27 Ruggles, S., 'The Transformation of American Family Structure', *American Historical Review* 99 (1994): 103–28.

28 Kohli, M., 'The World We Forgot: An Historical Review of the Life Course', in Marshall, V. W. (ed.), *Later Life* (Sage Publications, 1986), 271–303.

29 Hagestad, G. and Uhlenberg, P., 'The Social Separation of Old and Young: The Root of Ageism', *Journal of Social Issues* 61(2) (2005): 343–60.

30 Fischer, C. S., *Networks and Places: Social Processes in Informal Places* (Stanford University Press, 1977).

31 Allport, G. W., *The Nature of Prejudice* (Addison-Wesley, 1954).(G. W. オルポート著、原谷達夫／野村昭訳『偏見の心理』培風館、1961年)

32 Smith, P., *Old Age is Another Country* (Crossing Press, 1995).

終章

1　Parfit, D., *Reasons and Persons* (Clarendon Press, 1984).（デレク・パーフィット著、森村進訳『理由と人格：非人格性の倫理へ』勁草書房、1998年）

2　Archer, M., *The Reflexive Imperative* (Cambridge University Press, 2012).

3　Kahneman, D., *Thinking, Fast and Slow* (Penguin, 2011).（ダニエル・カーネマン著、村井章子訳『ファスト＆スロー：あなたの意思はどのように決まるか？（上）（下）』早川書房、2014年）

4　Heffernan, M., *Wilful Blindness: Why We Ignore the Obvious at Our Peril* (Simon & Schuster, 2011).（マーガレット・ヘファーナン著、仁木めぐみ訳『見て見ぬふりをする社会』河出書房新社、2011年）

5　最初の実験は、1960年代後半から70年代前半にかけて、スタンフォード大学で実施された。Mischel, W., *The Marshmallow Test: Mastering Self-Control* (Bantam Press, 2014).（ウォルター・ミシェル著、柴田裕之訳『マシュマロ・テスト：成功する子・しない子』早川書房、2015年）

6　Dweck, C., *Mindset: The New Psychology of Success* (Random House, 2006).（キャロル・S. ドゥエック著、今西康子訳『マインドセット「やればできる！」の研究』草思社、2016年）

7　Zhenghao, C., Alcorn, B., Christensen, G., Eriksson, N., Koller, D. and Emanuel, E. J., 'Who's Benefiting from MOOCs, and Why', *Harvard Business Review* (September 2015).

8　スタンフォード大学教授やグーグルの副会長などを歴任し、オンライン教育企業ユダシティーの創業者でもあるセバスチャン・スランは、この点を明快に述べている。「現在の教育制度は、17〜18世紀に形づくられた枠組みを土台にしている。それは、人生の最初の5年間は遊んで過ごし、そのあと勉強をし、そのあと働き、そのあと休息し、そのあと死ぬ、という考え方だ。これらのことをすべて同時並行で実践できるようになるべきだと思う」
http://www.theguardian.com/education/2013/sep/05/google-glass-creator-testing-regimes-technology

9　Braithwaite, V., 'Reducing Ageism', in Nelson, T. D. (ed.), *Ageism: Stereotyping and Prejudice Against Older Persons* (MIT Press, 2002), 311–37.

10　Erickson, T. J. and Gratton, L., 'What It Means To Work Here', *Harvard Business Review* (March 2007).

11　『山猫』に目を向けさせてくれ、この事例のヒントもくれたアデア・ターナーに感謝する。